2015 A. D. 70 DAYS PRAYE...
ENGLISH and IGBO

PRAYERS THAT BRING
UNPARALLELED FAVOUR

DR. D. K. OLUKOYA
General Overseer
MFM MINISTRIES, LAGOS, NIGERIA

2015 A .D. Seventy Days Fasting & Prayer Programme

English & Igbo Version

(Dr. D. K. Olukoya)

© 2015 A .D.

A publication of:

MOUNTAIN OF FIRE AND MIRACLES MINISTRIES

13, Olasimbo Street, off Olumo Road,

(By UNILAG Second Gate), Onike, Iwaya

P. O. Box 2990, Sabo, Yaba, Lagos.

E-Mail: mfmhqworldwide@mountainoffire.org

Web-site: www.mountainoffire.org

ISBN 978-978-920-124-2

9 789789 201242

I salute my wonderful wife, Pastor Shade, for her invaluable support in the ministry. I appreciate her unquantifiable support in the book ministry as the cover designer, art editor and art adviser

All Scripture are quoted from the King James Version of the Bible

PREFACE

"O Thou that hearest prayer, unto thee shall all flesh come" (Ps 65:2).

We give all the glory to the Lord for what He has been doing with our annual Seventy days prayer and fasting programme. The Lord has used the programme to: ignite the fire of revival in thousands of lives, put stubborn pursuers to flight, produce prayer eagles, open chapters of prosperity for many, confuse satanic dribblers and put the enemies' gear in reverse. Prayer is of great value in turbulent and non-turbulent situations. Prayer is a necessity not an option.

"Howbeit this kind goeth not out but by PRAYER AND FASTING" (Matt 17:21).

Some mountains will not fall unless they are bombarded with the artillery of prayer and fasting.

The weapon of prayer and fasting have been known to do wonders when other methods have failed. In addition, some breakthroughs are impossible unless there is regular, consistent, concerted, constant bombardment of prayers. The prayer points for this year's programme have been specially vomited by the Holy Ghost to bring salvation, deliverance and healing of the spirit, soul and body to God's people. Pray them with determination, pray them with aggression, pray them with violence in your spirit, pray them with violent faith, pray them with great expectation and your life will never remain the same. The God who answereth by fire will surely answer you, in Jesus' name.

Your friend in the school of prayer,

Dr. D. K. OLUKOYA

DEVOTIONAL SONGS

THE BLOOD HAS NEVER LOST ITS POWER

MRS. C. H MORRIS

MRS. C. H. M.

FOR MY SAKE AND THE GOSPEL'S GO (8.7.8.7.D)

Alt. by William Walsham How. 1864

Arthur S. Sullivan, 1897

2nd Tune

DEERHURST

James Montgomery, 1771 – 1854.
J. LANGRAN, 1835-1909.

8.7.8.7. D.

O SAVIOUR, BLESS US ERE WE GO (8.8.8.D)

St. Matthias

Williams H. Monk, 1861

THERE'S A STRANGER AT THE DOOR (7.3.7.3.7.7.7.3)

JONATHAN B. ATCHINSON

EDWIN O. EXCELL

THE CHURCH HAS WAITED LONG (D.S.M. & Ref)

BRENT TOR.

E.J Hopkins.

AURELIA

D. 7s. 6s.

HYMN NUMBER 5 - MUSIC

Wilt Thou Be Made Whole

HYMN FOR THE VIGIL.

W. J. K

Wm. J. Kirkpatrick

HYMN NUMBER 1
THE BLOOD HAS NEVER LOST ITS POWER

1. *f* In the misty days of yore
Jesus' precious blood had pow'r
mf E'en the thief upon the cross to save;
Like a bird his spirit flies
To its home in Paradise,
Thro' the pow'r of Calv'ry's crimson
wave.

Chorus
f And the blood has never lost its pow'r,
ff No, never, no, never,
mf Jesus' blood avails for sin forever,
f And will never lose its pow'r.

2 *p* I was lost and stepped in guilt,
But the blood for sinners spilt
mf Wash'd away my sins and set me free;
Now and evermore the same,
Praise, O praise His holy name!

Will the cleansing stream availing be.

3. *mp* God in mercy asks you why,
p Brother sinner, will you die
mf When such full redemption He
provides?
You have but to look and live,
Life eternal He will give,
For the pow'r of Calv'ry still abides

4. *mf* Bring your burdens, come today,
Turn from all your sins away,
He can fully save and sanctify;
From the wrath to come now flee,
Let your name recorded be
With the blood-washed, and redeem'd
on high.

Mrs C. H. Morris

HYMN NUMBER 2
FOR MY SAKE AND THE GOSPEL'S GO (8.78.7.D.)
For my sake and the gospel. Mark 8:35

1. *f* 'For my sake and the Gospel's, go
And tell Redemption's story,'
cr His heralds answer, 'Be it so,
f And Thine, Lord, all the glory!'
mf They preach His Birth, His Life, His
Cross,
The love of His Atonement
For Whom they count the world but
loss,
f His rising, His Enthronement

2. *f* Hark, hark, the trump of Jubilee
Proclaims to every nation,
cr From pole to pole, by land and sea,
Glad tidings of salvation:

p As nearer draws the day of doom,
While still the battle rages,
f The Heavenly Dayspring through
the gloom
Breaks on the night of ages

3. *f* Still on and on the anthems spread
Of Hallelujah voices,
cr In concert with the holy Dead
The warrior Church rejoices;
Their snow-white robes are washed in
Blood,
Their golden harps are ringing;
ff Earth and the Paradise of God
One Triumph-song are singing

4. *f* He comes, Whose Advent Trumpet drowns
   The last of Time's evangels,
   Emmanuel crown'd with many crowns,
   The Lord of Saints and Angels:

cr O Life, Light, Love, the great I AM,
   Truine, Who changest never,
ff The Throne of God and of the Lamb
   Is Thine, and Thine for ever!

E. H. Bickersleth

HYMN NUMBER 3
O SAVIOUR, BLESS US ERE WE GO
For the Lord shall be thine everlasting light. Isa. 60:20

1. *mf* O Saviour, bless us ere we go;
   Thy Word into our minds instill,
   And make our lukewarm hearts to glow
   With lowly love and fervent will.
   cr Through life's long day and death's dark night,
   p O gentle Jesus, be our Light.

2. *mp* The day is done, its hours have run,
   And Thou hast taken count of all,
   The scanty triumphs grace hath won,
   The broken vow, the frequent fall.

3. *mf* Forgive us, Lord, yea, give us joy,
   Sweet fear, and sober liberty,
   And loving hearts without alloy
   That only long to be like Thee.

4. *mp* Labour is sweet, for Thou hast toil'd,
   And care is light, for Thou hast cared;
   Let not our works with self be soil'd,
   Nor in unsimple ways ensnared.

5. *mp* For all we love, the poor, the sad,
   The sinful, unto Thee we call;
   O let Thy mercy make us glad:
   Thou art our Saviour, and our all.

6. *mf* O Saviour, bless us; night is come;
   Thy holy presence with us be;
   Good angels watch about our home,
   And we are one day nearer Thee.

F. W. Faber

HYMN NUMBER 4
THERE'S A STRANGER AT THE DOOR (7.37.3.7.7.7.3)
Behold I stand at the door, and knock Rev. 3:20

1. *mp* There's a Stranger at the door,
   Let Him in;
   He has been there oft before,
   Let Him in;
   Let Him in, ere He is gone,
   Let Him in, the Holy One,
   cr Jesus Christ, the Father's Son,
   Let Him in.

2. *mp* Open now to Him your heart,
   Let Him in;
   di If you wait He will depart,
   Let Him in;
   cr Let Him in, He is your Friend,
   He your soul will sure defend,
   He will keep you to the end,
   Let Him in.

3. *mp* Hear you now His loving voice?
    Let Him in;
    Now, oh, now make Him your choice,
    Let Him in;
    He is standing at your door,
  cr Joy to you He will restore,
    And His name you will adore,
    Let Him in.

4. *mf* Now admit the heav'nly Guest,
    Let Him in;
    He will make for you a feast,
    Let Him in;
  cr He will speak your sins forgiven.
    And when earth ties all are riven,
    He will take you home to heaven,
    Let Him in.

J. Atchiison

HYMN NUMBER 5
THE CHURCH HAS WAITED LONG (D.S.M. & Ref)
Surely, I come quickly Rev. 22:20

1. *mp* The Church has waited long,
    Her absent Lord to see,
    And still in loneliness she waits,
    A friendless stranger she.
    Age after age has gone,
    Sun after sun has set,
    And still of her dear Lord berefit,
    She weeps a mourner yet.
    Come then, Lord Jesus, come!

2. *mp* Saint after saint on earth
    Has lived, and loved, and died;
  p And as they left us one by one,
    We laid them side by side;
  pp We laid them down to sleep,
    But not in hope forlorn;
  cr We laid them but to ripen there,
    Till the last glorious morn.
    Come then, Lord Jesus, come!

3.   The serpent's brood increase,
    The powers of hell grow bold,
    The conflict thickens, faith is low,
    And love is waxing cold.
  cr How long, O Lord our God,
    Holy, and true, and good,
    Wilt Thou not judge Thy suffering Church,
    Her sighs, and tears, and blood?
    Come then, Lord Jesus, come!

4. *mf* We long to hear Thy voice,
    To see Thee face to face,
    To share Thy crown and glory then,
    As now we share Thy grace.
  f Come, Lord, and wipe away
    The curse, the sin, the stain,
    And make this blighted world of ours
    Thine own fair world again.
    Come then, Lord Jesus, come!

Dr. H. Bonar

HYMN NUMBER 6
O JESUS I HAVE PROMISED (7.6.7.6 D)
If any man serve me, let him follow me (John 12:26)

1. *mp* O Jesus, I have promised
    To serve Thee to the end;
    Be Thou forever near me,
    My Master and my Friend:
    I shall not fear the battle
    If Thou art by my side,
    Nor wander from the pathway
    If Thou wilt be my guide.

2.   O let me feel Thee near me,
    The world is ever near;
    I see the sights that dazzle,
    The tempting sounds I hear:
  di My foes are ever near me,
    Around me and within;
  cr But, Jesus, draw Thou nearer,
    And shield my soul from sin.

3. *p* O let me hear Thee speaking
In accents clear and still,
Above the storms of passion,
The murmurs of selfwill,
  cr O speak to reassure me,
To chasten or control;
O speak, and make me listen,
Thou Guardian of my soul.

4. *mf* O Jesus, Thou hast promised
To all who follow Thee,
That where Thou art in glory,
There shall Thy servant be;

And, Jesus, I have promised
To serve Thee to the end;
O give me grace to follow,
My Master and my Friend.

5. *p* O let me see Thy footmarks
And in them plant mine own;
My hope to follow duly
Is in Thy strength alone,
O guide me, call me, draw me,
Uphold me to the end;
And then in heaven receive me,
My Saviour and my Friend.

HYMN FOR THE VIGIL
HEAR THE FOOTSTEPS OF JESUS (13.13.12.12 & Ref)
For I am the Lord that healeth thee (Exod. 15:26)

1. *f* Hear the footsteps of Jesus,
He is now passing by,
Bearing balm for the wounded,
Healing all who apply;
As He spake to the suff'rer
Who lay at the pool,
He is saying this moment,
"Wilt thou be made whole?"

Refrain
  mf Wilt thou be made whole?
Wilt thou be made whole?
  P Oh come, weary suff'rer,
Oh come, sin-sick soul;
  f See the life-stream is flowing,
See the cleansing waves roll,
Step into the current and thou
shalt be whole.

2. *f* 'Tis the voice of that Savior,
Whose merciful call
Freely offers salvation
To one and to all;

He is now beck'ning to Him
Each sin-tainted soul,
And lovingly asking,
"Wilt thou be made whole?"

3. *mf* Are you halting and struggling,
Overpowr'd by your sin,
While the waters are troubled
Can you not enter in?
  f Lo, the Savior stands waiting
To strengthen your soul;
He is earnestly pleading,
"Wilt thou be made whole?"

4. *mp* Blessed Savior, assist us
To rest on Thy Word;
Let the soul healing power
On us now be outpoured;
Wash away every sin-spot,
Take perfect control,
Say to each trusting spirit,
"Thy faith makes thee whole."

PRAISES - TO BE SAID DAILY

Father, in the name of Jesus, I thank You for:

1. Drawing me to prayer and power,

2. The salvation of my soul,

3. Baptizing me with the Holy Spirit,

4. Producing spiritual gifts upon my life,

5. The fruit of the spirit working in me,

6. The wonderful gift of praise,

7. All the ways You have intervened in my affairs,

8. Your divine plan for my life,

9. You will never leave me nor forsake me,

10. Bringing me to a place of maturity and deeper life,

11. Lifting me up when I fall,

12. Keeping me in perfect peace,

13. Making all things work together for good for me,

14. Protecting me from the snares of the fowler and from the noisome pestilence,

15. The wonder-working power in Your Word and in the Blood of the Lamb,

16. Giving Your angels charge over me,

17. Fighting for me against my adversaries,

18. Making me more than a conqueror,

19. Supplying all my needs according to Your riches in glory,

20. Your healing power upon my body, soul and spirit,

21. Flooding my heart with the light of heaven,

22. Always causing me to triumph in Christ Jesus,

23. Turning my curses into blessings,

24. Enabling me to dwell in safety,

25. All the blessings of life,

26. Your greatness, power, glory, majesty, splendor and righteousness,

27. Silencing the foe and the avenger,

28. You are at my right hand and I shall not be moved,

29. You are trustworthy and will help Your own,

30. Not allowing my enemies to rejoice over me,

31. Your wonderful love,

32. You are great and greatly to be praised,

33. Delivering my soul from death and my feet from stumbling,

34. You are my fortress and refuge in time of trouble,

35. Your faithfulness and marvellous deeds,

36. Your act of power and surpassing greatness,

37. Dispersing spiritual blindness from my spirit,

38. Lifting me out of the depths,

39. Preserving me and keeping my feet from slipping,

40. Your name is a strong tower, the righteous runs into it and he is safe.

PRAYERS FOR CHURCH, MISSIONARY ACTIVITIES AND CHRISTIAN HOMES

TO BE SAID EVERY SUNDAY

1. Thank You, Father, for the promise which says, "I will build my church and the gates of hell shall not prevail against it."

2. I ask for forgiveness of every sin causing disunity and powerlessness in the body of Christ.

3. I take authority over the power of darkness in all its ramifications, in the name of Jesus.

4. I bind and cast out every spirit causing seduction, false doctrine, deception, hypocrisy, pride and error, in Jesus' name.

5. Every plan and strategy of satan against the body of Christ, be bound, in the name of Jesus.

6. Every spirit of prayerlessness, discouragement and vainglory in the body of Christ, be bound, in the name of Jesus.

7. Father, let the spirit of brokenness be released upon us, in Jesus' name.

8. I command the works of the flesh in the lives of the brethren to die, in the name of Jesus.

9. Let the power of the cross and of the Holy Spirit be released to dethrone flesh in our lives, in the name of Jesus.

10. Let the life of our Lord Jesus Christ be truly established in the body of Christ, in the name of Jesus.

11. Every power of selfishness, over-ambition and unteachableness, be broken, in the name of Jesus.

12. Father, grant unto the body of Christ the mind of Christ, forgiving spirit, tolerance, genuine repentance, understanding, submission, humility, brokenness, watchfulness and the mind to commend others better than ourselves, in Jesus' name.

13. I challenge and pull down the forces of disobedience in the lives of the saints, in the name of Jesus.

14. I command these blessings on the body of Christ and ministers

- love
- joy
- peace
- longsuffering
- gentleness
- goodness
- faith
- meekness
- temperance
- divine healing
- divine health
- fruitfulness
- progress
- faith
- the gifts of healing
- prophecy
- discerning of spirits
- the word of wisdom
- the word of knowledge
- the working of miracles
- divers kinds of tongues
- the interpretation of tongues
- beauty and glory of God
- righteousness and holiness
- dedication and commitment

15. Father, create the thirst and hunger for God and holiness in our lives, in the name of Jesus.

16. O Lord, send down the fire of revival into the body of Christ.

17. O Lord, break and refill Your ministers and vessels afresh.

18. Let there be a full and fresh outpouring of the Holy Ghost upon the ministers of God, in the name of Jesus.

19. O Lord, give unto Your ministers the power for effective prayer life.

20. O Lord, release faithful, committed, dedicated and obedient labourers into the vineyard.

21. I break down the authority and dominion of satan over the souls of men, in the name of Jesus.

22. Every spirit holding the souls of men in captivity, I shatter your back-bone, in the name of Jesus.

23. Every covenant between the souls of men and satan, I dash you to pieces, in the name of Jesus.

24. Let the spirit of steadfastness, consistency, hunger and thirst for the words of God come upon the converts, in Jesus' name.

25. O Lord, release upon all our missionaries and evangelists fresh fire to disgrace territorial spirits.

26. I break the power and the grip of the world upon the souls of men, in the name of Jesus.

27. I release the spirit of salvation upon areas that have not been reached by the gospel, in the name of Jesus.

28. O Lord, remove all the hindrances to Your purpose for Christian homes.

29. I command the spirit of quarrel, immorality, unfaithfulness, infirmity, disagreement, misunderstanding and intolerance to loose their grips upon Christian homes, in the name of Jesus.

30. Let all Christian homes be a light to the world and a vehicle of salvation, in the name of Jesus.

31. O God, raise up Esther, Ruth and Deborah in this generation, in Jesus' name.

32. Every power destroying joy in the home, be dismantled, in Jesus' name.

33. O Lord, grant us special wisdom to train our children in Your glory.

34. Every Christian marriage that has been re-arranged by the enemy, be corrected, in the name of Jesus.

35. O Lord, let the spirit of wisdom, judgement, submission, gentleness, obedience to God's word and faithfulness in the home, come upon Christian homes.

36. O Lord, remove every wrong spirit from the midst of Your children and put in the right spirit.

37. I take authority, over the plans and activities of satan on ministers' homes, in the name of Jesus.

38. O Lord, increase the power and strength of the ministration of Your words amongst us.

39. Let the kingdom of Christ come into every nation by fire, in Jesus' name.

40. O Lord, dismantle every man-made programme in the body of Christ and set up Your own programme.

PRAYERS FOR THE NATION

TO BE SAID ON FRIDAYS

SCRIPTURES: 1Tim 2:1-2: **I exhort therefore, that, first of all, supplications, prayers, intercessions, and giving of thanks, be made for all men; For kings, and for all that are in authority; that we may lead a quiet and peaceable life in all godliness and honesty.**

Jer 1:10: **See, I have this day set thee over the nations and over the kingdoms, to root out, and to pull down, and to destroy, and to throw down, to build, and to plant.**

Other Scriptures: Isa 61:1-6; Eph 6:10-16.

Praise Worship

1. Father, in the name of Jesus, I confess all the sins and iniquities of the land, of our ancestors, of our leaders, and of the people. E.g., violence, rejection of God, corruption, idolatry, robbery, suspicion, injustice, bitterness, bloody riots, pogroms, rebellion, conspiracy, shedding of innocent blood, tribal conflicts, child-kidnapping and murder, occultism, mismanagement, negligence, etc.

2. I plead for mercy and forgiveness, in the name of Jesus.

3. O Lord, remember our land and redeem it.

4. O Lord, save our land from destruction and judgment.

5. Let Your healing power begin to operate upon our land, in Jesus' name.

6. Let all forces of darkness hindering the move of God in this nation, be rendered impotent, in the name of Jesus.

7. I command the spiritual strongman in charge of this country to be bound and be disgraced, in the name of Jesus.

8. Let every evil establishment and satanic tree in this country be uprooted and cast into fire, in the name of Jesus.

9. I come against every spirit of the anti-Christ working against this nation and I command them to be permanently frustrated, in the name of Jesus.

10. I command the stones of fire from God to fall upon every national satanic operation and activity, in Jesus' name.

11. Let the desires, plans, devices and expectations of the enemy for this country be completely frustrated, in Jesus' name.

12. Let every satanic curse on this nation fall down to the ground and die, in the name of Jesus.

13. By the blood of Jesus, let all sins, ungodliness, idolatry and vices cease in the land, in the name of Jesus.

14. I break every evil covenant and dedication made upon our land, in the name of Jesus.

15. I plead the blood of Jesus over the nation, in Jesus' name.

16. I decree the will of God for this land, whether the devil likes it or not, in the name of Jesus.

17. Let all contrary powers and authorities in Nigeria be confounded and be put to shame, in the name of Jesus.

18. I close every satanic gate in every city of this country, in Jesus' name.

19. Let every evil throne in this country be dashed to pieces, in Jesus' name.

20. I bind all negative forces operating in the lives of the leaders of this country, in the name of Jesus.

21. O Lord, lay Your hands of fire and power upon all our leaders, in the name of Jesus.

22. I bind every blood-drinking demon in this country, in Jesus' name.

23. Let the Prince of Peace reign in every department of this nation, in the name of Jesus.

24. Let every anti-gospel spirit be frustrated and be rendered impotent, in the name of Jesus.

25. O Lord, give us leaders who will see their roles as a calling, instead of an opportunity to amass wealth.

26. Let all forms of ungodliness be destroyed by the divine fire of burning, in the name of Jesus.

27. O Lord, let our leaders be filled with divine understanding and wisdom.

28. O Lord, let our leaders follow the counsel of God and not of man and demons.

29. O Lord, let our leaders have wisdom and knowledge of God.

30. O Lord, let our government be the kind that would obtain Your direction and leading.

31. Let every satanic altar in this country receive the fire of God and be burned to ashes, in the name of Jesus.

32. I silence every satanic prophet, priest and practitioner, in the mighty name of Jesus. I forbid them from interfering with the affairs of this nation, in the name of Jesus.

33. Let the blood of Jesus cleanse our land from every blood pollution, in the name of Jesus.

34. I command the fire of God on all idols, sacrifices, rituals, shrines and local satanic thrones in this country, in Jesus' name.

35. I break any conscious and unconscious agreement made between the people of this country and satan, in Jesus' name.

36. I dedicate and claim all our cities for Jesus, in Jesus' name.

37. Let the blessings and presence of the Lord be experienced in all our cities, in the name of Jesus.

38. I decree total paralysis on lawlessness, immorality and drug addiction in this country, in the name of Jesus.

39. Let the power, love and glory of God be established in our land, in the name of Jesus.

40. Let there be thirst and hunger for God in the hearts of Christians of this nation, in the name of Jesus.

41. O Lord, deposit the spirit of revival in Nigeria.

42. O Lord, lay Your hands of power and might upon the Armed Forces and the Police, all government establishments and institutions, all universities and colleges in this country.

43. Let the resurrection power of the Lord Jesus Christ fall upon our economy, in the name of Jesus.

44. Let there be fruitfulness and prosperity in every area of this country, in the name of Jesus.

45. I command every threat to the political, economic and social stability in the land to be paralysed, in the name of Jesus.

46. I frustrate every satanic external influence over our nation, in Jesus' name.

47. I command confusion and disagreement among the sons of the bondwoman planning to cage the nation, in Jesus' name.

48. I break any covenant between any satanic external influence and our leaders, in the name of Jesus.

49. I paralyse every spirit of wastage of economic resources in this country, in the name of Jesus.

50. Let the spirit of borrowing depart completely from this country, in the name of Jesus.

51. O Lord, show Yourself mighty in the affairs of this nation.

52. Let the Kingdom of Christ come into this nation, in Jesus' name.

53. O Lord, do new things in our country to show Your power and greatness to the heathen.

54. Let the Kingdom of our Lord Jesus Christ come into the heart of every person in this country, in the name of Jesus.

55. O Lord, have mercy upon this nation.

56. Let all the glory of this nation that has departed be restored, in Jesus' name.

57. Let all un-evangelized areas of this country be reached with the Gospel of our Lord Jesus Christ, in the name of Jesus.

58. O Lord, send forth labourers into Your vineyard to reach the unreached in this country.

59. I dismantle the stronghold of poverty in this nation, in the name of Jesus.

60. O Lord, install Your agenda for this nation.

61. Let every power of darkness operating in our educational institutions be disgraced, in the name of Jesus.

62. Let the satanic representatives of key posts in this country be dismantled, in the name of Jesus.

63. Let every evil spiritual throne behind all physical thrones in Nigeria be dismantled, in the name of Jesus.

64. Let every satanic covenant made on behalf of this country by anyone be nullified, in the name of Jesus.

65. I trample upon the serpents and scorpions, of ethnic clashes in this country, in the name of Jesus.

66. I decree a realignment of the situation around Christians, to favour them in this country, in the name of Jesus.

67. I dethrone every strange king installed in the spirit over this country, in the name of Jesus.

68. Let all principalities, powers, rulers of darkness and spiritual wickedness in heavenly places militating against this nation be bound and disgraced, in the name of Jesus.

69. Let righteousness reign in every part of this nation, in Jesus' name.

70. Praises.

SECTION 1 - PROMPTING TO PRAISE

Scripture Reading: Psalm 118

Confession: Psalms 107:15-16: Oh that men would praise the Lord for his goodness, and for his wonderful works to the children of men! For he hath broken the gates of brass, and cut the bars of iron in sunder.

SECTION I DAY I (03-08-2015)

Reading through the Bible in 70 Days (Day 1 - Genesis 1:1 - 18:20)

Devotional Songs (Pages 11-14)

Praise Worship

Prayer of Praise and Thanksgiving (Pages 15 & 16)

1. O God, I thank You, for You have gloriously triumphed (Ex.15:1)

2. O God, my Father I thank You, for throwing my enemies with their horses into the sea. (Ex. 15:2).

3. O God, I thank You, for You are my strength, my song and for You becoming my salvation.(Ex.15:2).

4. O God, I thank You, for You are my God and the God of Abraham, Isaac and Jacob; I praise and exalt You. (Ex.15:2)

5. O God, I thank You, for You are highly exalted.(Ex.15:21)

6. O God, I thank You, for You rescued me from the hand of my enemies.(Ex.18:10)

7. O God, I thank You, for Your greatness, because You are the rock; all Your ways are perfect and are just.(Deut. 32:3).

8. O God, I thank You, for You do no wrong; You are upright and just. (Deut. 32:4b).

9. O God, I thank You, for lifting my horn (strength) high.(1 Sam.2:10).

10. O God, I thank You, for taking Your rightful place in my life.(2 Sam.6:14).

11. O God, I thank You, for You are worthy of praise and for saving me from my enemies.(2 Sam 22:4).

12. O God, I thank You, for You avenge me and put nations under me; thank You also, exalting me above my foes and rescuing me from violent men.(2 Sam22:49)

13. O God, I thank You, for You have delighted in me and had lifted me up .(1 Kings 10:9).

14. O God, I thank You, for Your wonderful acts and Your holy name (1 Chronicles 16 :9).

15. O God, I thank You, for You are great and worthy of praise (1 Chronicles 16:26).

16. O God, I thank You, for Your mercy endures forever.(1 Chronicles 16:41).

17. O God, I thank You, for Your hands have strength and power, to exalt and give strength.

18. Father, we thank You, for we have a song to sing for Your creative power, that brought all things to be, in the name of Jesus.

19. Father, we thank You, for we have a song to sing for Your sustaining grace, that has touched us and held us, in the name of Jesus.

20. Father, we thank You, for Your sustaining grace that has fed us and guided us in each step of the way, in the name of Jesus.

21. Father, we praise You, for a Saviour who lived our lives, walked our earth and died in our place, in the name of Jesus.

SECTION I DAY 2 (04-08-2015)

Confession: Psalms 107:15-16: Oh that men would praise the Lord for his goodness, and for his wonderful works to the children of men! For he hath broken the gates of brass, and cut the bars of iron in sunder.

Reading through the Bible in 70 Days (Day 2 - Genesis 18:21 - 31:16)

Devotional Songs (Pages 11-14)

Praise Worship

Prayer of Praise and Thanksgiving (Pages 15 & 16)

22. Father, we praise You, for the Holy Spirit who empowers us for worship and enables us to sing our song of praise, in the name of Jesus.

23. Father, we praise You, for in Christ, all our end becomes His new beginning and all our weaknesses, are clothed in His strength, in the name of Jesus.

24. Father, we praise You, for in Christ our times of emptiness are filled with hope, in the name of Jesus.

25. O God, I thank You, for You made the heavens and the earth.(2Chronicles 2:12).

26. O God, I thank You, for Your enduring mercy (2Chronicles 7:3,6,20:21).

27. O God, I thank You, for the splendour of Your holiness. (2 Chronicles 20:21).

28. O God, I thank You, because You gave me great joy (Neh. 12:43).

29. O God, I thank You, because You give and take away (Job 1:21).

30. O God, I thank You, because of Your righteousness (Ps. 7:17).

31. O God, I thank You, because You silence the enemies, the foes and the avenger (Ps 8:2).

32. O God, I thank You, because You are enthroned in Zion (Ps 9:11).

33. O God, I thank You, because You have been so good to me (Ps 13:16).

34. O God, I thank You, because You counsel Your own (Ps16:7).

35. O God, I thank You, because You are worthy of praise (Ps 18:3).

36. O God, I thank You, because You avenge and subdue the nations. (Ps 18:47).

37. O God, I thank You, because You give great victories (Ps 18:50).

38. O God, I thank You, because You had heard our cry for mercy (Ps 28:16).

39. O God, I thank You, because You show great everlasting kindness to me and my descendants (Ps 18:50).

40. O God, I thank You, because You are my strength and my shield (Ps 28:7).

41. O God, I thank You, because You are trustworthy and You help Your own (Ps 28:7).

42. O God, I thank You, for You are my strength and a fortress of salvation for Your anointed (Ps 28:8).

SECTION I DAY 3 (05-08-2015)

Confession: Psalms 107:15-16: Oh that men would praise the Lord for his goodness, and for his wonderful works to the children of men! For he hath broken the gates of brass, and cut the bars of iron in sunder.

Reading through the Bible in 70 Days (Day 3 - Genesis 31:17 - 44:10)

Devotional Songs (Pages 11-14)

Praise Worship

Prayer of Praise and Thanksgiving (Pages 15 & 16)

43. O God, I thank You for disallowing evil testimonies over my life and my family.

44. O God, I thank You, for empowering me to defeat the Goliath of my life.

45. O God, I thank You, for putting my enemies under my feet.

46. O God, I thank You, for making every satanic plan against my life to fail woefully.

47. O God, I thank You, for the heavenly salt that sweetens my Marah.

48. O God, I thank You, for breaking to pieces the gates of brass and cutting the bars of iron erected against my life.

49. O God, I thank You, for making every evil arrow fired at my life to back fire.

50. O God, I thank You, for disengaging the satanic network fashioned against my life, in the second heaven and on the earth.

51. O God, I thank You, for making my Haman to die in my place.

52. O God, I thank You, for Your eyes that neither sleep nor slumber, that watch over me day and night.

53. O God, I thank You, for guiding me by Your pillar of cloud in the day and fire by the night.

54. O God, I thank You, for overturning the table of my enemies in every aspect of my life.

55. O God, I thank You, for disorganizing and confusing the language of my enemies.

56. O God, I thank You, for prospering the land of my life and for the heavenly fertilizer that has made me fruitful.

57. O God, I thank You, for the living water that has quenched my thirst for sins.

58. O God, I thank You, for destroying every satanic hijacker that has been assigned against my life in the spiritual and in the physical realms.

59. O God, I thank You, for terminating every satanic appointment and schedule that is against my progress in life.

60. O God, I thank You, for terminating every terminal problem that is working against my success and achievement in life.

61. O God, I thank You, for making it impossible for generational problems and curses to prosper in my life and family.

62. O God, I thank You, for disallowing Satan to share Your glory in my life.

63. O God, I thank You, for uprooting and destroying every root of poverty in my life and planting the tree of prosperity instead.

SECTION I DAY 4 (06-08-2015)

Confession: Psalms 107:15-16: Oh that men would praise the Lord for his goodness, and for his wonderful works to the children of men! For he hath broken the gates of brass, and cut the bars of iron in sunder.

Reading through the Bible in 70 Days (Day 4 - Genesis 44:11 - 50:26; Exodus 1:1 - 10:2)

Devotional Songs (Pages 11-14)

Praise Worship

Prayer of Praise and Thanksgiving (Pages 15 & 16)

64. O God, I thank You, for making me god over every Pharaoh of my life as You did for Joseph in the land of Egypt.

65. O God, I thank You, for sending every enchantment and divination of the enemy back to them.

66. O God, I thank You, for breaking the curse of limitation and stagnation upon my life.

67. O God, I thank You, for breaking the backbone of every household enemy, that has vowed over his dead body against my prosperity and advancement in life.

68. O God, I thank You, for not allowing my vehicle of life to sink in the deep waters.

69. O God, I thank You, for Your mighty hands that have rescued me from the lion's den, which the enemy has prepared for my destruction.

70. O God, I thank You, for leading me through the wilderness of downfall and for defeating every satanic expectation that is against my life.

71. Lord, we praise You, for our brokenness has found the only source of peace and wholeness.

72. Lord, we praise You, for in Christ the joy of heaven burst into our days and hours.

73. Lord, we praise You, for by Your Holy Spirit all the things of earth find their centre and purpose in Him.

74. Lord, we praise You, for in Christ our lives receive a purpose deep and wide.

75. Father, we praise You, for Jesus Christ who gave Himself as a living sacrifice.

76. Lord, we praise You, for You have called us to be Your faithful people.

77. Lord, we praise You, for in Christ You have given us hope.

78. Lord, we praise You, for in Christ You have given us peace.

79. Lord, we praise You, for You have given us a new purpose.

80. Lord, we praise You, for the gifts which You flood our lives with.

81. Lord, we praise You, for the gift of laughter that brightens our darkest day.

82. Lord, we praise You, for the grace of the Lord Jesus Christ and Your love.

83. Father, we thank You, for the mercy You have displayed, in Jesus' name.

84. Father, we thank You, for the forgiveness You have offered, in Jesus' name.

SECTION I DAY 5 (07-08-2015)

Confession: Psalms 107:15-16: Oh that men would praise the Lord for his goodness, and for his wonderful works to the children of men! For he hath broken the gates of brass, and cut the bars of iron in sunder.

Reading through the Bible in 70 Days (Day 5 - Exodus 10:3 - 25:29)

Devotional Songs (Pages 11-14)

Praise Worship

Prayer of Praise and Thanksgiving (Pages 15 & 16)

85. Father, we thank You, for the renewal You have brought, in Jesus' name.

86. Father, we thank You, for all You are, all You have been, and all You shall continue to be, in the name of Jesus.

87. Father, we thank You, for the ways You have guided and taught us, in the name of Jesus.

88. Father, we thank You, for the times You have offered us strength and support, in the name of Jesus.

89. Father, we thank You, for the fellowship we have shared, in Jesus' name.

90. Father, we thank You, for the encouragement we were given and received, in the name of Jesus.

91. Father, we thank You, for the successes we have achieved, in Jesus' name.

92. Father, we thank You, for the dreams we still have, in Jesus' name.

93. Gracious God, we thank You, because we owe our very lives to You, in the name of Jesus.

94. Gracious God, we thank You, because You have watched over us from our birth, in the name of Jesus.

95. Gracious God, we thank You, for tenderly nurturing us and showering us with love, in the name of Jesus.

96. Gracious God, we thank You, because You have given us strength in times of need, in the name of Jesus.

97. Gracious God, we thank You, because You comfort us in times of distress, in the name of Jesus.

98. Gracious God, we thank You, for Your encouragement in times of despair, in the name of Jesus.

99. Gracious God, we thank You, for Your guidance in times of uncertainty, in the name of Jesus.

100. Gracious God, we thank You, because whatever we face You have been with us, in the name of Jesus.

101. Father, we thank You, for loving us with an unquenchable love, in the name of Jesus.

102. Father, we thank You, for when we sing Your praise, You reveal Yourself as the One who is worthy of all our adoration, in the name of Jesus.

103. Father, we thank You, for You point us to Christ and His sacrifice for our sins, in the name of Jesus.

104. Father, we thank You, for You have shown us in Jesus that everything is safe in Your hands, in the name of Jesus.

105. Father, we thank You, for nothing we give back to You will ever be wasted, in the name of Jesus.

SECTION I DAY 6 (08-08-2015)

Confession: Psalms 107:15-16: Oh that men would praise the Lord for his goodness, and for his wonderful works to the children of men! For he hath broken the gates of brass, and cut the bars of iron in sunder.

Reading through the Bible in 70 Days (Day 6 - Exodus 25:30 - 39:5)

Devotional Songs (Pages 11-14)

Praise Worship

Prayer of Praise and Thanksgiving (Pages 15 & 16)

106. Father, we thank You, for Your love is the ultimate answer to everything we face, in the name of Jesus.

107. Father, we thank You, for You have demonstrated in Christ's life and death, that as You had the first word so Your word in Christ will always be Your final word, in the name of Jesus.

108. Father, we praise You, for You are able to see us through, in Jesus' name.

109. Father, we praise You, for You are able to give us strength, in Jesus' name.

110. Father, we praise You, for You are able to bless us beyond words, in the name of Jesus.

111. Father, we praise You, for You are able to do more than we can ever ask or think of, in the name of Jesus.

112. Father, we thank You, because You are unsearchable and inexhaustible, in the name of Jesus.

113. Father, we thank You, for You have called us to be Your children, in the name of Jesus.

114. Father, we thank You, for You love us passionately, fiercely, devotedly and wholeheartedly, in the name of Jesus.

115. Father, we thank You, for You are always there when we need You, in the name of Jesus.

116. Father, we praise You, because everything You do is right and all Your ways are just and those who walk in pride, You are able to humble, in the name of Jesus.

117. We praise You, for You have done great things for us, holy is Your name, in the name of Jesus.

118. Father, we praise You, because Your mercy extends to those who fear You, from generation to generation, in the name of Jesus.

119. We thank You, Father, for You have performed mighty deeds with Your arms; You scattered those who were proud in their innermost thoughts, in the name of Jesus.

120. We give You praise, Father, because You have brought down wicked rulers from their thrones but lifted up the humble, in the name of Jesus.

121. We thank You, Father, because You fill the hungry with good things but send the rich away empty, in the name of Jesus.

122. Father, we praise You, for You are the Father of compassion and God of all comforts, who comforts us so that we may comfort others, in Jesus' name.

123. Thank You, Father, for blessing us with all spiritual blessings in heavenly places in Christ, in the name of Jesus.

124. Father, we praise You, for You are Holy, Almighty, and Eternal, in the name of Jesus.

125. Father, You are worthy to receive glory, honour and power, in Jesus' name.

126. Thank You, Father, for You created all things, and for Your pleasure they were created, in the name of Jesus.

SECTION I DAY 7 (09-08-2015)

Confession: Psalms 107:15-16: Oh that men would praise the Lord for his goodness, and for his wonderful works to the children of men! For he hath broken the gates of brass, and cut the bars of iron in sunder.

Reading through the Bible in 70 Days (Day 7 - Exod 39:6 - 40:38; Lev 1:1-14:3)

Devotional Songs (Pages 11-14)

Praise Worship

Prayer of Praise and Thanksgiving (Pages 15 & 16)

127. Thank You, Jesus, for You are worthy to receive power, wealth, wisdom, strength, glory, honour and praise, in the name of Jesus.

128. We thank You, Father, for You alone are holy; all nations will come and worship You, and Your righteous acts have been revealed, in Jesus' name.

129. Father, we praise You, because salvation, glory and power belong to You, in the name of Jesus.

130. Father, we thank You, for the Lord God Almighty reigns, in Jesus' name.

131. Father, we thank You, for You are our Healer and Restorer, in Jesus' name.

132. Father, we thank You, because You are our Banner, in Jesus' name.

133. Father, we thank You, for Your exalted Headship, in Jesus' name.

134. Father, we thank You, for You are a Consuming Fire, in Jesus' name.

135. Father, we thank You, for the occasions You have specially surrounded us with Your love and compassion, in the name of Jesus.

136. Father, we praise You, Lord, who through Your life, death and resurrection offered us freedom that cannot be paid for in any other way.

137. We will declare Your name to the brethren; in the congregation of the righteous we will praise You, in the name of Jesus.

138. We praise You, Father, for we fear the Lord, in the name of Jesus.

139. Praise be to the Lord, for He has heard our cry for mercy, in Jesus' name.

140. Father, our heart leaps for joy and we will give thanks to You in songs, in the name of Jesus.

141. We ascribe to the Lord, the glory due His name, in the name of Jesus.

142. We rejoice and sing to the Lord, for He has done great things for us, in the name of Jesus.

143. We sing joyfully to the Lord, because it is fitting for the upright to praise him, in the name of Jesus.

144. Father, we praise You with all our being; we sing to You a new song, in the name of Jesus.

145. Praise the Lord with the harp; make music to him on the ten-stringed lyre. Sing to him a new song; play skilfully and shout for joy.

146. I will extol the Lord at all times; His praise will always be on my lips.

147. My soul will boast in the Lord; let the afflicted hear and rejoice. Glorify the Lord with me; let us exalt his name together.

SECTION I DAY 8 (10-08-2015)

Confession: Psalms 107:15-16: Oh that men would praise the Lord for his goodness, and for his wonderful works to the children of men! For he hath broken the gates of brass, and cut the bars of iron in sunder.

Reading through the Bible in 70 Days (Day 8 - Leviticus 14:4 - 26:35)

Devotional Songs (Pages 11-14)

Praise Worship

Prayer of Praise and Thanksgiving (Pages 15 & 16)

148. I will give You thanks in the great assembly; among throngs of people I will praise You.

149. My tongue will speak of Your righteousness and of Your praises all day long.

150. He put a new song in my mouth, a hymn of praise to our God. Many will see and fear and put their trust in the Lord.

151. Praise be to the Lord, the God of Israel, from everlasting to everlasting. Amen and Amen.

152. In God we will make our boast all day long, and we will praise Your name forever.

153. I will perpetuate Your memory through all generations; therefore the nations will praise You for ever and ever.

154. Clap your hands, all you nations; shout unto God with cries of joy.

155. How awesome is the Lord Most High, the great King over all the earth.

156. Great is the Lord and most worthy of praise, in the city of our God, in his holy mountain.

157. I will praise You forever for what You have done; in Your name I will hope, for Your name is good.

158. I will praise You in the presence of Your saints.

159. Father, we thank You, for enriching our journey with Your presence and power.

160. O God, I thank You,, for You are the Lord of lords.

161. O God, I thank You,, for You settle the barren woman in her home as a happy mother of children.

162. Heavenly Father, I thank You, for You are the Morning Star.

163. O God, I thank You,, for all Your commands are righteous.

164. O God, I thank You,, for You are Jehovah-M'kadesh, my Sanctifier.

165. O God, I thank You,, for You commanded and everything was created.

166. O God, I thank You,, for You are Jehovah-Rohi, my Shepherd.

167. O God, I thank You,, for Your Acts of Great Power.

168. O God, I thank You,, for You are the Resurrection and the Life.

SECTION I DAY 9 (11-08-2015)

Confession: Psalms 107:15-16: Oh that men would praise the Lord for his goodness, and for his wonderful works to the children of men! For he hath broken the gates of brass, and cut the bars of iron in sunder.

Reading through the Bible in 70 Days (Day 9-Leviticus 26:36 - 27:34; Numbers 1:1 - 10:16)

Devotional Songs (Pages 11-14)

Praise Worship

Prayer of Praise and Thanksgiving (Pages 15 & 16)

169. O God, I thank You,, for You give wisdom to the wise and knowledge to the discerning.

170. My Father and my God, I thank You, for You are the Way, the Truth and the Life.

171. My Father and my God, I thank You, for You reveal the deep and hidden things; You know what lies in darkness.

172. Father, we thank You, and praise You, for the value You see in all Your creatures, in the name of Jesus.

173. Father, we thank You, for Your grace that has lit the spark of faith within us, in the name of Jesus.

174. Lord, we thank You, for Your unseen hand upon our lives.

175. Lord, we thank You, for Your endless love on which we can depend now and for all eternity.

176. Father, we thank You, for the harvest of love that we have received through the life, death and resurrection of Jesus Christ, in Jesus' name.

177. Father, we thank You, for when we take a step of faith You prove to be worthy of our trust, in the name of Jesus.

178. Great Father of Glory, I thank You, because on Your hands are the depths of the earth, and the Mountain peaks belong to You.

179. O God, I thank You, for the marvellous things You have done.

180. O God, I thank You, for redeeming my life from the pit and crowning me with compassion and love.

181. O Lord, I thank you for being the Strength of my soul.

182. O God, I thank You, for You are the God of Justice.

183. O God, I thank You, for Your kingdom is an eternal kingdom and Your dominion endures from to generation.

184. O God, I thank You, for You are the God of Patience.

185. O God, I thank You, for You are the God of the Holy Prophets.

186. I praise You Lord, for the name of Jesus is able to destroy nations.

187. I give You all glory Lord, for the name of Jesus is able to bring signs and wonders.

188. I exalt You Lord, for You are with us when we gather together in the name of Jesus.

189. O God, I thank You, for the name of Jesus gives me power over demons.

SECTION I DAY 10 (12-08-2015)

Confession: Psalms 107:15-16: Oh that men would praise the Lord for his goodness, and for his wonderful works to the children of men! For he hath broken the gates of brass, and cut the bars of iron in sunder.

Reading through the Bible in 70 Days (Day 10 - Numbers 10:17 - 24:3)

Devotional Songs (Pages 11-14)

Praise Worship

Prayer of Praise and Thanksgiving (Pages 15 & 16)

190. O God, I thank You, for in the name of Jesus I can confront my enemies.

191. O God, I thank You, for at the name of Jesus every knee will bow.

192. O God, I thank You, for the name of Jesus will be written on my forehead.

193. O God, I thank You, for You are the Omnipresent One.

194. O God, I thank You, for You are the Omniscient One.

195. Great Father, I thank You, for You are the Unchangeable One.

196. Good Lord, I thank You, for You are before the foundations of the earth

197. O Lord, we praise You, for You are ever at work in our lives and our world.

198. Thank You, Lord because You are greater than our minds can grasp.

199. Thank You, Lord because You are higher than our highest thoughts.

200. We praise You, for You are the source of all that is and has been.

201. Thank You, Lord, because You are at work in our world and in our lives.

202. Lord of all ages, we thank You for the days and the years of our lives.

203. Lord, we thank You,, because You always receive us with open arms and love that never ends.

204. Lord of all ages, we thank You for Your patience that has come with the years.

205. Lord of all ages, we thank You for Your greatness, Your glory and Your power.

206. Lord of all ages, we thank You for Your ageless love and Your endless patience with Your wayward children.

207. Lord of all ages, we thank You for Christ who was crucified without reaching old age.

208. Father, we bless You, for You are from everlasting to everlasting, in the name of Jesus.

209. Blessed be Your glorious name, Father, and may it be exalted above all blessing and praise, in the name of Jesus.

210. Father, we praise You, for You are exalted in Your power, in Jesus' name.

SECTION CONFESSIONS

No counsel of the wicked, shall stand against me, in the name of Jesus. Unto me, shall God do exceedingly abundantly above all that I ask, seek, desire and think, according to the power that He had made to work in me, in the name of Jesus. As it is written, I shall be a crown of glory in the hand of God, a royal diadem in the hand of my Maker. I begin to shine as a shining light. The light of God is in me. The word of God, has made me a brazen wall, a fortified city, an iron pillar. My presence terrifies the enemy. He trembles, feels much pain and travails at the sound of my voice which the Lord has empowered. For it is written, wherever the voice of the king is, there is authority. My appearance, is as the appearance of a horse. So, I leap, I run like mighty men. When I fall upon the sword, it cannot hurt me, in the name of Jesus.

It is written, "If God be for us, who can be against us?" God is with me; I have no reason to fear, in the name of Jesus. I receive the ammunition of angelic guidance and operations in my life right now, in the name of Jesus. The angels have been ordered by God to take charge of me in all my ways and I receive them, they go ahead of me wherever I go and in whatever I do; they go forth and make all the crooked ways straight from me, in the name of Jesus. The angels of God watch over me in the day time and in the night time. They make sure that no evil whatsoever befalls me, in Jesus' name. I send the angels of God to pursue all my enemies and make them like chaff in the wind, in the name of Jesus. I also send a grievous whirlwind to hit them, to destroy them and cast them into the bottomless pit, in the name of Jesus.

SECTION VIGIL
(To be done at night between the hours of 12 midnight and 2am)
HYMN FOR THE VIGIL (Page 14)

1. O Lord, give unto me the Spirit of revelation and wisdom in the knowledge of Yourself.
2. O Lord, make Your way plain before my face on this issue.
3. O Lord, reveal to me every secret behind any problem that I have.
4. O Lord, bring to light every thing planned against me in darkness.
5. I remove my name, from the book of those who grope and stumble in darkness, in the name of Jesus.
6. O Lord, make me a vessel capable of knowing Your secret things.

7. O Lord, let the teeth of the enemy, over our nation break, in Jesus' name.

8. I cast out, my pursuers, as the dirt in the street, in Jesus' name.

9. By Your favour, O Lord, the people whom I have not known shall serve me, in the name of Jesus.

10. As soon as they hear of me, they shall obey me, the strangers shall submit themselves unto me, in the name of Jesus.

11. You dark strangers in my life, fade away and be afraid out of their close places, in the name of Jesus.

12. O God, avenge me and subdue my adversaries under me, in Jesus' name.

13. O Lord, hear me in the day of trouble, and let the name of the God of Jacob defend me, in the name of Jesus.

14. O Lord, send me help from Your sanctuary and strengthen me out of Zion, in the name of Jesus.

15. O Lord, hear my voice whenever I call, in the name of Jesus.

16. O God, visit every power lying against me with destruction, in Jesus' name.

17. O Lord, let the dry wind from heaven blow down the pillars of their confident buildings, in the name of Jesus.

18. Hot coals of fire from heaven, blow down their houses, in Jesus' name.

19. O Lord, let the enemies of this country, become merely another story told, in the name of Jesus.

20. My Father, let my enemies fall, by their own counsel, in Jesus' name.

21. O Lord, cast out my enemies in the multitude of their transgressions, in Jesus' name.

SECTION 2 -ENGAGING YOUR PERSONAL PENTECOST

Scripture Reading: Acts 1

Confession: Acts 2:17 And it shall come to pass in the last days, saith God, I will pour out of my Spirit upon all flesh: and your sons and your daughters shall prophesy, and your young men shall see visions, and your old men shall dream dreams:

SECTION 2 DAY I (13-08-2015)

Reading through the Bible in 70 Days (Day 11 -Numbers 24:4 - 36:13; Deuteronomy 1:1 - 1:2)

Devotional Songs (Pages 11-14)

Praise Worship

Prayer of Praise and Thanksgiving (Pages 14 & 15)

1. Holy Ghost fire, incubate my body, soul and spirit for complete deliverance, in the name of Jesus.

2. Holy Ghost fire, purge my body, soul and spirit for complete deliverance, in the name of Jesus.

3. Holy Ghost fire, laminate my life for complete protection, in the name of Jesus.

4. Holy Ghost fire, convert me to God's weapon of war, in the name of Jesus.

5. I receive power, to terrify every spiritual terrorist, in the name of Jesus.

6. My Father, my Father, my Father, give me fresh fire to fight, in Jesus' name.

7. Anointing that terrifies the enemy, come upon me, in the name of Jesus.

8. Anointing of the overcomer, come upon me, in the name of Jesus.

9. Power of the Most High, overshadow and incubate my life, in Jesus' name.

10. Fire power, that cannot be resisted or insulted, fall upon me, in Jesus' name.

11. Every agenda of wasters, every agenda of emptiers, assigned to embarrass me, scatter, in the name of Jesus.

12. The fire that fell at Pentecost, overshadow me now, in the name of Jesus.

13. Powers assigned to make me a negative example, scatter and die, in the name of Jesus.

14. Powers drinking the blood of my anointing, die, in the name of Jesus.

15. Anti ministerial chain of my father's house, break, in the name of Jesus.

16. Powers gathered to cut off the wings of my eagles, scatter unto desolation, in the name of Jesus.

17. Disgrace producers, I am not your victim, die, in the name of Jesus.

18. Voices from my foundation, contesting with my calling, die by fire, in the name of Jesus.

19. My Father, cover my defenceless head, in the name of Jesus.

20. Power to meet the needs of my generation, fall upon me, in the name of Jesus.

21. Anti ministerial attitudes, characters and habits in my life, die by fire, in the name of Jesus.

SECTION 2 DAY 2 (14-08-2015)

Confession: Acts 2:17 And it shall come to pass in the last days, saith God, I will pour out of my Spirit upon all flesh: and your sons and your daughters shall prophesy, and your young men shall see visions, and your old men shall dream dreams:

Reading through the Bible in 70 Days (Day 12 -Deuteronomy 1:3 - 15:20)

Devotional Songs (Pages 11-14)

Praise Worship

Prayer of Praise and Thanksgiving (Pages 15 & 16)

22. Every trap of Jezebel, set for me, break, in the name of Jesus.

23. Holy Ghost, laminate my life, in the name of Jesus.

24. Blood of Jesus, laminate my life, in the name of Jesus.

25. Holy thirst and hunger for the things of God, fall upon me, in the name of Jesus.
26. Power that cannot be reproached, come upon me, in the name of Jesus.
27. Power that cannot be insulted, come upon me now, in the name of Jesus.
28. O God, arise and bombard me with spiritual gifts, in the name of Jesus.
29. Thou power of spiritual carelessness, die by fire, in the name of Jesus.
30. Power of the Most High, overshadow my life, in the name of Jesus.
31. Holy Ghost, advertise Your power in my life, in the name of Jesus.
32. My Father, arise in Your fury, silence my silencers, in the name of Jesus.
33. Rages and sieges against my calling, expire, in the name of Jesus.
34. O Lord, let me be wiser than my enemies, in the name of Jesus.
35. My Father, give me the eyes of Elisha and the ears of Samuel, in Jesus' name.
36. Ministerial scandals, run away from my calling, in the name of Jesus.
37. I reject, ministerial embarrassment, by the power in the blood of Jesus, in the name of Jesus.
38. Opportunity wasters, die by fire, in the name of Jesus.
39. Lord, ignite in me an unquenchable passion for growth, in the name of Jesus.
40. Goliath, Herod and Sanbalat forces harassing my calling, die by fire, in the name of Jesus.
41. I go, from strength to strength and from glory to glory, by the power in the blood of Jesus, in the name of Jesus.
42. I bind, ministerial stagnancy with the fetters of iron and cast them into the fire, in the name of Jesus.

SECTION 2 DAY 3 (15-08-2015)

Confession: Acts 2:17 And it shall come to pass in the last days, saith God, I will pour out of my Spirit upon all flesh: and your sons and your daughters shall prophesy, and your young men shall see visions, and your old men shall dream dreams:

Reading through the Bible in 70 Days (Day 13 - Deut. 15:21 - 32:26)

Devotional Songs (Pages 11-14)

Praise Worship

Prayer of Praise and Thanksgiving (Pages 15 & 16)

43. Every agenda of the wasters for my calling, I bury you now, in Jesus' name.

44. Holy Ghost, fulfil Your purpose in me now, in the name of Jesus

45. Holy Ghost, fill me that I might bring forth good fruit, in the name of Jesus.

46. Holy Ghost fire, begin to arrest the spirit of fear in every department of my life, in the name of Jesus.

47. Holy Ghost fire, begin to arrest the spirit of doubt in every department of my life, in the name of Jesus.

48. Holy Ghost fire, begin to arrest the spirit of deceit in every department of my life, in the name of Jesus.

49. Holy Ghost fire, begin to arrest the spirit of unbelief in every department of my life, in the name of Jesus.

50. Holy Ghost fire, begin to arrest the spirit of strife in every department of my life, in the name of Jesus.

51. Holy Ghost fire, begin to arrest unforgiving spirit in every department of my life, in the name of Jesus.

52. Holy Ghost, overshadow my life, in the name of Jesus.

53. Fire of God, arise for my sake, sanitize my life, in the name of Jesus.

54. Holy Ghost, fill me from the top of my head to the soles of my feet, in the name of Jesus.

55. Power, that cannot be ridiculed or mocked, come upon me, in Jesus' name.

56. Power, to pursue my pursuers, fall upon me now, in the name of Jesus.

57. Holy Ghost fire, baptise me afresh, in the name of Jesus.

58. My Father, lay Your hands upon my life and let my life advertise Your power, in the name of Jesus.

59. Anointing to silence my silencers, come upon me now, in the name of Jesus.

60. Anointing to torment my tormentors, fall upon me now, in the name of Jesus.

61. Anointing to pursuer my pursuers, fall upon me now, in the name of Jesus.

62. My name, become hot coals of fire in the covens of darkness, in Jesus' name.

63. You words of my mouth, carry fire that the enemy cannot resist, in the name of Jesus.

SECTION 2 DAY 4 (16-08-2015)

Confession: Acts 2:17 And it shall come to pass in the last days, saith God, I will pour out of my Spirit upon all flesh: and your sons and your daughters shall prophesy, and your young men shall see visions, and your old men shall dream dreams:

Reading through the Bible in 70 Days (Day 14 -Deuteronomy 32:27 - 34:12; Joshua 1:1 - 15:27)

Devotional Songs (Pages 11-14)

Praise Worship

Prayer of Praise and Thanksgiving (Pages 15 & 16)

64. Holy Ghost and fire, fill my body, soul and spirit, in the name of Jesus.

65. Lay Your hands upon me, O Lord, by Your fire, in the name of Jesus.

66. Every rope tying me down to the same spot spiritually, catch fire now, in the name of Jesus.

67. Every agenda of sluggishness, introduced into my destiny, catch fire, in the name of Jesus.

68. Father, let my hypocrisy, die, in the name of Jesus.

69. I repent, of any contribution I have made to advance any unrighteousness, in the name of Jesus.

70. Father, help me to save my own life, in the name of Jesus.

71. Every mountain, that is boasting against me, who art thou, the Lord rebukes you, in the name of Jesus.

72. Everywhere I enter, my God is there and He will answer by fire, in Jesus' name.

73. Mountain of frustration, get out of my situations, in the name of Jesus.

74. By fire, by force, I break every satanic strangulation upon my life, in the name of Jesus.

75. I decree by the decree of heaven, that I am not of those that go back to perdition, in the name of Jesus.

76. My Father, my Father, my Father, let Your glory possess me, in Jesus' name.

77. Every spiritual irritation upon my life, lift away, in the name of Jesus.

78. Every spiritual limitation upon my life, lift away, in the name of Jesus.

79. Father, let Your fire destroy every evil thing in my flesh, in the name of Jesus.

80. Father, heal me of any form of evil conscience, in the name of Jesus.

81. Father, sprinkle my heart with the blood of Jesus.

82. Father, choose me for signs and wonders, in the name of Jesus.

83. I stand against, every power of defilement, in the name of Jesus.

84. Every power of defilement defiling my life, die, in the name of Jesus.

SECTION 2 DAY 5 (17-08-2015)

Confession: Acts 2:17 And it shall come to pass in the last days, saith God, I will pour out of my Spirit upon all flesh: and your sons and your daughters shall prophesy, and your young men shall see visions, and your old men shall dream dreams:

Reading through the Bible in 70 Days (Day 15 -Joshua 15:28 - 24:33; Judges 1:1 - 6:20 Day 14 -Deuteronomy 32:27 - 34:12; Joshua 1:1 - 15:27)

Devotional Songs (Pages 11-14)

Praise Worship

Prayer of Praise and Thanksgiving (Pages 15 & 16)

85. Holy Ghost fire, destroy every defilement in my body, in the name of Jesus.

86. Every agent of defilement in my life, I shake you off, in the name of Jesus.

87. I fire back, every arrow of defilement by the power in the blood of Jesus, in the name of Jesus.

88. Every power, assigned to defile me in my dream, die, in the name of Jesus.

89. Every pharaoh of defilement, let me go, in the name of Jesus.

90. Every defilement, break, in the name of Jesus.

91. Ancestral contamination, defiling my destiny, be wiped off by the power in the blood of Jesus.

92. Every serpent and scorpion of defilement, that has entered into my dwelling place, die, in the name of Jesus.

93. Ladders of defilement, roast, in the name of Jesus.

94. Every defilement I've suffered as a baby, Holy Ghost fire, wipe it away, in the name of Jesus.

95. Every defilement I've suffered in the womb, Holy Ghost fire, wipe it away, in the name of Jesus.

96. Every defilement I've suffered in the dream, Holy Ghost fire, wipe it away, in the name of Jesus.

97. Every decision of darkness against my destiny, dry up by fire, in Jesus' name.

98. All the dark spirits on assignments against me, receive the blow of death, in the name of Jesus.

99. Father, by fire, transform my life, in the name of Jesus.

100. Holy Ghost fire, begin to arrest murmuring spirits in every department of my life, in the name of Jesus.

101. Holy Ghost fire, occupy every space vacated by evil arrows in me, in the name of Jesus.

102. Holy Ghost fire, revive my spiritual life, in Jesus' name

103. O Lord, let all quenchers of the fire of God in my life, be quenched by the fire of the Holy Ghost, in the name of Jesus

104. O Lord, let the fire of the Holy Ghost clear away every dirt from my spirit, in the name of Jesus

105. Holy Ghost fire, destroy every satanic garment made for my life, in the name of Jesus.

SECTION 2 DAY 6 (18-08-2015)

Confession Acts 2:17 And it shall come to pass in the last days, saith God, I will pour out of my Spirit upon all flesh: and your sons and your daughters shall prophesy, and your young men shall see visions, and your old men shall dream dreams:

Reading through the Bible in 70 Days (Day 16 -   Judges 6:21 - 21:17)

Devotional Songs (Pages 11-14)

Praise Worship

Prayer of Praise and Thanksgiving (Pages 15 & 16)

106. Holy Ghost fire, boil spiritual contamination out of my blood, in Jesus' name.

107. Father, by fire by force, let me not surrender to the enemy, in Jesus' name.

108. Holy Ghost, arise and let me be the echo of Your Spirit, in the name of Jesus.

109. Holy Ghost, arise, let me be the trumpet of Your power, in the name of Jesus.

110. O God, arise in my spiritual life and let my enemies scatter, in Jesus' name.

111. O God, let my life be strengthened inside of me by fire by force, in the name of Jesus.

112. Father, renew my life in You, so that I will rejoice in You everyday of my life, in the name of Jesus.

113. By the fire of the Holy Ghost, I give an ejection order unto every evil stranger in my life, in the name of Jesus.

114. I unwind myself, from every evil that has settled around me, in Jesus' name.

115. Every yoke of unfriendly friend, break, in the name of Jesus.

116. I register my name, for visitation by angels of favour, in the name of Jesus.

117. I register the names of my enemies, for visitation by the angels of judgement, in the name of Jesus.

118. By fire, by force, let every infirmity fall away from my body, in Jesus' name.

119. O Lord, rebuild Your altar afresh in my life, in the name of Jesus.

120. O Lord, anoint my destiny afresh, in the name of Jesus.

121. Every power, attempting to build walls against my destiny, fall down and die, in the name of Jesus.

122. My soul, hear the word of the Lord, refuse to dwell in the hands of the tradition of my father's house, in the name of Jesus.

123. O God, arise extract me from covenants from the shrines of my forefathers, in the name of Jesus.

124. Holy Ghost fire, circulate all over my body, in the name of Jesus.

125. Holy Ghost, occupy every area vacated by spirit of uncertainty in my mind, in the name of Jesus.

126. I receive, the comforting anointing and power of the Holy Ghost, in the name of Jesus

SECTION 2 DAY 7 (19-08-2015)

Confession: Acts 2:17 And it shall come to pass in the last days, saith God, I will pour out of my Spirit upon all flesh: and your sons and your daughters shall prophesy, and your young men shall see visions, and your old men shall dream dreams:

Reading through the Bible in 70 Days (Day 17 - Jud 21:18-21:25; Ruth 1:1 - 4:22; 1Sam 1:1 - 15:4)

Devotional Songs (Pages 11-14)

Praise Worship

Prayer of Praise and Thanksgiving (Pages 15 & 16)

127. I receive, the unsearchable wisdom in the Holy Ghost, in the name of Jesus.

128. Holy Ghost fire, purge my life completely, in the name of Jesus.

129. Holy Ghost fire, fall upon my eyes and burn to ashes every evil force and all satanic power controlling my eyes, in Jesus' name.

130. Holy Ghost fire, destroy every satanic garment in my life, in Jesus' name.

131. Holy Ghost, grant me a glimpse of Your glory now, in Jesus' name.

132. Holy Ghost, quicken me, in the name of Jesus.

133. Holy Ghost, breathe on me now, in the name of Jesus.

134. Every thing that I've suffered in ignorance, fire of God, wipe it away, in the name of Jesus.

135. O Lord, let every old order that has taken advantage of me be wiped off, in the name of Jesus.

136. My Father, my Father, my Father, draw me out of the libation of my family line, in the name of Jesus.

137. Father, take my destiny away from the hands of evil men, in Jesus' name.

138. Every tree of manipulation, assigned against me shall not speak against me, in the name of Jesus.

139. By fire, by force, I call forth my life and my labour from the hands of the oppressors, in the name of Jesus.
140. When I prophesy unto the heavens, the heavens shall answer me, in the name of Jesus.
141. My priesthood, shall be binding in heaven and on earth, in the name of Jesus.
142. Holy Ghost fire, ordain me to reverse evil decrees, in the name of Jesus.
143. Any power, attempting to steal from my life, shall not go away unchecked, in the name of Jesus.
144. Every power that weakens my anointing, die, in the name of Jesus.
145. O God, arise by the thunder of Your power, and let every sorcery consultation against me be frustrated, in the name of Jesus.
146. I nullify, every legal document of the enemy assigned against me, in the name of Jesus.
147. I revoke, satanic certificate of occupancy of anything that belongs to me, in the name of Jesus.

SECTION 2 DAY 8 (20-08-2015)

Confession: Acts 2:17 And it shall come to pass in the last days, saith God, I will pour out of my Spirit upon all flesh: and your sons and your daughters shall prophesy, and your young men shall see visions, and your old men shall dream dreams:

Reading through the Bible in 70 Days (Day 18 -1 Samuel 15:5-30:31)
Devotional Songs (Pages 11-14)
Praise Worship
Prayer of Praise and Thanksgiving (Pages 15 & 16)

148. By the power of the Holy Spirit and by the blood of Jesus, I reverse any mandate given to any evil power to supervise my life, in the name of Jesus.

149. Every deposit from the sun assigned to trouble me, I rebuke you, in the name of Jesus.

150. O sun, lift away your warfare from me right now, in the name of Jesus.

151. By the power that established the heaven and the earth, I decree every wall in my life to fall down and die, in the name of Jesus.

152. You moon, hear the word of the Lord, shut up your light with nigh traders, do not cooperate with them, in the name of Jesus.

153. Every power harbouring enchantments against me, vomit them, in the name of Jesus.

154. O sun, moon and stars, vomit every enchantment against my life, in the name of Jesus.

155. Every power that has marred the heavenlies for my sake, fall down and die, in the name of Jesus.

156. Holy Ghost fire, melt every bad spiritual deposit in my life, in Jesus' name.

157. Holy Ghost fire, cleanse my root from spiritual filth, in the name of Jesus.

158. Holy Ghost fire, melt every spiritual poison in my body, in the name of Jesus.

159. Holy Ghost Fire, burn in every department of my body and destroy every satanic deposit, in the name of Jesus.

160. O God, arise, set my spirit on Fire of the Holy Ghost, in the name of Jesus.

161. I charge my body, soul and spirit with the Fire of the Holy Ghost, in the name of Jesus.

162. Holy Ghost fire, quench every arrow of prayerlessness fired at me by the enemies of my soul, in the name of Jesus.

163. Anointing of the Holy Ghost, fall upon me and break every negative yoke, in the name of Jesus.

164. Holy Ghost fire, do the work of purification in my life, in the name of Jesus.

165. O Lord, ignite me with Your Holy Ghost fire, in the name of Jesus.

166. Holy Ghost fire, incubate my life with your freshness and refreshing power, in the name of Jesus.

167. Every power hiding in demonic holes against me, the Lord smite you there, in the name of Jesus.

168. Let the stars arise and begin to fight for me, in the name of Jesus.

SECTION 2 DAY 9 (21-08-2015)

Confession: Acts 2:17 And it shall come to pass in the last days, saith God, I will pour out of my Spirit upon all flesh: and your sons and your daughters shall prophesy, and your young men shall see visions, and your old men shall dream dreams:

Reading through the Bible in 70 Days (Day 19 -1Samuel 31:1-31:13; 2 Samuel 1:1-17:5)

Devotional Songs (Pages 11-14)

Praise Worship

Prayer of Praise and Thanksgiving (Pages 15 & 16)

169. O Lord, let the hired astral world assigned against me, cancel its assignment, in the name of Jesus.

170. Every power, wounding my soul shall not escape, in the name of Jesus.

171. Every conspiracy of the sun, moon and stars against me, O God, arise and scatter it, in the name of Jesus.

172. Every manipulation of the enemy against me, I nullify you by the power in the blood of Jesus, in the name of Jesus.

173. O sun, arise and smite every enemy of my soul, in the name of Jesus.

174. Father, let the spirit of prophecy, fall upon me, in the name of Jesus.

175. Holy Ghost, fill me that I might bring forth healing power, in Jesus' name.

176. Holy Ghost fire, destroy every garment of reproach in my life, in Jesus' name.

177. Father, let the fire of the Holy Ghost enter into my blood stream and cleanse my system, in the name of Jesus.

178. Holy Ghost, seal all my pockets that have demonic holes, in Jesus' name.

179. Holy Ghost fire, begin to melt away every satanic deposit in my life, in the name of Jesus

180. Holy Ghost fire, destroy all satanic poisons in my body, in the name of Jesus

181. Holy Ghost fire, dry up all sicknesses in my body, in the name of Jesus.

182. Holy Ghost fire, immunize my blood against satanic poisoning, in the name of Jesus.

183. Holy Ghost fire, melt away every spiritual blindness in my life, in the name of Jesus.

184. Holy Ghost, pump favour into my life, in the name of Jesus

185. Every dry bone of my spiritual life, receive the fire of the God of Elijah, in the name of Jesus.

186. Father, let Your power and Your glory, energise my spirit man, in the name of Jesus.

187. Every plantation of darkness, blocking my spiritual pipe, Holy Ghost fire, flush it out, in the name of Jesus.

188. My Father, my Father, my Father, let me experience the bulldozing power of the God of Elijah, in the name of Jesus.

189. I receive fire power, to tread upon serpents and scorpions and upon every power of the enemy, in the name of Jesus.

SECTION 2 DAY 10 (22-08-2015)

Confession: Acts 2:17 And it shall come to pass in the last days, saith God, I will pour out of my Spirit upon all flesh: and your sons and your daughters shall prophesy, and your young men shall see visions, and your old men shall dream dreams:

Reading through the Bible in 70 Days (Day 20 - 2Samuel 17:6-24:25; 1 Kings 1:1-6:3)

Devotional Songs (Pages 11-14)

Praise Worship

Prayer of Praise and Thanksgiving (Pages 15 & 16)

190. I receive fire power, to pursue and possess, in the name of Jesus.

191. Holy Ghost fire, fill my body, soul and spirit with the power of the Holy Spirit, in the name of Jesus.

192. Fire, that will convert my life to that of an environmental transformer, fall upon me now, in the name of Jesus.

193. Fire, that will empower me to kill all my problems and my enemies, fall upon me now, in the name of Jesus.

194. Holy Ghost fire, eliminate the blockages which have been arresting my blessings, in the name of Jesus.

195. By the power of the Holy Ghost, by the fire of the Holy Ghost, I will experience marathon favour and breakthroughs, in the name of Jesus.

196. By the power of the Holy Ghost, by the fire of the Holy, the Lord will accelerate me to a new place, in the name of Jesus.

197. Holy Ghost fire, burn away every seed of affliction arising from my foundation, in the name of Jesus.

198. Every arrow of shame, fired at my destiny, I terminate you now, in the name of Jesus.

199. My life, generate positive impact and miracle-working power of God, in the name of Jesus.

200. By the fire of the Holy Ghost, the Lord shall waste my wasters and my wasted years shall be compensated, in the name of Jesus.

201. Every arrangement of darkness, to frustrate and to discourage me, I command them to burn to ashes, in the name of Jesus.

202. Power of God, fall upon me mightily in a way that will embarrass the enemy, in the name of Jesus.

203. Holy Ghost and fire, fill my body, soul and spirit, in the name of Jesus.

204. Father, let me experience a personal Pentecost, in the name of Jesus.

205. Father, let Your glory shine upon my life, in the name of Jesus.

206. Every arrow of the oppressor, assigned to torment me, I burn you to ashes, in the name of Jesus.

207. Father, announce my name for greatness, in the name of Jesus.

208. Father, announce my name for great breakthroughs, in the name of Jesus.

209. Father, any glory stolen from my life, let Your fire restore it, in Jesus' name.

210. Spirit of the living God, overshadow my life by Your fire and power, and put all my enemies to flight, in the name of Jesus.

SECTION CONFESSIONS

God has equipped me, and made me a danger and a terror to all my enemies, in the name of Jesus. The Lord is my light and my salvation, whom shall I fear? The Lord is the strength of my life; of whom shall I be afraid? When the wicked, even mine enemies and foes, come upon me to eat up my flesh, they stumble and fall, in the name of Jesus. I pursue my enemies, I overtake and destroy them, in Jesus' name. The Lord has lifted me up and I am seated with Him in heavenly places in Christ Jesus, far above principalities, powers and dominion, and the Lord has put all things under my feet, and I use my feet to bruise and destroy all my enemies even satan, in the name of Jesus. In Jesus' name, anywhere the soles of my feet shall tread upon, the Lord has given it unto me.

The word of God is the power of God, and the entrance of the word of God into my life, has brought the light of God into my life and darkness cannot comprehend it, in the name of Jesus. I send forth this light that is in me as a two-edged sword to destroy all the kingdoms of darkness, in the name of Jesus. The word of God is quick and powerful in my mouth. God has put the power of His word in my mouth, in the name of Jesus. I trust in the word of God, the word stands sure when I speak it, it will accomplish the purpose for which I have spoken it, in Jesus' name.

SECTION VIGIL
(To be done at night between the hours of 12 midnight and 2am)
HYMN FOR THE VIGIL (Page 14)

1. My Father, break the teeth of the ungodly, in Jesus' name.
2. O Lord, hear my voice whenever I call, in the name of Jesus.
3. O God, visit every power lying against me with destruction, in Jesus' name.
4. O Lord, let the dry wind from heaven blow down the pillars of their confident buildings, in the name of Jesus.
5. Hot coals of fire from heaven, blow down their houses, in Jesus' name.
6. O Lord, let the enemies of this country, become merely another story told, in the name of Jesus.
7. My Father, let my enemies fall, by their own counsel, in Jesus' name.
8. By the word of God, many sorrows shall be to the wicked, in Jesus' name.
9. O God, command judgement on all my oppressors, in Jesus' name.
10. O Lord, let judgment and shame pursue the stubborn pursuers of this country and sweep away their powers, in the name of Jesus.
11. O Lord, let all weapons of the enemies of this country, backfire seven-fold on them, in the name of Jesus.
12. You enemies of this country, hear the word of the Lord, you are setting a trap for yourself, in the name of Jesus.
13. Let the wickedness of the wicked come to an end, O Lord, in Jesus' name.
14. O Lord, let Your anger boil against the wicked every day, in Jesus' name.
15. Every trap, that repeats evil circles, catch your owner, in Jesus' name.
16. Snare, of right place at the wrong time, break by fire, in Jesus' name.

17. Snare, of being one day late, one naira short, break, in the name of Jesus.

18. Snare, of too little, too late, break, in the name of Jesus.

19. Prayers of Jabez, to provoke my enlargement, manifest in my life, in the name of Jesus.

20. Every evil contract, signed by my ancestors in the heavenlies, catch fire, in Jesus' name.

21. Every dog, collar assigned to lead me astray, break, in the name of Jesus.

SECTION 3 -
PERSONAL PROPHECIES TO MOVE YOU FORWARD

Personalize each prophecy by confessing each seven times

Scripture Reading: Isaiah 6

Confession: Micah 7:8: Rejoice not against me, O mine enemy: when I fall, I shall arise; when I sit in darkness, the Lord shall be a light unto me.

SECTION 3 DAY 1 (23-08-2015)

Reading through the Bible in 70 Days (Day 21 - 1Kings 6:4-18:3)

Devotional Songs (Pages 11-14)

Praise Worship

Prayer of Praise and Thanksgiving (Pages 14 & 15)

1. I shall not quench, the fire of the Holy Spirit, in the name of Jesus.

2. I am filled, with all the spiritual blessings in heavenly places, in Jesus' name.

3. I have, resurrection power within me, in the name of Jesus.

4. My words, are increasing in power and force, in the name of Jesus.

5. I possess, a merry heart that doeth good like medicine, in the name of Jesus.

6. God, has given me dominion, in the name of Jesus.

7. I shall cooperate with God, in the kind of life I should live, in the name of Jesus.

8. I am complete, in the Lord Jesus Christ, in the name of Jesus.

9. I speak and think, of whatever is of good report, in the name of Jesus.

10. My God, shall supply all my needs according to His riches in glory, in the name of Jesus.

11. I decree, divine acceleration and laughter into my life, in the name of Jesus.

12. Good news, bombard my life before the end of this year, in the name of Jesus.

13. Satanic serpents, dispatched against me, receive madness, in the name of Jesus.

14. Satanic serpents, dispatched against every member of my household, be paralyzed and roasted, in the name of Jesus.

15. All satanic parasites, assigned to my finances die, in the name of Jesus.

16. You the tongue, raining incantations on me dry up, in the name of Jesus.

17. Every hunter of my soul, shoot yourself, in the name of Jesus.

18. My heart, will not be a stony ground for the word of God, in the name of Jesus.

19. My heart, will not be a way side ground, in the name of Jesus.

20. My heart, will not be a ground of thorns, in the name of Jesus.

21. Mountains of confrontation, crumble, in the name of Jesus.

SECTION 3 DAY 2 (24-08-2015)

Confession: Micah 7:8: Rejoice not against me, O mine enemy: when I fall, I shall arise; when I sit in darkness, the Lord shall be a light unto me.

Reading through the Bible in 70 Days (Day 22 -1Kings 18:4-22:53; 2 Kings 1:1-9:33)

Devotional Songs (Pages 11-14)

Praise Worship

Prayer of Praise and Thanksgiving (Pages 15 & 16)

22. The Lord is my helper, I will not be afraid of what man can do to me.

23. The name of the Lord is a strong tower, I run into it and I am safe, in the name of Jesus.

24. I will not speak what comes to my mind, but will speak what is in God's mind, in the name of Jesus.

25. My faith, comes by hearing, as I listen to the word of God, in the name of Jesus.

26. The hand of the Lord is upon me; as I prophecy, great things happen, in the name of Jesus.

27. Though my outward man may be decaying, my inward man is renewed day by day, in the name of Jesus.

28. My youth, is renewed like the eagle. My eyes are not growing dim nor is my strength diminished, in the name of Jesus.

29. I hear, the sound of an abundance of the rain of blessing coming my way, in the name of Jesus.

30. I am a king, I reign in life through Jesus Christ.

31. My mockery, be converted to promotion, in the name of Jesus.

32. My mockery, be converted to success, in the name of Jesus.

33. You the sharp teeth and pit of the enemy, turn against the enemy, in the name of Jesus.

34. Those who do not know me will fight for my cause, in the name of Jesus.

35. You the handwriting of the enemy, turn against the enemy, in Jesus' name.

36. Every evil king, installed against me, be paralyzed, in the name of Jesus.

37. All strongholds of debt, be dashed to pieces, in the name of Jesus.

38. All strongholds of oppression, be dashed to pieces, in the name of Jesus.

39. All strongholds of infirmity, be dashed to pieces, in the name of Jesus.

40. All strongholds of curses and covenants, be dashed to pieces, in Jesus' name.

41. All strongholds of unprofitable efforts, be dashed to pieces, in Jesus' name.

42. Evil clouds over my head, blow away, in the name of Jesus.

SECTION 3 DAY 3 (25-08-2015)

Confession: Micah 7:8: Rejoice not against me, O mine enemy: when I fall, I shall arise; when I sit in darkness, the Lord shall be a light unto me.

Reading through the Bible in 70 Days (Day 23 - 2Kings 9:34-25:11)

Devotional Songs (Pages 11-14)

Praise Worship

Prayer of Praise and Thanksgiving (Pages 15 & 16)

43. I live by faith and not by sight, in the name of Jesus.

44. I tread, upon all serpents and scorpions, they cannot harm me, in Jesus' name.

45. I am divinely insured, no weapon fashioned against me shall prosper, in the name of Jesus.

46. I am blessed, with all spiritual blessings in the heavenlies, in the name of Jesus.

47. I make Jesus the great physician, my doctor, in the name of Jesus.

48. I forbid satan, to put any disease in my body, in the name of Jesus.

49. The joy of the Lord, is my strength, in the name of Jesus.

50. God's word, is life and health unto all my flesh, in the name of Jesus.

51. Every part of my body, functions perfectly, in the name of Jesus.

52. I use the power of God, to meet any need, in the name of Jesus.

53. Ancient gates, blocking my inheritance, catch fire, in the name of Jesus.

54. Any curse, affecting my brain, break by the power in the blood of Jesus.

55. Fire of affliction, die and rise no more, in the name of Jesus.

56. I sack every satanic checkpoint mounted against my success, in Jesus' name.

57. Deliverance, take place in my dream, in the name of Jesus.

58. Habitation of evil planners, turn upside down, in the name of Jesus.

59. All caged glories, be released, in the name of Jesus.

60. All spirit lions, delegated against me, be paralyzed, in the name of Jesus.

61. All spirit serpents, delegated against me, be paralyzed, in the name of Jesus.

62. All spirit scorpions, delegated against me, be paralyzed, in the name of Jesus.

63. All spirit dragons, delegated against me, be paralyzed, in the name of Jesus.

SECTION 3 DAY 4 (26-08-2015)

Confession: Micah 7:8: Rejoice not against me, O mine enemy: when I fall, I shall arise; when I sit in darkness, the Lord shall be a light unto me.

Reading through the Bible in 70 Days (Day 24 - 2 Kings 25:12-25:30; 1 Chronicles 1:1-11:4)

Devotional Songs (Pages 11-14)

Praise Worship

Prayer of Praise and Thanksgiving (Pages 15 & 16)

64. I will not lack any good thing, in the name of Jesus.

65. I am blessed, so that I can be a blessing to others, in the name of Jesus.

66. I refuse to be poor, Christ has redeemed me from the curse of poverty, in the name of Jesus.

67. Poverty and lack, are underneath my feet, in the name of Jesus.

68. I am the head and not the tail, in the name of Jesus.

69. Wealth and riches, are in my house, in the name of Jesus

70. My faith, can come under tests, but I will pass the tests, in the name of Jesus.

71. I will not become bitter towards anyone, I will pray for those who slander me, in the name of Jesus.

72. I am an overcomer, because I live by faith and not by sight, in Jesus' name.

73. God, has not given me the spirit of fear, but of power, love and a sound mind, in the name of Jesus.

74. All enemies like the sun, be dismantled unto desolation, in the name of Jesus.

75. All enemies like the moon, be dismantled unto desolation, in Jesus' name.

76. I will rise, above the unbelievers around me, in the name of Jesus.

77. I bury my failures today, in the name of Jesus.

78. I disarm, every satanic king and his authority, in the name of Jesus.

79. My foundation, be strengthened to carry divine prosperity, in Jesus' name.

80. Riches of the ungodly, be transferred to me, in the name of Jesus.

81. Thunder from the Lord, destroy every evil altar constructed against my finances, in the name of Jesus.

82. Every chain of satanic delay, on my prosperity be shattered, in Jesus' name.

83. All my paralyzed potentials, receive the resurrection power of the Lord Jesus Christ, in the name of Jesus.

84. All my buried virtues, receive the resurrection power of the Lord Jesus Christ, in the name of Jesus.

SECTION 3 DAY 5 (27-08-2015)

Confession: Micah 7:8: Rejoice not against me, O mine enemy: when I fall, I shall arise; when I sit in darkness, the Lord shall be a light unto me.

Reading through the Bible in 70 Days (Day 25 -   1 Chronicles 11:5-27:12)

Devotional Songs (Pages 11-14)

Praise Worship

Prayer of Praise and Thanksgiving (Pages 15 & 16)

85. I have mountain-moving faith, I speak to mountains and they obey me, in the name of Jesus.

86. I do not fear the future, because I trust in God, in the name of Jesus.

87. I am, the property of the Lord Jesus Christ, in the name of Jesus.

88. I dwell, in the secret place of the Most High, in the name of Jesus.

89. The power of God, is in me; no foe can withstand me, in the name of Jesus.

90. The angels of the Lord, encamp around me and deliver me from every evil work, in the name of Jesus.

91. I am redeemed, from the curse of sickness and I refuse to accept its symptoms, in the name of Jesus.

92. No evil shall befall me, neither shall any plague or calamity come near my dwelling, in the name of Jesus.

93. The word of God, is medication and life to my flesh, in the name of Jesus.

94. I put on, the whole armour of God, and the shield of faith protects me from the fiery darts of the wicked, in the name of Jesus.

95. All my dead talents, receive the resurrection power of the Lord Jesus Christ, in the name of Jesus.

96. All my slow progress, receive the resurrection power of the Lord Jesus Christ, in the name of Jesus.

97. All my battered emotions, receive the resurrection power of the Lord Jesus Christ, in the name of Jesus.

98. All my amputated blessings, receive the resurrection power of the Lord Jesus Christ, in the name of Jesus.

99. I reject fainting spirit, in the name of Jesus.

100. Any demon, living inside members of my household depart now, in the name of Jesus.

101. Every untamed enemy of my prosperity, be tamed by the Holy Ghost, in the name of Jesus.

102. Blood of Jesus, rub off evil creams and ointments put upon my body, in the name of Jesus.

103. You my helpers, appear, my hindrance, disappear, in the name of Jesus.

104. The riches of the gentiles, come to me, in the name of Jesus.

105. Divine magnets of prosperity, be planted in my hands, in the name of Jesus.

SECTION 3 DAY 6 (28-08-2015)

Confession: Micah 7:8: Rejoice not against me, O mine enemy: when I fall, I shall arise; when I sit in darkness, the Lord shall be a light unto me.

Reading through the Bible in 70 Days (Day 26 - 1Chronicles 27:13- 29:30; 2 Chronicles 1:1- 18:23)

Devotional Songs (Pages 11-14)

Praise Worship

Prayer of Praise and Thanksgiving (Pages 15 & 16)

106. God keeps all my bones, and not one of them is broken, in the name of Jesus.

107. God redeems my soul, from the power of the grave, in the name of Jesus.

108. I have life and is my pathway, there is no death, in the name of Jesus.

109. I am released from the bondage of the fear of death. in the name of Jesus.

110. I cast my cares, upon the Lord because He cares for me, in the name of Jesus.

111. I have the glorious divine inheritance, working inside me, in Jesus' name.

112. I reject, every tradition that does not conform to the word of God, in the name of Jesus.

113. I shall not utter words, that would disrespect God's authority, in Jesus' name.

114. I shall breakthrough and not breakdown, in the name of Jesus.

115. The world, shall read of my rising and not of my falling, in the name of Jesus.

116. Divine magnet of prosperity, be planted in my house, in the name of Jesus.

117. O Lord, let there be a reverse transfer, of my satanically transferred wealth, in the name of Jesus.

118. Thunder and lightning of God, scatter witchcraft gathering, in Jesus' name.

119. No power, shall hurry me out of the earth before my time, in Jesus' name.

120. My years, shall not be wasted, in the name of Jesus.

121. My pocket, will not leak, in the name of Jesus.

122. Holy Ghost arise, wipe away my tears, in the name of Jesus.

123. Every arrow of darkness, against fired at my testimonies this year, go back to your senders, in the name of Jesus.

124. Every trap, set for my destiny, catch your owner, in the name of Jesus.

125. I cancel, the voice of weeping, I loose the voice of singing, in Jesus' name..

126. O God, arise and trouble my trouble, in the name of Jesus.

SECTION 3 DAY 7 (29-08-2015)

Confession: Micah 7:8: Rejoice not against me, O mine enemy: when I fall, I shall arise; when I sit in darkness, the Lord shall be a light unto me.

Reading through the Bible in 70 Days (Day 27 - 2 Chronicles 18:24- 36:16)

Devotional Songs (Pages 11-14)

Praise Worship

Prayer of Praise and Thanksgiving (Pages 15 & 16)

127. I shall not roam aimlessly, in the market square of life, in the name of Jesus.

128. I will not drink, the water of affliction, in the name of Jesus.

129. My David, arise and kill your Goliath, in the name of Jesus.

130. I make God's word my word, in the name of Jesus.

131. I will walk, in love and by faith in God's word, in the name of Jesus.

132. All things are possible with God, and I choose to believe in Him, in the name of Jesus.

133. I release Christ in me, the hope of my glory, in the name of Jesus.

134. I have the keys, of the kingdom of God; whatever I bind is bound in heaven, whatever I loose is loosed in heaven, in the name of Jesus.

135. My success, is not dependent on luck or chance; it has to do with Jesus, in the name of Jesus.

136. I shall not die, but live to declare the glory of God, in the name of Jesus.

137. Expectations of my enemies, perish by fire, in the name of Jesus.

138. Every expectation of the wicked, concerning my destiny, die, in Jesus' name.

139. My Father, baptize me with uncommon mercy, in the name of Jesus.

140. Any plan of the enemy, to turn my light to darkness, scatter, in Jesus' name.

141. The finger that disgraced Pharaoh, disgrace my enemies, in Jesus' name.

142. Finger of God, arm of God, arise re-write my family history, in Jesus' name.

143. Every end of the year activity, of the enemy, receive confusion, in the name of Jesus.

144. Where is the Lord God of Elijah, take me from mockery to honor, in the name of Jesus.

145. I take back, all the breakthrough keys the enemy has stolen from me, in the name of Jesus.

146. I break down, the stronghold of witchcraft in my family, in the name of Jesus.

147. Secrets of strange children, in my family, be revealed, in the name of Jesus.

SECTION 3 DAY 8 (30-08-2015)

Confession: Micah 7:8: Rejoice not against me, O mine enemy: when I fall, I shall arise; when I sit in darkness, the Lord shall be a light unto me.

Reading through the Bible in 70 Days (Day 28 - 2Chronicles 36:17- 36:23; Ezra 1:1 - 10:44; Nehemiah 1:1 - 7:33)

Devotional Songs (Pages 11-14)

Praise Worship

Prayer of Praise and Thanksgiving (Pages 15 & 16)

148. I am fulfilling, God's plan for my life, in the name of Jesus

149. I bind, every desert spirit, in the name of Jesus.

150. I cancel, every bewitchment fashioned against my destiny, in Jesus' name.

151. O Lord, let Your fire destroy every satanic weapon fashioned against my destiny, in the name of Jesus.

152. Lord, expose all satanic schemes devised against my destiny, in Jesus' name.

153. I reclaim, all the grounds I have lost to the enemy, in the name of Jesus.

154. I paralyse, every satanic ammunition, in the name of Jesus.

155. I paralyse, every unrepentant opposition, in the name of Jesus.

156. I refuse to cooperate, with the enemy of my progress, in the name of Jesus.

157. I paralyze, all satanic strugglers, in the name of Jesus.

158. Every distance, stolen from my life by the enemy, I repossess you, in the name of Jesus.

159. Power of delayed blessings, die, in the name of Jesus.

160. All graves dug for me, swallow your diggers, in the name of Jesus.

161. Holy Ghost, explode in my life by signs and wonders, in the name of Jesus.

162. Evil hands, pointed at me, dry up, in the name of Jesus.

163. By the power, that divided the Red Sea, let my problems die, in Jesus' name.

164. Every evil river, in my place of birth, release my virtues, in the name of Jesus.

165. O Lord, find the dragon in my life and kill it, in the name of Jesus.

166. I smash serpentine heads, reared against me into pieces, in Jesus' name.

167. I break, every evil hold on my breakthroughs, in the name of Jesus.

168. I paralyse, every anti-breakthrough strategy, in the name of Jesus.

SECTION 3 DAY 9 (31-08-2015)

Confession: Micah 7:8: Rejoice not against me, O mine enemy: when I fall, I shall arise; when I sit in darkness, the Lord shall be a light unto me.

Reading through the Bible in 70 Days (Day 29 - Neh 7:34 - 13:31; Esther 1:1 - 10:3; Job 1:1 - 2:6)

Devotional Songs (Pages 11-14)

Praise Worship

Prayer of Praise and Thanksgiving (Pages 15 & 16)

169. I scatter, all forces encamping against me, in the name of Jesus.

170. I paralyse, every instrument of oppression fashioned against me, in the name of Jesus.

171. Spirit of pains and sorrows, be bound, in the name of Jesus.

172. Evil spies, searching for my secrets, be paralyzed, in the name of Jesus.

173. Every unprofitable alliance against me, scatter, in the name of Jesus.

174. I arrest, every problem in my life from the root, in the name of Jesus.

175. O God, arise and give me a turnaround breakthrough, in the name of Jesus.

176. Every curse, working against my destiny, break, in the name of Jesus.

177. In my finances, O Lord, give me the divine ability to overtake those who have gone ahead, in the name of Jesus.

178. O Lord, lead me to those who will bless me, in the name of Jesus.

179. My Father, lead me away from those assigned to demote me, in Jesus' name.

180. My Father, lead me away from unfriendly friends and friendly demoters, in the name of Jesus.

181. O Lord, let my breakthrough frustrate the plans of the enemy, in the name of Jesus.

182. Evil effect of cursed-house and land, upon my property, break by fire, in the name of Jesus.

183. Every cycle, of financial turbulence, break by the power in the blood of Jesus.

184. Woe, unto every vessel of poverty pursuing me, in the name of Jesus.

185. I smash, the poverty serpents on the wall of fire, in the name of Jesus.

186. I set, every garment of poverty on fire, in the name of Jesus.

187. Every identification mark of poverty, upon my life, be rubbed off by the blood of Jesus, in the name of Jesus.

188. Every identification mark of witchcraft, upon my life, be rubbed off by the blood of Jesus, in the name of Jesus.

189. I withdraw my wealth, from the hand of the bondwoman and her children, in the name of Jesus.

SECTION 3 DAY 10 (01-09-2015)

Confession: Micah 7:8: Rejoice not against me, O mine enemy: when I fall, I shall arise; when I sit in darkness, the Lord shall be a light unto me.

Reading through the Bible in 70 Days (Day 30 - Job 2:7 - 20:15)

Devotional Songs (Pages 11-14)

Praise Worship

Prayer of Praise and Thanksgiving (Pages 15 & 16)

190. My Father, embarrass me with abundance, in the name of Jesus.

191. I receive, the anointing to disgrace satanic arrows of poverty, in Jesus' name.

192. I cut off, every supply of food to my problems, in the name of Jesus.

193. Lord, release me from known and unknown financial curses, in Jesus' name.

194. I rebuke, every power working against the soundness of my finances, in the name of Jesus.

195. I seal the rebuke, with the blood of Jesus.

196. I break, every evil padlock put upon my finances, in the name of Jesus.

197. Blood of Jesus, flush out and scatter witchcraft meetings summoned against my wealth, in the name of Jesus.

198. Every satanic resistance, to my breakthroughs, crumble, in Jesus' name.

199. By the power in the blood of Jesus, I will become all that God created me to be, in the name of Jesus.

200. Every good area in my life, that the enemies has denied expression, receive resurrection, in the name of Jesus.

201. I receive, the resurrection power of the Lord Jesus Christ for my wealth to manifest, in the name of Jesus.

202. Every roar of satanic lions against my life, be silenced by fire, in Jesus' name.

203. Activities of vagabond evil broadcasters, be terminated by fire, in the name of Jesus.

204. Every satanic pregnancy, against my life, be aborted by fire, in Jesus' name.

205. Every power, hunting for my secrets, be deaf and blind, in the name of Jesus.

206. I paralyse, every power of bewitchment fashioned against me, in the name of Jesus.

207. Every spirit of pocket with holes, be disgraced out of my life, in Jesus' name.

208. All evil rivers, flowing down to me, from my father and mother, dry up, in the name of Jesus.

209. I quench, the power of star paralyzers, in the name of Jesus.

210. Every power, swallowing the results of my prayers, fall down and die, in the name of Jesus.

SECTION CONFESSIONS

Who is like unto Him, our God, who dwells on high, far above all powers and dominions. He raiseth up the poor out of the dust, and lifteth the needy out of the dunghill; that He might set him with princes. Even so shall the Lord deal with me, in the name of Jesus. The Bible says, that whatsoever I desire when I pray, I should believe and receive, in the name of Jesus. Therefore, I pray now that, in Jesus' name, I am set free from every captivity or attack of negative speech from my mouth or thoughts and from my heart, against myself. I tear down, in faith, every spiritual wall of partition, between me and my divinely appointed helpers and benefactors, in the name of Jesus.

In the name of Jesus Christ, the mighty hand of God is upon my life, upholding and protecting me from all who rise up against me, in the name of Jesus. Jesus Christ has made His grace available to me. I ask for the grace and I receive it by faith, in the name of Jesus. I can do and possess all things, through Christ who strengthens me. And my God shall supply all my needs, according to His riches in glory by Christ Jesus. My heart, is from now comforted, for the God of suddenly, provision and grace is still on the throne, in the name of Jesus.

SECTION VIGIL

(To be done at night between the hours of 12 midnight and 2am)

HYMN FOR THE VIGIL (Page 14)

1. Though, war should rise against me, in this will I be confident, in Jesus' name.

2. And now, shall my head be lifted up above my enemies round about me, in the name of Jesus.

3. O Lord, deliver me not over unto the will of mine enemies, in Jesus' name.

4. Divine raging storms, locate any coven assigned to bury the destiny of this country, in the name of Jesus.

5. O God, release Your wrath upon every power of witchcraft troubling my destiny, in the name of Jesus.

6. O God, arise and root them out of their land in Your anger, in Jesus' name.

7. O God, arise, cast Your fury upon agents of affliction troubling my star, in Jesus' name.

8. O Lord, let the way of the oppressor be dark and slippery and let the angel of the Lord persecute them, in the name of Jesus.

9. O Lord, let destruction, come upon my enemies unawares and the net that they have hidden catch them, in Jesus' name.

10. O Lord, let the enemy, fall into the destruction he has created, in Jesus' name.

11. O Lord, let not them, that are my enemies wrongfully rejoice over me, in the name of Jesus.

12. Father, let my enemies be ashamed, and brought to confusion, together with those who rejoice at my hurt, in the name of Jesus.

13. O Lord, let my enemies be clothed with shame, in the name of Jesus.

14. Stir up Thineself, O Lord, and fight for me, in Jesus' name.

15. Every evil altar, erected for our country, be disgraced, in Jesus' name.

16. O Lord, let the thunder of God, smite every evil priest working against our country at the evil altar and burn them to ashes, in the name of Jesus.

17. Every ancestral secret, retarding my progress, be revealed, in Jesus' name.

18. Evil secret activities, currently affecting my life, be exposed and disgraced, in the name of Jesus.

19. Every secret, I need to know to excel spiritually and financially, be revealed, in the name of Jesus.

20. Every secret, hidden in the marine kingdom, affecting my elevation, be exposed and disgraced, in the name of Jesus.

21. Every secret, hidden in the satanic archive, crippling my elevation, be exposed and disgraced, in the name of Jesus.

SECTION 4 -
DELIVERANCE OF THE HEAD, HAND AND FEET

Scripture Reading: Genesis 49

Confessions: Psalms 92:10 But my horn shalt thou exalt like the horn of an unicorn: I shall be anointed with fresh oil.

Luke 10:19 Behold, I give unto you power to tread on serpents and scorpions, and over all the power of the enemy: and nothing shall by any means hurt you.

Psalms 144:1 Blessed be the Lord my strength, which teacheth my hands to war, and my fingers to fight:

SECTION 4 DAY 1 (02-09-2015)

Reading through the Bible in 70 Days (Day 31 - Job 20:16 - 37:16)

Devotional Songs (Pages 11-14)

Praise Worship

Prayer of Praise and Thanksgiving (Pages 15 & 16)

1. Evil hands, anointed to waste my head, wither, in the name of Jesus.
2. Every arrow of untimely death, fired into my brain, backfire, in Jesus' name.
3. My head, my head, my head, hear the word of the Lord, arise and shine, in the name of Jesus.
4. Any dark invisible cover, on my head, catch fire, in the name of Jesus.
5. Every curse, operating against my head, die by the power in the blood of Jesus, in Jesus' name.
6. Every manipulation of my glory, through my hair, scatter now, in Jesus' name.
7. Every hand of the strongman, upon my head, dry up, in the name of Jesus.
8. Every power of death, assigned against my head, die, in the name of Jesus.
9. Chains upon my head, break, in the name of Jesus.
10. Holy Ghost fire arise, kill every satanic deposit in my head, in Jesus' name.

11. My head, receive deliverance by fire, in the name of Jesus.

12. Every power, summoning my head from the gate of the grave, die, in the name of Jesus.

13. Thou power of God, arise, attack all covens assigned against my head, in the name of Jesus.

14. Every ordinance, invoked by the power of darkness into the heavens against my head, I wipe you off, in the name of Jesus.

15. Rain of wisdom, knowledge and favour, fall upon my head, in Jesus' name.

16. Voices of strangers, casting spells against my head, die, in the name of Jesus.

17. Blood of Jesus, water of life, fire of God, wash my head, in the name of Jesus.

18. I shake off, bullets of darkness from my head, in the name of Jesus.

19. Every power, using my hair against me, die, in the name of Jesus.

20. Invisible loads of darkness, upon my head, catch fire, in the name of Jesus.

21. My head, my head, receive the touch of the resurrection power of the Lord Jesus Christ, in the name of Jesus.

SECTION 4 DAY 2 (03-09-2015)

Confessions: Psalms 92:10 But my horn shalt thou exalt like the horn of an unicorn: I shall be anointed with fresh oil.

Luke 10:19 Behold, I give unto you power to tread on serpents and scorpions, and over all the power of the enemy: and nothing shall by any means hurt you.

Psalms 144:1 Blessed be the Lord my strength, which teacheth my hands to war, and my fingers to fight:

Reading through the Bible in 70 Days (Day 32-Job 37:17- 42:17; Psalms 1:1-22:25)

Devotional Songs (Pages 11-14)

Praise Worship

Prayer of Praise and Thanksgiving (Pages 15 & 16)

22. Every arrow, fired into my head, go back to the sender, in the name of Jesus.

23. I decree, that insanity is not my lot, so every arrow of insanity, go back to the sender, in the name of Jesus.

24. My head, be lifted up above my enemies around me, in the name of Jesus.

25. My head, be lifted up above all the unbelievers around me, in Jesus' name..

26. My head, hear the word of the Lord, arise, possess your possessions and posses your destiny, in the name of Jesus.

27. Every handwriting of darkness, working against my head, backfire, in the name of Jesus.

28. I plug my head, into the resurrection power of the Lord Jesus Christ, in the name of Jesus.

29. I plug my hands, into the resurrection power of the Lord Jesus Christ, in the name of Jesus.

30. I plug my feet, into the resurrection power of the Lord Jesus Christ, in the name of Jesus.

31. I plug my head, into the socket of divine favour, in the name of Jesus.

32. I plug my hands, into the socket of divine favour, in the name of Jesus.

33. I plug my feet, into the socket of divine favour, in the name of Jesus.

34. Every curse, assigned against my head, disappear, in the name of Jesus.

35. Every evil cap, of my parents, will not fit my head, in the name of Jesus.

36. My hands, receive the fire to prosper, in the name of Jesus.

37. My hands, reject every pollution, in the name of Jesus.

38. Every arrow fired to downgrade my hands, I send you back to the senders, in the name of Jesus.

39. Every authority of darkness, assigned to paralyse my hands, die, in the name of Jesus.

40. My hands, reject every arrow of weakness and every arrow of sadness, in the name of Jesus.

41. My hands, become the weapons of war, in the name of Jesus.

42. O God, arise and convert my hands to Your battle axe, in the name of Jesus.

SECTION 4 DAY 3 (04-09-2015)

Confessions: Psalms 92:10 But my horn shalt thou exalt like the horn of an unicorn: I shall be anointed with fresh oil.

Luke 10:19 Behold, I give unto you power to tread on serpents and scorpions, and over all the power of the enemy: and nothing shall by any means hurt you.

Psalms 144:1 Blessed be the Lord my strength, which teacheth my hands to war, and my fingers to fight:

Reading through the Bible in 70 Days (Day 33 - Psalms 22:26 - 50:5)

Devotional Songs (Pages 11-14)

Praise Worship

Prayer of Praise and Thanksgiving (Pages 15 & 16)

43. O God, arise and convert my hands to Your weapons of war, in Jesus' name.

44. Father, I decree that every good thing I lay my hands upon, shall prosper by the power in the blood of Jesus.

45. Every sluggishness upon my hands, be shaken off by the power in the blood of Jesus.

46. My legs, receive the power of dominion, in the name of Jesus.

47. My feet, take me to my place of breakthrough, by the power in the blood of Jesus.

48. My feet, take me to my place of divine assignment, by the power in the blood of Jesus.

49. Every arrow of bad luck, fired at my feet, go back to your senders, in the name of Jesus.

50. Everywhere, the soles of my feet shall tread, heaven will take dominion, in the name of Jesus.

51. Wherever I walk in, darkness shall walk out, by the power in the blood of Jesus.

52. I receive the power, to disgrace every leg pollution, in the name of Jesus.

53. Father, anoint my feet for uncommon speed, in the name of Jesus.

54. Father, anoint my feet for uncommon success, in the name of Jesus.

55. By the spirit of the prophet, I move forward by fire, in the name of Jesus.

56. By the spirit of the prophet, I take dominion over every wickedness, in the name of Jesus.

57. Holy Ghost, anoint my legs for uncommon success, in the name of Jesus.

58. Holy Ghost, anoint my head, my hands, my legs, for uncommon testimonies, in the name of Jesus.

59. Father, I fire back, every arrow of sluggishness assigned to my feet, in the name of Jesus.

60. Anywhere I go, favour will be assigned to my feet, in the name of Jesus.

61. O Lord, let my feet be beautiful and bring glad tidings anywhere I go, in the name of Jesus.

62. Spirit of bad feet, backfire, in the name of Jesus.

63. Spirit of polluted feet, backfire, in the name of Jesus.

SECTION 4 DAY 4 (05-09-2015)

Confessions: Psalms 92:10 But my horn shalt thou exalt like the horn of an unicorn: I shall be anointed with fresh oil.

Luke 10:19 Behold, I give unto you power to tread on serpents and scorpions, and over all the power of the enemy: and nothing shall by any means hurt you.

Psalms 144:1 Blessed be the Lord my strength, which teacheth my hands to war, and my fingers to fight:

Reading through the Bible in 70 Days (Day 34 -   Psalms 50:6 - 78:4)

Devotional Songs (Pages 11-14)

Praise Worship

Prayer of Praise and Thanksgiving (Pages 15 & 16)

64. Every curse, issued against my legs, break, in the name of Jesus.

65. Every agenda of darkness, assigned to terrorise my legs, I fire it back, in the name of Jesus.

66. Holy Ghost, overshadow my head, in the name of Jesus.

67. Holy Ghost, overshadow my feet, in the name of Jesus.

68. Holy Ghost, overshadow my hands, in the name of Jesus.

69. Holy Ghost, overshadow every part of my body, in the name of Jesus.

70. Father, by the power that breaks yokes, let every yoke upon my head, be broken, in the name of Jesus.

71. Father, by the power that breaks yokes, let every yoke upon my hands, be broken, in the name of Jesus.

72. Father, by the power that breaks yokes, let every yoke upon my legs, be broken, in the name of Jesus.

73. Every handwriting of darkness, upon my head, I wipe you off by the power in the blood of Jesus.

74. Every handwriting of darkness, upon my hands, I wipe you off by the power in the blood of Jesus.

75. Every handwriting of darkness, upon my legs, I wipe you off by the power in the blood of Jesus.

76. Holy Ghost fire, pursue every danger out of my head, in the name of Jesus.

77. Holy Ghost fire, pursue every poison out of my head, in the name of Jesus.

78. Holy Ghost fire, pursue every poison out of my hands, in the name of Jesus.

79. Holy Ghost fire, pursue every poison out of my feet, in the name of Jesus.

80. I soak my head, I soak my hands, I soak my feet in the blood of Jesus.

81. Any problem, brought to my life through head attacks, die, in Jesus' name.

82. Powers of my father's house, release my head by fire, in the name of Jesus.

83. Serpents and scorpions, assigned against my head, die, in the name of Jesus.

84. I reject, the spirit of the tail and I claim the spirit of the head, in Jesus' name.

SECTION 4 DAY 5 (06-09-2015)

Confessions: Psalms 92:10 But my horn shalt thou exalt like the horn of an unicorn: I shall be anointed with fresh oil.

Luke 10:19 Behold, I give unto you power to tread on serpents and scorpions, and over all the power of the enemy: and nothing shall by any means hurt you.

Psalms 144:1 Blessed be the Lord my strength, which teacheth my hands to war, and my fingers to fight:

Reading through the Bible in 70 Days (Day 35 - Psalms 78:5 - 103:12)

Devotional Songs (Pages 11-14)

Praise Worship

Prayer of Praise and Thanksgiving (Pages 15 & 16)

85. I cancel, the power of all curses upon my head, in the name of Jesus.

86. Every witchcraft name, be dissolved from my fore-head and navel, in the name of Jesus.

87. Spiritual bat and spiritual lizard, that have been programmed into my head, receive the fire of God, in the name of Jesus.

88. My head, reject the covenant of failure, in the name of Jesus.

89. My head (lay your right hand on your forehead), from now on, life shall be easy for you. You shall be desired, appreciated and rewarded, in the name of Jesus.

90. None, shall pluck my stars out of my head, in the name of Jesus

91. I challenge, every marine hair on my head with the fire of God, and I command it to catch fire now, in the name of Jesus

92. My head, reject every manipulation and bewitchment of untimely death, in the name of Jesus.

93. Holy Ghost, crown my head and life with divine glory, in the name of Jesus.

94. O God, be my glory and the lifter up of my head, in Jesus' name.

95. And now, my head shall be lifted up above my enemies round about me, in the name of Jesus

96. I release my head, from every evil blood covenant, in the name of Jesus

97. Every power, that has formed any evil cloud over my head, scatter, in the name of Jesus.

98. Any evil umbrella, covering my head, scatter, in the name of Jesus.

99. Holy Ghost, hook my head unto my divine destiny, in the name of Jesus.

100. Fire of God, consume every strange satanic material in my head, in the name of Jesus.

101. O Lord, anoint my head with Your oil, bless my water and bread to eat of the fat of this land, in Jesus' name.

102. Every evil head, raised to suppress me, I pull you down by the power of the God of Elijah, in the name of Jesus.

103. Blood of Jesus, speak life into my head, my heart, my liver, my kidney, my bladder, my womb, etc, in the name of Jesus.

104. Any power, calling for my head before evil mirrors, die with the mirror, in the name of Jesus.

105. My glory, my head, arise and shine, in the name of Jesus.

SECTION 4 DAY 6 (07-09-2015)

Confessions: Psalms 92:10 But my horn shalt thou exalt like the horn of an unicorn: I shall be anointed with fresh oil.

Luke 10:19 Behold, I give unto you power to tread on serpents and scorpions, and over all the power of the enemy: and nothing shall by any means hurt you.

Psalms 144:1 Blessed be the Lord my strength, which teacheth my hands to war, and my fingers to fight:

Reading through the Bible in 70 Days (Day 36 -   Psalms 103:13 - 119:107)

Devotional Songs (Pages 11-14)

Praise Worship

Prayer of Praise and Thanksgiving (Pages 15 & 16)

106. Any power, calling my head for evil, scatter, in the name of Jesus

107. I fire back, every arrow of witchcraft in my head, in the name of Jesus.

108. Every evil hand, laid upon my head when I was a little child, die, in the name of Jesus.

109. My head, reject every bewitchment, in the name of Jesus.

110. Arrows of darkness, fired into my brain, die, in the name of Jesus.

111. Power of household wickedness, upon my brain, die, in the name of Jesus.

112. My head, reject every bewitchment, in the name of Jesus.

113. My brain, wake up by fire, in the name of Jesus.

114. Any power, calling my head for evil, scatter, in the name of Jesus.

115. I fire back, every arrow of witchcraft in my head, in the name of Jesus.

116. Holy Ghost fire, incubate my brain, in the name of Jesus.

117. Thou creative power of God, fall upon my brain now, in the name of Jesus.

118. Anything stolen from my brain, when I was a child, I repossess you now, in the name of Jesus

119. You grave, holding my head and its success captive, open up and vomit them to me by fire, in the name of Jesus.

120. You my dead and decayed head, resurrect and become perfectly healed and successful, in the name of Jesus.

121. You my head, that has been rendered useless, succeed by fire, in the name of Jesus.

122. You scorpions, assigned against my head, release me and die by fire, in the name of Jesus.

123. You evil arrows, fashioned against my head, I command you to go back to your senders, in the name of Jesus.

124. You spiritual worms, assigned to devour my head, come out and die, in the name of Jesus.

125. You spiritual devourers, assigned to devour my head and render it a living failure, come out and die, in the name of Jesus.

126. You evil objects, buried against the fruitfulness of my head, be up-rooted and scatter by fire, in the name of Jesus.

SECTION 4 DAY 7 (08-09-2015)

Confessions: Psalms 92:10 But my horn shalt thou exalt like the horn of an unicorn: I shall be anointed with fresh oil.

Luke 10:19 Behold, I give unto you power to tread on serpents and scorpions, and over all the power of the enemy: and nothing shall by any means hurt you.

Psalms 144:1 Blessed be the Lord my strength, which teacheth my hands to war, and my fingers to fight:

Reading through the Bible in 70 Days (Day 37 -Psalms 119:108-150:6; Proverbs 1:1-2:16)

Devotional Songs (Pages 11-14)

Praise Worship

Prayer of Praise and Thanksgiving (Pages 15 & 16)

127. You evil personalities, hiding in my head and causing it to fail, come out and die, in the name of Jesus.

128. You evil trenches, housing enemy ambush against my head, bury my enemies alive, in the name of Jesus.

129. Evil contractors, hired against my head, I terminate your contracts from source by fire, die, in the name of Jesus.

130. You spirit of hindrance, hindering my head from being crowned, release it and die, in the name of Jesus.

131. You spirit of hindrance, hindering my head from attaining fame and promotion, release it and die, in the name of Jesus.

132. You spirit of hindrance, preventing my head from acquiring her birthright, release it and die, in the name of Jesus.

133. Foreign witchcraft powers, co-operating with household witchcraft against my head, scatter and die, in the name of Jesus.

134. Household witchcraft, gathering against my head, scatter and die, in the name of Jesus.

135. Household witchcraft verdict, and conclusion against my head, be nullified by fire, in the name of Jesus.

136. Witchcraft covens, linked to the problems of my head, catch fire and scatter, in the name of Jesus.

137. You evil objects, being used to monitor my head for evil, be scattered and rendered invalid, in the name of Jesus.

138. You evil priests, ministering against my head from any evil altar, fall down and die, in the name of Jesus.

139. You evil altars, erected against the promotion and prominence of my head, be up-rooted and scatter, in the name of Jesus.

140. I pursue, I overtake and I recover by fire, whatever the enemy has stolen from my head, in the name of Jesus.

141. My head, defy any spiritual call to death or failure, in the name of Jesus.

142. My head, refuse to co-operate with my enemies against me, in the name of Jesus.

143. My head, always prevail and excel, in the name of Jesus.

144. You powers, manipulating my head, scatter and die by fire, in Jesus' name.

145. Every household witchcraft power, fall down and die, in the name of Jesus.

146. Every waster of my prosperity, become impotent, in the name of Jesus.

147. Every known and unknown aggressor, of my comfort, be paralyzed, in the name of Jesus.

SECTION 4 DAY 8 (09-09-2015)

Confessions: Psalms 92:10 But my horn shalt thou exalt like the horn of an unicorn: I shall be anointed with fresh oil.

Luke 10:19 Behold, I give unto you power to tread on serpents and scorpions, and over all the power of the enemy: and nothing shall by any means hurt you.

Psalms 144:1 Blessed be the Lord my strength, which teacheth my hands to war, and my fingers to fight:

Reading through the Bible in 70 Days (Day 38 -   Proverbs 2:17-17:20)

Devotional Songs (Pages 11-14)

Praise Worship

Prayer of Praise and Thanksgiving (Pages 15 & 16)

148. Anything planted into my life, to disgrace me, come out with all your roots, in the name of Jesus.

149. I reject, demonic stagnation of my blessings, in the name of Jesus.

150. I reject, weak financial breakthroughs and claim big financial breakthroughs, in the name of Jesus.

151. Hidden and clever devourers, be bound, in the name of Jesus.

152. I release myself, from every evil family pattern of poverty, in Jesus' name.

153. I refuse, to allow my wealth to die on any evil altar, in the name of Jesus.

154. I reject, every prosperity paralysis, in the name of Jesus.

155. I possess, all my foreign benefits, in the name of Jesus.

156. I dash, every poverty dreams to the ground, in the name of Jesus.

157. My hands, have started to build and shall finish it, in the name of Jesus.

158. I refuse, to become the foot mat of amputators, in the name of Jesus.

159. God of providence, raise divine capital for me, in the name of Jesus.

160. I occupy, my rightful position, in the name of Jesus.

161. Every delayed and denied prosperity, manifest by fire, in Jesus' name.

162. Every bewitched account, receive deliverance, in the name of Jesus.

163. Every snail anointing, on my blessings, fall down and die, in Jesus' name.

164. Every power, broadcasting my goodness for evil, be silenced, in the name of Jesus.

165. I refuse, to lock the doors of blessings against myself, in Jesus' name.

166. I release myself, from every spirit of poverty, in the name of Jesus.

167. I curse, the spirit of poverty, in the name of Jesus.

168. I release myself, from every bondage of poverty, in the name of Jesus.

SECTION 4 DAY 9 (10-09-2015)

Confessions: Psalms 92:10 But my horn shalt thou exalt like the horn of an unicorn: I shall be anointed with fresh oil.

Luke 10:19 Behold, I give unto you power to tread on serpents and scorpions, and over all the power of the enemy: and nothing shall by any means hurt you.

Psalms 144:1 Blessed be the Lord my strength, which teacheth my hands to war, and my fingers to fight:

Reading through the Bible in 70 Days (Day 39 -Proverbs 17:21-31:31; Ecclesiastes 1:1-2:4)

Devotional Songs (Pages 11-14)

Praise Worship

Prayer of Praise and Thanksgiving (Pages 15 & 16)

169. I retrieve my purse, from the hand of Judas, in the name of Jesus.

170. I take over, the wealth of the sinner, in the name of Jesus.

171. I recover, the steering wheel of my wealth from the hands of evil drivers, in the name of Jesus.

172. Holy Ghost fire, revive my blessings, in the name of Jesus.

173. Holy Ghost fire, return my stolen blessings, in the name of Jesus.

174. O Lord, send out God's angels to bring me blessings, in the name of Jesus.

175. Whatever, needs changing in my life to bring the blessings, be changed now, in the name of Jesus.

176. Father, uncover to me, the key for prosperity, in the name of Jesus.

177. Every power, sitting on my wealth, fall down and die, in the name of Jesus.

178. Every power, of failure at the edge of success, die, in the name of Jesus.

179. Thou power of poor finishing, die, in the name of Jesus.

180. Heavenly fire, attack the power of poverty in my life, in the name of Jesus.

181. I overthrow, my strongman that troubled me this year, in Jesus' name.

182. Every habitation of wickedness, around me, be desolate, in Jesus' name.

183. Crystal ball and mirror of darkness, working against me, break, in the name of Jesus.

184. All round success, pursue and locate me, in the name of Jesus.

185. Father Lord, make my life a success story, in the name of Jesus.

186. Every satanic decree, against my life, die, in the name of Jesus.

187. I throw confusion, into the camp of my enemy, in the name of Jesus.

188. I get to my destiny, at the appointed time, in the name of Jesus.

189. I refuse to rotate, roam and circulate on the same spot, in Jesus' name.

SECTION 4 DAY 10 (11-09-2015)

Confessions: Psalms 92:10 But my horn shalt thou exalt like the horn of an unicorn: I shall be anointed with fresh oil.

Luke 10:19 Behold, I give unto you power to tread on serpents and scorpions, and over all the power of the enemy: and nothing shall by any means hurt you.

Psalms 144:1 Blessed be the Lord my strength, which teacheth my hands to war, and my fingers to fight:

Reading through the Bible in 70 Days (Day 40 -Ecclesiastes 2:5-12:14; Song of Solomon 1:1- 8:14; Isaiah 1:1 - 6:12)

Devotional Songs (Pages 11-14)

Praise Worship

Prayer of Praise and Thanksgiving (Pages 15 & 16)

190. I withdraw my name, from the register of frustrations, in Jesus' name.

191. I prophesy to you my spiritual legs, begin to move me forward, in the name of Jesus.

192. I receive power, to operate three levels of locomotion; I shall walk, I shall run and I shall fly as an eagle, in the name of Jesus.

193. O Lord, lift me to the higher ground, in the name of Jesus.

194. I become unstoppable, as the wind, in the name of Jesus.

195. As from today, my middle name becomes excellence and advancement, in the name of Jesus.

196. Uncompleted projects in my life, receive the touch of God, in Jesus' name.

197. I subdue and overthrow, all the anti-progress forces, in the name of Jesus.

198. Evil strangers, flee away and never appear again, in the name of Jesus.

199. Every wicked device, against my life, receive frustration, in Jesus' name.

200. Every cloth of disgrace, I tear you to pieces, in the name of Jesus.

201. O God, who disgraced Ahitophel, bring the counsel of my enemies to nothing, in the name of Jesus.

202. You are the God of performance, perform wonders in my life, in the name of Jesus.

203. Oh Lord, make me a positive wonder, in the name of Jesus.

204. By the power of God, dark places shall not oppress me, in Jesus' name.

205. I cancel, every satanic appointment with death, in the name of Jesus.

206. I bury, every shrine conjuring my image, in the name of Jesus.

207. I am hot coals of fire, therefore any witchdoctor that tampers with my destiny, shall be roasted, in the name of Jesus.

208. Every witchcraft power, touching my life, die, in the name of Jesus.

209. I refuse, that my life be used as a sacrifice material to the devil, in the name of Jesus.

210. Every evil covenant, in my life, break now, in the name of Jesus.

SECTION CONFESSION

I tread upon and destroy completely all strongholds and barriers of the enemy against me, in the name of Jesus. I tread on them with the shoes of the gospel of the Lord Jesus Christ, I make an utter ruin of them all and all their possessions, kingdoms, thrones, dominions, palaces and everything in them, in Jesus' name. I erase them all and I make them completely desolate, in Jesus' name. My strength is in the Lord Jesus Christ, Jesus is my strength, I receive strength from the Lord, in the name of Jesus. The word of God says that He will restore to me, the years that the locust has eaten, the cankerworm, and the caterpillar, and the palmerworm, in the name of Jesus. With the blood of Jesus, the Lord will flush my land and wash my palms and possessions, in the name of Jesus. The whole world, may decide to go wild with evil flowing like a flood. The enemy, in his evil machinations, may decide against me. The earth may choose not to tremble; whatever may be or happen, I refuse to be shaken, in the name of Jesus.

I trust, in the word of God, the word stands sure when I speak it, it will accomplish the purpose for which I have spoken it, in Jesus' name. I am the manifestation, the product and the result of God's word. God has spoken into my life and I have become the manifested presence of Jehovah God on earth. I expressly manifest everything, the word of God says I am. I am filled with the word of life. Because the Lord disappointeth the devices of the crafty, so that their hands cannot perform their enterprise. Every work of the strong, the wicked, the evil and the enemy against my life, shall not prosper, in the name of Jesus. In the name of Jesus, I claim the power in the name of the Lord to overcome all the troops of the enemy. In the name of Jesus Christ, by the presence of God in my life, I command the wicked to perish before me; and melt away like wax in the fire. I am a child of God, I am dwelling in the secret place of the most high God, I am protected and covered under the shadow of the wings of Jehovah, in the name of Jesus.

SECTION VIGIL
(To be done at night between the hours of 12 midnight and 2am)
HYMN FOR THE VIGIL (Page 14)

1. O Lord, let the imagination of the wicked for our country be neutralized, in the name of Jesus.
2. Every secret I need to know, about my mother's lineage, be revealed, in the name of Jesus.
3. Every secret I need to know, about my hometown, be revealed, in Jesus' name.
4. Every secret I need to know, about the work I am doing, be revealed, in the name of Jesus.
5. Oh Lord, give unto me the Spirit of revelation and wisdom in the knowledge of Yourself.
6. Oh Lord, make your way plain before my face on this issue.
7. Oh Lord, remove spiritual cataract from my eyes.
8. Every organised worker of iniquity, depart from me, in the name of Jesus.

9. O Lord, let all my enemies be ashamed and sore vexed, in Jesus' name.

10. My Father, let sudden shame be the lot of all my oppressors, in Jesus' name

11. Every power, planning to tear my soul like a lion tears a lamb, be dismantled, in the name of Jesus.

12. God shall destroy the camp of the enemy, and their camp shall never be built up, in the name of Jesus.

13. O Lord, according to the deeds of the wicked, give them the works of their hands, in the name of Jesus.

14. O Lord, put off my sack cloth and gird me with gladness, in Jesus' name.

15. O Lord, cast out my enemies in the multitude of their transgressions, in Jesus' name.

16. Every organised worker of iniquity, depart from me, in the name of Jesus.

17. O Lord, let all my enemies be ashamed and sore vexed, in Jesus' name.

18. My Father, let sudden shame be the lot of all my oppressors, in Jesus' name

19. Every power, planning to tear my soul like a lion tears a lamb, be dismantled, in the name of Jesus.

20. God shall destroy the camp of the enemy, and their camp shall never be built up, in the name of Jesus.

21. O Lord, according to the deeds of the wicked, give them the works of their hands, in the name of Jesus.

SECTION 5 - BREAKING THE IDOL CHAINS

Scripture Reading: Exodus 20

Confession: Ezekiel 37:23 Neither shall they defile themselves any more with their idols, nor with their detestable things, nor with any of their transgressions: but I will save them out of all their dwelling places, wherein they have sinned, and will cleanse them: so shall they be my people, and I will be their God.

SECTION 5 DAY I (12-09-2015)

Reading through the Bible in 70 Days (Day 41 - Isaiah 6:13 - 30:8 Day 40 - Ecclesiastes 2:5-12:14; Song of Solomon 1:1- 8:14; Isaiah 1:1 - 6:12)

Devotional Songs (Pages 11-14)

Praise Worship

Prayer of Praise and Thanksgiving (Pages 15 & 16)

1. Every idol chain, holding me down, break, in the name of Jesus.

2. Negative anointing, of my family idols, clear away from my blood, in the name of Jesus.

3. Idols of my father's house, crying against my destiny, be silenced, in the name of Jesus.

4. Every idol power, barking against my full scale laughter, shut up and die, in the name of Jesus.

5. Every battle, provoked against my life, by family idols, scatter unto desolation, in the name of Jesus.

6. Agenda of idol powers, to paralyse my breakthroughs, die, in Jesus' name.

7. Tormenting powers, fashioned against me, by idol powers, release me and die, in the name of Jesus.

8. Wasters and emptiers assigned by idol powers to waste my life, die by fire, in the name of Jesus.

9.   Every conscious and unconscious covenant, with any idol, break by fire, in the name of Jesus.

10. Yoke manufacturers, of the idol of my father's house, I damage your power, in the name of Jesus.

11. Arrows, fired into my destiny, by the idols in my foundation, die, in the name of Jesus.

12. Anger of heaven, provoked by my family idols, be cancelled by the blood of Jesus, in the name of Jesus.

13. Every evil dedication, that speaks against my moving forward, I dash you to pieces, in the name of Jesus.

14. Powers, mentioning my name on evil altars, be silenced and die, in the name of Jesus.

15. Every crooked line, drawn into my journey by idol power, be wiped off by the blood of Jesus, in the name of Jesus.

16. Any generational defect, sponsored by my family idol, clear away by the power in the blood of Jesus, in the name of Jesus.

17. Troubles, assigned against my life by idol powers, clear away by fire, in the name of Jesus.

18. Every shrine, mentioning my name, clear away by the power in the blood of Jesus, in the name of Jesus.

19. Every destiny miscalculation, provoked by idol powers, be reversed, in the name of Jesus.

20. Pursing powers, of my father's house, turn back and roast, in Jesus' name.

21. I recover, all my divine opportunities wasted by the family idols, in the name of Jesus.

SECTION 5 DAY 2 (13-09-2015)

Confession: Ezekiel 37:23 Neither shall they defile themselves any more with their idols, nor with their detestable things, nor with any of their transgressions: but I will save them out of all their dwelling places, wherein they have sinned, and will cleanse them: so shall they be my people, and I will be their God.

Reading through the Bible in 70 Days (Day 42-   Isaiah 30:9 - 50:7)

Devotional Songs (Pages 11-14)

Praise Worship

Prayer of Praise and Thanksgiving (Pages 15 & 16)

22. Every vagabond anointing, contributed into my life by my foundational idols, clear away, in the name of Jesus.

23. Every evil oil, poured on my head by the idols of my father's house, clear away, in the name of Jesus.

24. Cross road powers, and evil sacrifice powers, lose your power, in Jesus' name.

25. Rough places, prepared for my life's journey by family idols, break to pieces, in the name of Jesus.

26. Every open or hidden name, that serves as a ladder of affliction, be cancelled by the blood of Jesus, in the name of Jesus.

27. I vomit by fire, any thing I have consumed from the table of darkness, in the name of Jesus.

28. Satanic regulators, using foundational idolatry as a ladder against me, die, in the name of Jesus.

29. Every evil flow, into my life from foundational idolatry, dry up by the blood of Jesus, in the name of Jesus.

30. Every limitation, introduced into my journey by foundational idol power, roast, in the name of Jesus.

31. I retrieve my blessings, from the grip of any shrine or altar, in Jesus' name.

32. I jump out, of the valley of death sponsored by idol powers, in Jesus' name.

33. Every connection, between foundational idolatry and my dream life, break by fire, in the name of Jesus.

34. Any idol power, calling for my sacrifice in order to demand worship, die, in the name of Jesus.

35. Serpents and scorpions, of my father's house, lose your powers, in the name of Jesus.

36. Dark markets, sponsored by idol powers to sell my virtues, close down, in the name of Jesus.

37. Lord, cut down the idols of my father's house, in the name of Jesus.

38. O Lord, let the idols of my father's house, be confounded and their images and powers, broken to pieces, in the name of Jesus.

39. I renounce, all idolatry in my blood line, in the name of Jesus.

40. I break, all curses of idolatry in my blood line, in the name of Jesus.

41. O Lord, sprinkle Your water upon me and wash me clean from all pollution of idolatry, in the name of Jesus.

42. Every chain of idolatry, binding my destiny, break to pieces, in Jesus' name.

SECTION 5 DAY 3 (14-09-2015)

Confession: Ezekiel 37:23 Neither shall they defile themselves any more with their idols, nor with their detestable things, nor with any of their transgressions: but I will save them out of all their dwelling places, wherein they have sinned, and will cleanse them: so shall they be my people, and I will be their God.

Reading through the Bible in 70 Days (Day 43- Isa 50:8-66:24; Jer 1:1-6:24)

Devotional Songs (Pages 11-14)

Praise Worship

Prayer of Praise and Thanksgiving (Pages 15 & 16)

43. Every dedication, made by my ancestors before any idol to cage my future, I break that dedication by the power in the blood of Jesus

44. I release my name, I release my virtue, from the yoke and dominion of idolatry, in the name of Jesus.

45. Every curse of idolatry, afflicting my ancestral line, be broken, in Jesus' name.

46. Every evil river, flowing into my life from any form of idolatry, dry up, in the name of Jesus.

47. Every oath, every promise, every covenant, made by my ancestors before any idol, break now, in the name of Jesus.

48. Holy Ghost fire, break every chain of ancestral idolatry from my life, in the name of Jesus.

49. My Father, my Father, my Father, let every Goliath in my ancestry fall down and die, in the name of Jesus.

50. My Father, my Father, my Father, let every Pharaoh in my ancestry, fall down and die, in the name of Jesus.

51. My Father, my Father, my Father, let every Herod in my ancestry, fall down and die, in the name of Jesus.

52. My Father, my Father, my Father, let every Sennacherib in my ancestry, fall down and die, in the name of Jesus.

53. My Father, my Father, my Father, uphold me and recover my glory from the chains of idolatry, in the name of Jesus.

54. My Father, my Father, my Father, soak the totality of my life, in the blood of Jesus and free me from every chain and shackle of idolatry, in Jesus' name.

55. Every agenda, of idol worshippers for my life, be cancelled, in Jesus' name..

56. Every yoke of idiolatry, troubling my destiny, be cancelled, in Jesus' name.

57. Father, arise by Your power and glory, deliver my family from collective captivity, in the name of Jesus.

58. My Father, my Father, my Father, uphold me and deliver me from the aroma and aura of idolatry, in the name of Jesus.

59. Any promissory note, written by my ancestors before any idol, I tear them up, in the name of Jesus.

60. Any agreement, between my ancestors and any idol, I break that agreement, in the name of Jesus.

61. I renounce, every demonic name attached to me and my family, in the name of Jesus.

62. I dissociate my life, from every name given to me under satanic anointing, in the name of Jesus.

63. I break the flow, of any evil river coming into my life through these unprofitable names, in the name of Jesus.

SECTION 5 DAY 4 (15-09-2015)

Confession: Ezekiel 37:23 Neither shall they defile themselves any more with their idols, nor with their detestable things, nor with any of their transgressions: but I will save them out of all their dwelling places, wherein they have sinned, and will cleanse them: so shall they be my people, and I will be their God.

Reading through the Bible in 70 Days (Day 44-Jeremiah 6:25-25:23)

Devotional Songs (Pages 11-14)

Praise Worship

Prayer of Praise and Thanksgiving (Pages 15 & 16)

64. I refuse, to come under the control and domination of any satanic name, in the name of Jesus.

65. Every witchcraft name, be dissolved from my fore-head and navel, in the name of Jesus.

66. I receive, the seal of the Holy Spirit upon my life, in Jesus' name.

67. Every hidden or silent name, given to me to destroy my destiny on my naming ceremony day, I nullify you, in Jesus' name.

68. I take back, all the grounds given to Satan by my ancestors, in Jesus' name.

69. I apply the blood of Jesus, to break all consequences of parental sins in the name of Jesus.

70. I release myself, from the umbrella of any collective captivity, in the name of Jesus.

71. I release myself, from any inherited bondage, in the name of Jesus.

72. O Lord, send Your axe of fire, to the foundation of my life and destroy every evil plantation.

73. Blood of Jesus, flush out from my system, every inherited satanic deposit, in the name of Jesus.

74. I release myself, from the grip of any problem transferred into my life from the womb, in the name of Jesus.

75. I break and loose myself, from every collective evil covenant, in the name of Jesus.

76. I vomit, every evil consumption that I have been fed with as a child, in the name of Jesus.

77. I command, all foundational strongmen attached to my life to be paralyzed, in the name of Jesus.

78. Any rod of the wicked, rising up against my family line, be rendered impotent for my sake, in the name of Jesus.

79. I cancel, the consequences of any evil local name attached to my person, in the name of Jesus.

80. I refuse, to drink from the fountain of sorrow, in Jesus name.

81. I release myself, from the bondage of evil altars, in the name of Jesus. Say this once, then be repeating, "I release myself, in the name of Jesus." Spend some time on this.

82. I cancel, every demonic dedication, in the name of Jesus. Be repeating, "I cancel you, in the name of Jesus."

83. Every evil altar, erected against me, be disgraced, in the name of Jesus.

84. Anything done against my life, under demonic anointing be nullified, in the name of Jesus.

SECTION 5 DAY 5 (16-09-2015)

Confession: Ezekiel 37:23 Neither shall they defile themselves any more with their idols, nor with their detestable things, nor with any of their transgressions: but I will save them out of all their dwelling places, wherein they have sinned, and will cleanse them: so shall they be my people, and I will be their God.

Reading through the Bible in 70 Days (Day 45-   Jeremiah 25:24-43:4)

Devotional Songs (Pages 11-14)

Praise Worship

Prayer of Praise and Thanksgiving (Pages 15 & 16)

85. I curse, every local altar fashioned against me, in the name Jesus.

86. Every evil priest, ministering against me at any evil altar, receive the sword of God, in the name of Jesus.

87. Every stubborn evil altar priest, drink your own blood, in the name of Jesus.

88. I release myself, from every satanic blood covenant, in the name of Jesus.

89. Every demonic padlock and chain, used against me in the dark world, catch fire and cut to pieces, in the name of Jesus

90. I release myself, from every negative subjection to anything or person, in the name of Jesus.

91. Every evil tie, evil links, evil bonds, projected to manipulate my life, catch fire, in the name of Jesus.

92. I repent, from all ancestral idol worship, in the name of Jesus.

93. My enemies, shall not rejoice over me, in the name of Jesus.

94. Keep me as the apple of thy eyes, hide me under the shadow of thy wings, O Lord, in the name of Jesus.

95. O Lord, barricade me from the wicked that oppress me and from my deadly enemies who compass me about, in the name of Jesus.

96. Arise, O Lord, disappoint my oppressors and cast them down, in Jesus' name.

97. O Lord, deliver my soul from the wicked with thy sword, in the name of Jesus.

98. I will call upon the Lord, who is worthy to be praised, so shall I be saved from mine enemies, in the name of Jesus.

99. O God, send out Your arrows and scatter the oppressors, in the name of Jesus.

100. O God, shoot out your lightning and discomfit them, in the name of Jesus.

101. O Lord, let the smoke go out of Your nostrils, and fire out of Your mouth, to devour all plantations of darkness in my life, in the name of Jesus.

102. O God, thunder from heaven against all my oppressors, in the name of Jesus.

103. O Lord, with the blast of Your nostrils, disgrace every foundational bondage, in the name of Jesus.

104. O God, deliver me from my strong enemy, which hated me for they are too strong for me, in the name of Jesus.

105. O God, bring down every high look, that is downgrading my potentials, in the name of Jesus.

SECTION 5 DAY 6 (17-09-2015)

Confession: Ezekiel 37:23 Neither shall they defile themselves any more with their idols, nor with their detestable things, nor with any of their transgressions: but I will save them out of all their dwelling places, wherein they have sinned, and will cleanse them: so shall they be my people, and I will be their God.

Reading through the Bible in 70 Days (Day 46-Jeremiah 43:5-52:34; Lamentations 1:1-5:3)

Devotional Songs (Pages 11-14)

Praise Worship

Prayer of Praise and Thanksgiving (Pages 15 & 16)

106. I receive power, to run through satanic troop, in Jesus' name.

107. I receive power, to leap over every demonic wall of barrier, in Jesus' name.

108. O Lord, teach my hands to war, in the name of Jesus.

109. Every bow of steel, fashioned by the enemy, break by my hands, in the name of Jesus.

110. Every covenant, with the earth, against my life, break, in the name of Jesus.

111. Every covenant, with the sun, moon, and stars against my life, break, in the name of Jesus.

112. Every covenant, with the water against my life, break, in the name of Jesus.

113. I apply the blood of Jesus, to break the power of any idol over my life. Sing this song: "There is power mighty in the blood (2ce). There is power mighty in the blood of Jesus Christ. There is power" mighty in the blood."

114. O Lord, turn all the evils directed at me to good, in the name of Jesus.

115. I command, all powers of evil directed at me to return directly to the sender, in the name of Jesus.

116. God, make everything the enemy has said is impossible in my life, possible, in the name of Jesus.

117. I release myself, from the umbrella of any collective captivity, in Jesus' name.

118. I release myself, from any inherited bondage, in the name of Jesus.

119. Blood of Jesus, flush out from my system, every inherited satanic deposit in the name of Jesus.

120. I release myself, from the grip of any problem transferred into my life from the womb, in the name of Jesus.

121. Blood of Jesus, and the fire of the Holy Ghost, cleanse every organ in my body, in the name of Jesus.

122. I break and loose myself, from every collective evil covenant, in Jesus' name.

123. I break and loose myself, from every collective curse, in the name of Jesus.

124. I vomit, every evil consumption I have been fed with as a child, in the name of Jesus.

125. I command, all foundational strongmen attached to my life to be paralysed, in the name of Jesus.

126. Any rod of the wicked, rising against my family line, be rendered impotent for my sake, in the name of Jesus.

SECTION 5 DAY 7 (18-09-2015)

Confession: Ezekiel 37:23 Neither shall they defile themselves any more with their idols, nor with their detestable things, nor with any of their transgressions: but I will save them out of all their dwelling places, wherein they have sinned, and will cleanse them: so shall they be my people, and I will be their God.

Reading through the Bible in 70 Days (Day 47-Lamentations 5:4-5:22; Ezekiel 1:1 - 19:8)

Devotional Songs (Pages 11-14)

Praise Worship

Prayer of Praise and Thanksgiving (Pages 15 & 16)

127. I cancel, the consequences of any evil local name attached to my person, in the name of Jesus.

128. Pray aggressively against the following roots of collective captivity. Pray as follows; Every effect of _ _ _ (pick from the underlisted one by one), upon my life, come out with all your roots, in the name of Jesus.

    - Evil physical design   - Evil dedication   - Parental curses

- Demonic marriage   - Envious rivalry.   - Demonic sacrifice
- Demonic incision   - Inherited infirmity   - Dream pollution
- Evil laying on of hands - Demonic initiation - Wrong exposure to sex
- Demonic blood transfusion   - Exposure to evil diviners
- Demonic alteration of destiny   - Fellowship with local idols
- Fellowship with family idols   - Destructive polygamy
- Fellowship with demonic consultants   - Unscriptural conception

129. Kolanut idols, hear the word of the Lord, clear away, in the name of Jesus.

130. Cowry idols, hear the word of Lord, clear away, in the name of Jesus.

131. Crossroad idols, hear the word of the Lord, clear away, in the name of Jesus.

132. Masquerade idols, hear the word of 'the Lord, clear away, in Jesus' name.

133. Marriage idols, hear the word of the Lord, clear away, in the name of Jesus.

134. Calabash idols, hear the word of the Lord, clear away, in the name of Jesus.

135. Poison of idols, in my blood, die, in the name of the Jesus.

136. Every dog, of my family idol, barking at my progress die, in Jesus' name.

137. Idol powers, assigned to waste my destiny die, in the name of Jesus.

138. Idol powers, behind my problems die, in the name of Jesus.

139. Every evil dedication, speaking against my destiny, die by the blood of Jesus.

140. My Father, I need help, help me, in the name of Jesus.

141. Evil spiritual parents, I bind you today, in the name of Jesus.

142. Every evil harvest, scatter by fire, in the name of Jesus.

143. Every destructive ancestral promise, made for my sake, die, in Jesus' name.

144. Blood of Jesus, arise in your power, purge my roots, in the name of Jesus.

145. Every visitation of darkness, melt away, by the thunder of God, in the name of Jesus.

146. Harvest of iniquity, of my father's house, die, by the blood of Jesus.

147. Harvest of iniquity, of my mother's house, die, by the blood of Jesus.

SECTION 5 DAY 8 (19-09-2015)

Confession: Ezekiel 37:23 Neither shall they defile themselves any more with their idols, nor with their detestable things, nor with any of their transgressions: but I will save them out of all their dwelling places, wherein they have sinned, and will cleanse them: so shall they be my people, and I will be their God.

Reading through the Bible in 70 Days (Day 48-   Ezekiel 19:9 - 34:20)

Devotional Songs (Pages 11-14)

Praise Worship

Prayer of Praise and Thanksgiving (Pages 15 & 16)

148. Every territorial bondage, over my destiny, die, in the name of Jesus.

149. Every foundational power, summoning me to the bottom, die, in the name of Jesus.

150. O Lion of Judah, arise and destroy every foundational serpent and scorpion, in the name of Jesus

151. Foundational poverty yokes, break, in the name of Jesus.

152. Foundational witchcraft yoke, die, in the name of Jesus.

153. Thou power, of magnetic backwardness, die, in the name of Jesus.

154. Mantle of favour and breakthrough, fall on me, in the name of Jesus.

155. Every foundational power, challenging my destiny, die, in the name of Jesus.

156. Every power, of the idols of my father's house, die, in the name of Jesus.

157. Every idol, of my father's house, lose your hold over my life, in Jesus' name.

158. Arrows of sickness, originating from idolatry, loose your hold, in Jesus' name.

159. My Father, send Your angels, to bring each member of my family out of darkness into light, in the name of Jesus.

160. Thou power of my family idol, die, in Jesus' name.

161. Every angry altar, of my father's house, crying against my breakthrough, die, in the name of Jesus.

162. Every idol, seeking demotion of my destiny, die, in Jesus' name.

163. Every family cage, sponsored by idols, break, in Jesus' name.

164. Every evil chain, linking me to family idol, break, in Jesus' name.

165. My name, hear the word of the Lord; Depart from every evil altar, in the name of Jesus.

166. Every evil power, of my family idol, die, in the name of Jesus.

167. I withdraw my name, from every evil altar, in the name of Jesus.

168. My life, receive deliverance from every cage of idolatry, in the name of Jesus.

SECTION 5 DAY 9 (20-09-2015)

Confession: Ezekiel 37:23 Neither shall they defile themselves any more with their idols, nor with their detestable things, nor with any of their transgressions: but I will save them out of all their dwelling places, wherein they have sinned, and will cleanse them: so shall they be my people, and I will be their God.

Reading through the Bible in 70 Days (Day 49- Ezekiel 34:21-48:35; Daniel 1:1 - 2:19)

Devotional Songs (Pages 11-14)

Praise Worship

Prayer of Praise and Thanksgiving (Pages 15 & 16)

169. Thou power of God, shatter every agenda of foundational idolatry, designed against my life, in the name of Jesus.

170. I retire by fire, every occult priest divining against me, in the name of Jesus.

171. Every strange fire, prepared by family idols, die, in Jesus' name.

172. By the power in the blood of Jesus, I renounce the gods that my ancestors or I have served, that have brought me into collective captivity, in Jesus' nmae.

173. Every seed of idolatry, in my foundation, die, in Jesus' name.

174. The voice of my family idol, will not prevail over my destiny, in Jesus' name.

175. Every grip, of the evil consequences of the ancestral worship of my forefathers' god, over my life and ministry, break by fire, in Jesus' name.

176. Every unconscious evil soul-tie and covenant, with the spirits of my dead grandfather, grandmother, occult uncles, aunties, custodians of family gods/oracles/shrines, break, by the blood of Jesus.

177. Every decision, vow or promise, made by my forefathers contrary to my divine destiny, loose your hold by fire, in Jesus' name.

178. Every generational curse of God, resulting from the sin of idolatry of my forefathers, loose your hold, in the name of Jesus.

179. Every ancestral evil altar, conspiring against me, be dashed against the Rock of Ages, in the name of Jesus.

180. Every evil ancestral placenta manipulation, of my life, be reversed, in the name of Jesus.

181. Every ancestral life pattern, designed for me through vows, promises and covenants, be reversed, in the name of Jesus.

182. Every ancient gate of my place of birth, locking up my progress, hear the word of the Lord, lift up your heads and open, in the name of Jesus.

183. Every evil power, of my place of birth, die, in the name of Jesus.

184. I fire back, every arrow of my family idols, in the name of Jesus.

185. Every covenant, made with any family idol on my behalf, break by the blood of Jesus.

186. I break and cancel, every covenant with any idol and the yokes attached to it, in the name of Jesus.

187. Every landlord spirit, troubling my destiny, be paralysed, in the name of Jesus.

188. Every outflow, of satanic family name, die, in the name of Jesus.

189. I recover, every benefit, stolen by idol powers, in the name of Jesus.

SECTION 5 DAY 10 (21-09-2015)

Confession: Ezekiel 37:23 Neither shall they defile themselves any more with their idols, nor with their detestable things, nor with any of their transgressions: but I will save them out of all their dwelling places, wherein they have sinned, and will cleanse them: so shall they be my people, and I will be their God.

Reading through the Bible in 70 Days (Day 50-Daniel 2:20-12:13; Hosea 1:1-9:13)

Devotional Songs (Pages 11-14)

Praise Worship

Prayer of Praise and Thanksgiving (Pages 15 & 16)

190. Where is the God of Elijah, arise, disgrace every family idol, in the name of Jesus.

191. Every satanic priest, ministering in my family line, be retrenched, in the name of Jesus.

192. Arrows of affliction, originating from idolatry, loose your hold, in the name of Jesus.

193. Every influence, of idol worship, in my life, die, in the name of Jesus.

194. Every network, of idol power in my place of birth, scatter, in Jesus' name.

195. Every satanic dedication, that speaks against me, be dismantled by the power in the blood of Jesus.

196. I vomit, every food with idolatrous influence that I have eaten, in the name of Jesus.

197. Every unconscious evil internal altar, roast, in the name of Jesus.

198. Any stone of hindrance, constructed by family idol, be rolled away, in the name of Jesus.

199. The voice of foundational idols, will never speak again, in Jesus' name.

200. Every strongman, assigned by the idols of my father's house against my life, die, in the name of Jesus.

201. Every satanic promissory note, issued on my behalf by my ancestors, be reversed, in the name of Jesus.

202. Garments of opposition, designed by ancestral idols, roast, in the name of Jesus.

203. Every satanic cloud upon my life, scatter, in the name of Jesus.

204. My glory, buried by family idols, come alive by fire, in the name of Jesus.

205. Thou power of strange gods, legislating against my destiny, scatter, in the name of Jesus.

206. Idols of my place of birth, I break your chain, in the name of Jesus.

207. Thou vagabond power, assigned against me, die, in the name of Jesus.

208. I puncture, the imagination of oppression targeted at me, in Jesus' name.

209. Though an host should encamp against me, my heart shall not fear, in the name of Jesus. I receive the power to pursue and overtake my enemies, in the name of Jesus.

210. My enemies are wounded, they are unable to rise, they are fallen under my feet, in the name of Jesus.

SECTION CONFESSIONS

In the name of Jesus Christ, I hand over all my battles to the Lord Jesus Christ, the Lord fights for me and I hold my peace. I am an overcame through the name of Jesus Christ. I am victorious in all circumstances and situations that are against me, in Jesus' name. Jesus Christ has defeated all my enemies, and they are brought down and fallen under my feet, in the name of Jesus. I crush them all to the ground and I command them to begin to lick up the dust of the earth under my feet; for at the name of Jesus, every knee must bow, in the name of Jesus. When I call upon the name of the Lord, He shall stretch forth His mighty hand and lift me up above all my enemies and deliver me from all of them, in the name of Jesus.

May the Lord God to whom vengeance belongs pelt their rank, files and strongholds with His stones of fire, in the name of Jesus. I raise a dangerous high standard of the flood of the blood of Jesus against their re-enforcement, and I command all the encamped and advancing enemy troops to be roasted by fire, in the name of Jesus. I possess the gate of my enemies and with the blood of Jesus, I render their habitation desolate, in the mighty name of Jesus Christ.

SECTION VIGIL
(To be done at night between the hours of 12 midnight and 2am)
HYMN FOR THE VIGIL (Page 14)

1. Father, fight against them that fight against me, in the name of Jesus.
2. Father, take hold of my shield and buckler and stand up for my help.
3. O God, prepare the instruments of death against my enemies, in Jesus' name.
4. O God, ordain Your arrows, against my persecutors, in the name of Jesus.
5. O Lord, let every pit dug by the enemy, become a grave for the enemy, in Jesus' name.
6. You enemies of this country, dig your hole and dig it well, because, you will fall into it, in the name of Jesus.
7. Acidic prayer stones, locate the forehead of the Goliath of this country, in the name of Jesus.
8. Candle of the wicked, I put you out, quench, in the name of Jesus.
9. All information, stored in the caldron against me, catch fire, in Jesus' name.
10. I release, panic and havoc upon any gathering summoned to disgrace me, in Jesus' name.

11. I release. confusion and backwardness upon every satanic programmer attacking my star, in the name of Jesus.

12. Every cage, formed to imprison my star, I smash you, in Jesus' name.

13. I release, the ten plagues of Egypt upon every coven tormenting my existence, in the name of Jesus.

14. O Lord, make the devices of my adversaries of none effect, in Jesus' name.

15. O Lord, let them be clothed, with shame and dishonour that magnify themselves against me, in the name of Jesus.

16. Father, let not the foot of pride, come against me, in Jesus' name.

17. Thou, that exalteth thine self as an eagle against me, I knock you down, in Jesus' name.

18. Every ancestral debt collector, be silenced, in the name of Jesus.

19. Every locker and warehouse, holding my blessings of wealth, catch fire, in Jesus' name.

20. Invisible wall of barriers, stagnating my destiny, scatter, in Jesus' name.

21. Invisible barricades, stagnating my goals, scatter, in the name of Jesus.

SECTION 6 -

BREAKING THE YOKE OF DESTINY IMPOTENCE

Scripture Reading: John 17

Confession: Isaiah 60: 1 -2 Arise, shine; for thy light is come, and the glory of the Lord is risen upon thee. For, behold, the darkness shall cover the earth, and gross darkness the people: but the Lord shall arise upon thee, and his glory shall be seen upon thee.

SECTION 6 DAY I (22-09-2015)

Reading through the Bible in 70 Days (Day 51-Hosea 9:14-14:9; Joel 1:1 -3:21; Amos 1:1-9:15; Obadiah 1:1-1:21; Jonah 1:1-4:11; Micah 1:1-7:1)

Devotional Songs (Pages 11-14)

Praise Worship

Prayer of Praise and Thanksgiving (Pages 15 & 16)

1. I recover my destiny, from the grip of destiny robbers and manipulators, in the name of Jesus.

2. My life, become too hot for the enemy to handle, in the name of Jesus.

3. Every horn, pressing down the glory of my life, scatter, in the name of Jesus.

4. Lord, let the precious blood of Jesus, cleanse my life from the evil effects of past immoral life, in the name of Jesus.

5. I renounce, every anti-breakthrough habit in my life, in the name of Jesus.

6. Heavenly surgeons, do all necessary surgical operation in my life, for my breakthrough to manifest, in the name of Jesus.

7. Wherever my glory is tied, thunder fire of God, loose them now, in the name of Jesus.

8. Where is the Lord God of Elijah, arise and enlarge my coast by fire, in the name of Jesus.

9. Every spirit, of detained and delayed blessings, I cast you out of my life, in the name of Jesus.

10. Every hidden ancestral and blood covenants, hindering my prosperity, break, in the name of Jesus.

11. Every demonic monitoring gadget, assigned against my prosperity, scatter, in the name of Jesus.

12. Every evil monitoring eye, monitoring my prosperity for destruction, catch fire, in the name of Jesus.

13. Arise O God, and let the enemies of my prosperity scatter, in Jesus' name.

14. Every yoke of poverty, break by the blood of Jesus, in the name of Jesus.

15. My destiny, hear the word of the Lord, your time of weeping has expired, bring forth glory by fire, in the name of Jesus.

16. Every marine spirit, assigned against my prosperity, scatter, in Jesus' name

17. Every serpentine spirit, assigned against my prosperity, scatter, in Jesus' name.

18. Every night caterer, assigned against my prosperity, scatter, in Jesus' name.

19. You eaters of flesh and drinkers of blood, feeding on my prosperity, die, in the name of Jesus.

20. Every strongman, hindering my prosperity, fall down and die, in Jesus' name.

21. Every evil power, projecting into my dreams, fall down and die, in Jesus' name.

SECTION 6 DAY 2 (23-09-2015)

Confession: Isaiah 60: 1 -2 Arise, shine; for thy light is come, and the glory of the Lord is risen upon thee. For, behold, the darkness shall cover the earth, and gross darkness the people: but the Lord shall arise upon thee, and his glory shall be seen upon thee.

Reading through the Bible in 70 Days (Day 52-Micah 7:2-7:20; Nahum 1:1-3:19; Habakkuk 1:1- 3:19; Zephaniah 1:1- 3:20; Haggai 1:1-2:23; Zechariah 1:1-14:21; Malachi 1:1-2:6)

Devotional Songs (Pages 11-14)

Praise Worship

Prayer of Praise and Thanksgiving (Pages 15 & 16)

22. Any material, from my body, being used against my prosperity, catch fire, in the name of Jesus.

23. I nullify, premature and still-birth breakthrough, in the name of Jesus.

24. I release my destiny, from any witchcraft cage, in the name of Jesus.

25. I release my destiny, from any evil padlock, in the name of Jesus.

26. I release my destiny, from any evil chain, in the name of Jesus.

27. My destiny, hear the word of the Lord, arise and shine, in the name of Jesus.

28. Thou power of failure, at the edge of breakthrough in my life, break, in the name of Jesus.

29. Spirits of failure, at the edge of breakthrough, loose your hold upon my life, in the name of Jesus.

30. Every satanic poison, in my body, be neutralized by the blood of Jesus.

31. My spirit man, receive strength to bring forth glory, in the name of Jesus.

32. I fire back, every arrow of death, in the name of Jesus.

33. Every blood covenant, speaking against my destiny, break, in Jesus' name.

34. O Lord, if my life is not functioning well, correct it with the blood of Jesus

35. I withdraw, every power, that is in charge of poverty in my life, in Jesus' name.

36. Every spirit of failure, in my life, be destroyed, in the name of Jesus.

37. Every spirit of barrenness of good things in my life, be destroyed and be replaced with the spirit of abundant goodness, in the name of Jesus.

38. Every spirit of poverty, be destroyed and be replaced with the spirit of prosperity, in the name of Jesus.

39. Every power, that has desired to put me into shame, be destroyed by the blood of Jesus.

40. I destroy, any power that is in charge of destroying good things in my life, in the name of Jesus.

41. Any power, siphoning my blessings, lose your hold, in the name of Jesus.

42. Blood of Jesus, arise in Your bulldozing power, sanitize my destiny, in the name of Jesus.

SECTION 6 DAY 3 (24-09-2015)

Confession: Isaiah 60: 1 -2 Arise, shine; for thy light is come, and the glory of the Lord is risen upon thee. For, behold, the darkness shall cover the earth, and gross darkness the people: but the Lord shall arise upon thee, and his glory shall be seen upon thee.
Reading through the Bible in 70 Days (Day 53-Malachi 2:7-4:7; Matthew 1:1-13:13)
Devotional Songs (Pages 11-14)
Praise Worship
Prayer of Praise and Thanksgiving (Pages 15 & 16)

43. Holy Ghost fire, sanitize my life for supernatural prosperity, in Jesus' name.

44. O Lord, by the power that answereth Jabez, visit my life by fire, in Jesus' name.

45. Creative power of God, repair any damage done to my life and destiny structures, in the name of Jesus.

46. O God, arise and advertise Your creative power in my life, in the name of Jesus.

47. I pull down, the stronghold of barrenness of good things in the name of Jesus.

48. Every witchcraft power, bewitching my life, fall down and die, in Jesus' name.

49. O Lord, by Your power which knows no impossibility, let my glory manifest, in the name of Jesus.

50. This month, shall not pass me by; I must bring forth glory, in the name of Jesus.

51. My Father, bring forth signs and wonder in my life, in the name of Jesus.

52. I invite the power of God, into every department of my life, in Jesus' name.

53. Healing power of God, flow into my spirit man, in the name of Jesus.

54. I call forth my glory, from any captivity, in the name of Jesus.

55. Every clinical prophecy, covering my situation, be over-turned by fire, in the name of Jesus.

56. Where is the Lord God of Elijah, give me the miracle of supernatural prosperity, in the name of Jesus.

57. My Father, speak life and productiveness into my life, in the name of Jesus.

58. Every evil hand, laid on my destiny, catch fire, in the name of Jesus.

59. O God of deliverance, deliver me from every generational liability, in the name of Jesus,

60. I release my life, from the grip of evil plantations, in the name of Jesus.

61. I reject, every arrow assigned to torment my life, in the name of Jesus.

62. My head, life, destiny and blood, receive the fire of deliverance, in Jesus' name.

63. Every tree, that the enemy has planted against my prosperity, be uprooted by fire, in the name of Jesus.

SECTION 6 DAY 4 (25-09-2015)

Confession: Isaiah 60: 1 -2 Arise, shine; for thy light is come, and the glory of the Lord is risen upon thee. For, behold, the darkness shall cover the earth, and gross darkness the people: but the Lord shall arise upon thee, and his glory shall be seen upon thee.

Reading through the Bible in 70 Days (Day 54-   Matthew 13:14 - 24:39)

Devotional Songs (Pages 11-14)

Praise Worship

Prayer of Praise and Thanksgiving (Pages 15 & 16)

64. Every witchcraft decision, on my prosperity, be cancelled by fire, in the name of Jesus.

65. O God of prosperity, bring honey out of the rock for me, in the name of Jesus.

66. Any problem, that came into my life through past feeding from the table of the devil, receive solution, in the name of Jesus.

67. Any problem, that came into my life through ungodliness, receive solution, in the name of Jesus.

68. Any problem, that came into my life through the deposits of spirit wife/ husband, be resolved by fire, in the name of Jesus.

69. Any problem, that came into my life through evil spiritual surgery, be resolved by fire, in the name of Jesus.

70. Every power, assigned to embarrass me maritally, I kill you now, in the name of Jesus.

71. My Father, let me experience the glory power of Jehovah, in the name of Jesus.

72. Holy Ghost fire, incubate my head, life and destiny for productivity, in the name of Jesus.

73. Any power, stealing from my body, catch fire, in the name of Jesus.

74. Every glory, that has departed from my life, return by fire, in the name of Jesus.

75. My Father, arise and advertise Your power in my life, in the name of Jesus.

76. I arise by fire, and possess my possessions of prosperity, in the name of Jesus.

77. My Father, bombard me with the anointing for prosperity, in Jesus' name.

78. Holy Ghost fire, arise, burn away every anti-prosperity infirmity, in the name of Jesus.

79. I speak destruction, unto any mountain of disappointment in my life, in the name of Jesus.

80. I speak death, unto any mountain of disgrace in my life, in the name of Jesus.

81. I speak paralysis, unto every mountain of embarrassment, in Jesus' name.

82. I decree civil war, against every company of the wicked, working against my life, in the name of Jesus.

83. O God, arise and release the earthquake of deliverance to deliver me, in the name of Jesus.

84. My destiny, receive deliverance by fire, in the name of Jesus.

SECTION 6 DAY 5 (26-09-2015)

Confession: Isaiah 60: 1 -2 Arise, shine; for thy light is come, and the glory of the Lord is risen upon thee. For, behold, the darkness shall cover the earth, and gross darkness the people: but the Lord shall arise upon thee, and his glory shall be seen upon thee.

Reading through the Bible in 70 Days (Day 55-Matthew 24:40 - 28:20; Mark 1:1 - 6:33)

Devotional Songs (Pages 11-14)

Praise Worship

Prayer of Praise and Thanksgiving (Pages 15 & 16)

85. I reject, every long-term or short-term poverty, in the name of Jesus.

86. Every satanic deposit, contrary to prosperity, in my body and in my family pattern, be flushed out, in the name of Jesus.

87. Every witchcraft padlock, used against my destiny, catch fire, in Jesus' name.

88. Holy Ghost fire, melt away any obstacle hindering my prosperity, in the name of Jesus.

89. My Father, locate the source of my problem and scatter it, in Jesus' name.

90. By the blood of Jesus, I cancel every negative report against my prosperity, in the name of Jesus.

91. Any damage, done to my destiny, receive healing, in the name of Jesus.

92. Father, expose every secret, responsible for delay of my prosperity, in the name of Jesus.

93. O Lord, incubate my destiny with Your fire, in the name of Jesus.

94. Every evil covenant, working against my prosperity, be neutralized by the blood of Jesus.

95. Thou enemy from my mother/father's house, responsible for delayed blessing in my life, receive the judgement of fire, in the name of Jesus.

96. Thou enemy from unfriendly friends, responsible for delay of my prosperity, be condemned by fire, in the name of Jesus.

97. Every evil water, washing away my breakthroughs, dry up, in Jesus' name.

98. Every curse of poverty, in my lineage, I neutralize you in my life, in Jesus' name.

99. Any power, that needs to die, for me to become what God has purposed for me to become, fall down and die, in the name of Jesus.

100. O God of Hananiah, Mishael, and Azariah, visit me by fire, in Jesus' name.

101. My destiny, receive divine fertilization this month, in the name of Jesus.

102. This year will not elude me, I receive grace to prosper, in the name of Jesus.

103. The power, that creates the heaven and earth, create my glory supernaturally, in the name of Jesus.

104. I refuse to waste money, on useless projects and investments in the name of Jesus.

105. Great and awesome glory, surround my life, in the name of Jesus.

SECTION 6 DAY 6 (27-09-2015)

Confession: Isaiah 60: 1 -2 Arise, shine; for thy light is come, and the glory of the Lord is risen upon thee. For, behold, the darkness shall cover the earth, and gross darkness the people: but the Lord shall arise upon thee, and his glory shall be seen upon thee.

Reading through the Bible in 70 Days (Day 56-   Mark 6:34 - 16:11)

Devotional Songs (Pages 11-14)

Praise Worship

Prayer of Praise and Thanksgiving (Pages 15 & 16)

106. O Lord, give me miracle testimonies to the glory of Your name, in the name of Jesus.

107. Father, correct anything that is wrong with my foundation, in Jesus' name.

108. Every demonic power energizing failure at the edge of my breakthrough, loose your hold, in the name of Jesus.

109. Every arrangement in the heavenlies, contending with my prosperity, break, in the name of Jesus.

110. Every stone of darkness or satanic animals, destroying my glory and breakthroughs, die in the name of Jesus.

111. Strong east wind of the Lord, blow against the Red Sea in my destiny now, in the name of Jesus.

112. O Lord, fight against the destroyer working against my increase and prosperity, in the name of Jesus.

113. Thou power of the desert, come out of my life and destiny now, in the name of Jesus.

114. O Lord, overthrow every programme of household witchcraft, assigned against my prosperity, in the name of Jesus.

115. I will see the great work of the Lord as He delivers my glory safely, in the name of Jesus.

116. Every negative horse and rider, in my destiny, be thrown into the sea of forgetfulness, in the name of Jesus.

117. O Lord, send Your thunder before me to drive non-productivity from my life and destiny, in the name of Jesus.

118. I cast out, every power casting out my glory, in the name of Jesus.

119. I shall not bring forth glory to murderers, in the name of Jesus.

120. Every power of murderers, be shattered, in the name of Jesus.

121. Every violence of dead glory, stop permanently, in the name of Jesus.

122. You evil star, causing ungodliness, die, in the name of Jesus.

123. I am loosed, from every oppression of ungodliness, in the name of Jesus.

124. I decree, the death of spirit husband/wife that is killing my glory, in the name of Jesus.

125. O Lord, help me to conquer the power of evil clinical prophesy, in the name of Jesus.

126. O Lord, give me wings of a great eagle to escape from failure at the edge of breakthroughs, in the name of Jesus.

SECTION 6 DAY 7 (28-09-2015)

Confession: Isaiah 60: 1 -2 Arise, shine; for thy light is come, and the glory of the Lord is risen upon thee. For, behold, the darkness shall cover the earth, and gross darkness the people: but the Lord shall arise upon thee, and his glory shall be seen upon thee.

Reading through the Bible in 70 Days (Day 57-Mark 16:12 - 16:20; Luke 1:1 - 9:27)

Devotional Songs (Pages 11-14)

Praise Worship

Prayer of Praise and Thanksgiving (Pages 15 & 16)

127. Every power, that has swallowed my glory, vomit them by fire, in the name of Jesus.

128. Every foundation of non-productivity, receive the judgement of God, in the name of Jesus.

129. I command, every evil plantation to drop off my destiny, in Jesus' name.

130. Every low self esteem, be converted to full self esteem, in the name of Jesus.

131. I confess every sin, my ancestors and I have committed, in the name of Jesus.

132. Lord, use the truth to purge me of iniquities (mention any known sin like disagreements, nagging, discouragement, unfaithfulness, ingratitude, etc).

133. O Lord, let the fire of Holy Ghost, fall on me and let it consume every deposit of darkness that hinders my prosperity, in the name of Jesus.

134. O Lord, judge every one that has vowed that I will not make it, in the name of Jesus.

135. Holy Ghost, let my destiny receive revival power, in the name of Jesus.

136. O Lord, disturb every attack on my glory, in the name of Jesus.

137. Holy Ghost fire, arrest and consume every power of failure at the edge of breakthrough, in the name of Jesus.

138. O Lord, let my body system receive power of healing and renewal, in the name of Jesus.

139. O Lord, I retrieve all of my property, which the enemy is using to stop my prosperity, in the name of Jesus.

140. Holy Ghost fire, loose my destiny, from the cage of water and witchcraft spirits, in the name of Jesus.

141. Holy Ghost fire, neutralize every projected food in my dream, that is working against my prosperity, in the name of Jesus.

142. O Lord, I desire a supernatural breakthrough, in the name of Jesus.

143. Lord Jesus, send the Holy Ghost on errand, to retrieve any of my property in the warehouse of the strongman, in the name of Jesus.

144. Holy Ghost, be merciful upon me this month, in the name of Jesus.

145. My glory, be loosed where you are tied, the Lord needs them, in Jesus' name.

146. It is time, O Lord, work in my family, the world is waiting to see Your glory in my life, in the name of Jesus.

147. I bind and cast out to the sea of forgetfulness, you spirit of destiny blockage, in the name of Jesus.

SECTION 6 DAY 8 (29-09-2015)

Confession: Isaiah 60: 1 -2 Arise, shine; for thy light is come, and the glory of the Lord is risen upon thee. For, behold, the darkness shall cover the earth, and gross darkness the people: but the Lord shall arise upon thee, and his glory shall be seen upon thee.

Reading through the Bible in 70 Days (Day 58-   Luke 9:28 - 19:41)

Devotional Songs (Pages 11-14)

Praise Worship

Prayer of Praise and Thanksgiving (Pages 15 & 16)

148. O Lord, let fire burn all demonic watchers and monitors, that have been delegated against my family, in the name of Jesus.

149. O Lord, arise and let all the enemies of my family scatter, in Jesus' name.

150. My destiny, tied inside the tree, depth of Atlantic Ocean, wind, rock or second heaven, come forth by fire, in the name of Jesus.

151. O Lord, let all my enemies be bound, and be in deep sleep until I give birth to my promised miracles, in the name of Jesus.

152. Every demonic agent, that is fighting against my glory, be frustrated by the blood of Jesus.

153. Every power, that has desired to put me to shame, be destroyed by the blood of Jesus.

154. Every power, that is sucking the fruit of my destiny, be consumed by the fire of the Holy Ghost, in the name of Jesus.

155. Every spirit of failure, in my life be destroyed, in the name of Jesus.

156. I reject, every garment of poverty prepared for my life, in the name of Jesus.

157. I shall not miss, my time of visitation for prosperity, in the name of Jesus.

158. Lord Jesus, have mercy on me. If there is anything the devil still holds against me, to block my breakthroughs, forgive me and cleanse me by Your blood.

159. Before this time next year, I will be a bigger bundle of testimonies, in the mighty name of Jesus.

160. All weapons, fashioned against my testimony shall not prosper, in the name of Jesus.

161. You devil, loose your hold upon my destiny, in the name of Jesus.

162. From now on, let no man trouble me, for I bear in my body the marks of the Lord Jesus Christ.

163. From now on, let no ancestral power trouble me, and let no power from my father's house disturb my prosperity, in the name of Jesus.

164. From now on, let no marine power trouble my destiny, and let no disease trouble my destiny, in the name of Jesus.

165. By the bulldozing power of the Holy Ghost, I command every hindrance to prosperity in my life to die, in the name of Jesus.

166. Every disturbance and blockage, physical or spiritual, in my destiny, or anywhere in my system, get out, in the name of Jesus.

167. Every power, behind my delayed blessing, get out now, in the name of Jesus.

168. Every curse, working against blessing in my life, break, in the name of Jesus.

SECTION 6 DAY 9 (30-09-2015)

Confession: Isaiah 60: 1 -2 Arise, shine; for thy light is come, and the glory of the Lord is risen upon thee. For, behold, the darkness shall cover the earth, and gross darkness the people: but the Lord shall arise upon thee, and his glory shall be seen upon thee.

Reading through the Bible in 70 Days (Day 59-Luke 19:42 - 24:53; John 1:1 - 5:6)

Devotional Songs (Pages 11-14)

Praise Worship

Prayer of Praise and Thanksgiving (Pages 15 & 16)

169. Every contrary hand-writing, assigned against my blessing, wither, in the name of Jesus.

170. Every curse, issued against me, by satanic agent, backfire, in Jesus' name.

171. I release myself, from any inherited problem, in the name of Jesus.

172. Every bewitchment, assigned against my life and destiny, die, in the name of Jesus.

173. O God, arise and send Your angels to retrieve my glory from every satanic hiding place, in the name of Jesus.

174. By the power that established the heaven and the earth, let this month be my month of breakthroughs, in the name of Jesus.

175. You serpent, that attacks testimonies, and causes failure at the edge of breakthroughs, release me, in the name of Jesus.

176. Every problem, introduced into my life, by my past sexual sins, vanish, in the name of Jesus.

177. All the consequences, of sexual relationship with demonised partners, be removed from my life, in the name of Jesus.

178. All the consequences, of bewitched certificate, be cancelled, in Jesus' name.

179. Any material, in my body, presently in the dark kingdom, and is being used against my prosperity, cash fire, in the name of Jesus.

180. Every ungodly soul-tie, with all sexual partners of the past, break, in the name of Jesus.

181. This year, all those who have looked down on me because of my condition, shall laugh with me, in the name of Jesus.

182. I receive deliverance, from the spirit of monthly anxiety and nervousness, in the name of Jesus.

183. By the power, in the blood of Jesus, my expectations shall not be cut off, in the name of Jesus.

184. I retrieve, my original life and destiny, by force, in the name of Jesus.

185. I recover my normal destiny, from where it is hidden, in the name of Jesus.

186. Every decay in my life and destiny, come alive, in the name of Jesus.

187. Every contrary spiritual and physical verdict, pertaining to prosperity in my life, I cancel and neutralise you, in the name of Jesus.

188. O Lord, transform my destiny to the ones that will supernaturally achieve a successful prosperity, in the name of Jesus.

189. I retrieve my prosperity, by fire, in the name of Jesus.

SECTION 6 DAY 10 (01-10-2015)

Confession: Isaiah 60: 1 -2 Arise, shine; for thy light is come, and the glory of the Lord is risen upon thee. For, behold, the darkness shall cover the earth, and gross darkness the people: but the Lord shall arise upon thee, and his glory shall be seen upon thee.

Reading through the Bible in 70 Days (Day 60-   John 5:7 - 13:30)

Devotional Songs (Pages 11-14)

Praise Worship

Prayer of Praise and Thanksgiving (Pages 15 & 16)

190. Thou power of memory loss, die, in the name of Jesus.

191. Thou power of financial failure, die, in the name of, in the name of Jesus.

192. I soak my destiny, in the blood of Jesus.

193. I break, every witchcraft curse and spell concerning my destiny, in the name of Jesus.

194. Every power, stealing prosperity from my destiny, I bind and cast you out, in the name of Jesus.

195. O Lord, let Your creative anointing, restore my destiny and glory, in the name of Jesus.

196. O doors of prosperity, open unto me, in the name of Jesus.

197. The anointing, that openeth the doors of the prosperity and breakthrough, fall upon me, in the name of Jesus.

198. Every strongman, attached to the gate of my destiny, fall down and die, in the name of Jesus.

199. O Lord, let the doors of my destiny be opened by fire, in Jesus' name.

200. Fire of the God of Elijah, pass through my destiny and burn to ashes, everything that is contrary to prosperity, in the name of Jesus.

201. By the power, that directed angel Gabriel to Zachariah, let the angel of my miracle testimony locate me now, in the name of Je

202. O Lord, send Your fire to the foundation of my problems, in Jesus' name.

203. Every evil plant in my destiny be destroyed by the blood of Jesus, in the name of Jesus.

204. I retrieve, by fire and the blood of Jesus, every personal effect in the camp of the wicked, being used to manipulate my life and glory, in Jesus' name.

205. In the name of Jesus, I declare that my life and destiny system, is in a perfect working condition.

206. I reject, reverse and revoke, every curse of poverty in my life and glory, in the name of Jesus.

207. I evacuate by fire, every evil deposit and plantation upon my destiny, in the name of Jesus.

208. O Lord, take away every shame, reproach, confusion and frustration from me and heap it upon all my enemies, in the name of Jesus.

209. O Lord, turn my sorrows to joy, my pains to gain and my mockery to celebration, in the name of Jesus.

210. I cancel, with the blood of Jesus, every evil blood covenant entered into by myself, parents, ancestors, in the name of Jesus.

SECTION CONFESSIONS

In the name of Jesus, I am inscribed in the palm of God's mighty hand, I am neatly tucked away and hidden from all the evils and troubles of this present world, in the name of Jesus. Henceforth, I refuse to live in fear. Rather, my fear and dread shall be upon all my enemies. As soon as they hear of me, they shall submit themselves to me, in Jesus' name. God wishes above all things that I prosper, in Jesus' name. I receive prosperity, in Jesus' name. God has not given me the spirit of bondage, to fear. The word of God, is quick and powerful in my mouth. God has put the power of His word in my mouth, in the name of Jesus. I am not a failure, I shall operate at the head only and not beneath, in the name of Jesus.

I totally trust in the Lord, and I am not leaning on my own understanding. I fill my heart with the words of faith; I receive and speak the words of faith. The young lions do lack, and suffer hunger; but I who seeks the Lord God Almighty, shall not lack any good thing, in the name of Jesus. God is my strong Rock and my House of defence, in the name of Jesus. In the name of Jesus Christ, I hand over all my battles to the Lord Jesus Christ, the Lord fights for me and I hold my peace. The Lord has bowed down His righteous ears, to deliver me speedily, in the name of Jesus. I shall eat the riches of the Gentiles, and in their glory I shall boast myself, and all shall see and shall acknowledge that I am the seed, which the Lord has blessed.

SECTION VIGIL

(To be done at night between the hours of 12 midnight and 2am)
HYMN FOR THE VIGIL (Page 14)

1. Every secret I need to know, about my environment, be revealed, in Jesus' name.
2. Every secret I need to know, about my father's lineage, be revealed, in the name of Jesus.
3. O wind of God, drive away every power of the ungodly, rising against our country, in the name of Jesus.

4. O Lord, let the rage of the wicked, against our country be rendered impotent, in the name of Jesus.

5. O God arise, and give me the neck of my enemies, that I might destroy those who hate me, in Jesus' name.

6. By God's power, my enemies will cry, but there will be none to deliver them, in the name of Jesus.

7. I receive power, to beat my aggressors to smallness as the dust before the wind, in the name of Jesus.

8. Oh Lord, reveal to me every secret behind this particular issue whether beneficial or not.

9. Every counsel of evil kings against our country, scatter, in Jesus' name.

10. My Father, break the teeth of the ungodly in this nation, in Jesus' name.

11. You enemies of our country, fall by your own counsel, in Jesus' name.

12. Holy Spirit, reveal deep and the secret things to me about . . . , in Jesus' name.

13. My Father, break the teeth of the ungodly, in Jesus' name.

14. I receive power, to operate with sharp spiritual eyes that cannot be deceived, in the name of Jesus.

15. Bow down Thine ear to me, O Lord, and deliver me speedily, in Jesus' name.

16. O Lord, pull me out of every hidden net of the enemy, in Jesus' name.

17. My times are in Your hand, deliver me from the hands of my enemies and from those who persecute me, in the name of Jesus.

18. O Lord, let the wicked be ashamed, and let them be silent in the grave, in the name of Jesus.

19. Every lying lip, speaking against me, be silenced, in Jesus' name.

20. O Lord, bring the counsel of the ungodly to nought, in the name of Jesus.

21. I receive power, to operate with sharp spiritual eyes that cannot be deceived, in the name of Jesus.

SECTION 7 - PRAYERS FOR
TERRITORIAL DELIVERANCE OVER YOUR AREA

Scripture Reading: Psalm 149

Confession: Prov. 3:33 The curse of the Lord is in the house of the wicked: but he blesseth the habitation of the just.

SECTION 7 DAY I (02-10-2015)

Reading through the Bible in 70 Days (Day 61- John 13:31 - 21:25; Acts 1:1 - 6:3)

Devotional Songs (Pages 11-14)

Praise Worship

Prayer of Praise and Thanksgiving (Pages 15 & 16)

1. Lord, I thank You, for Your power that is able to deliver, from every form of bondage and from every form of demonic oppression, in the name of Jesus.

2. As I go, into this level of warfare, I receive a covering of the blood of Jesus. I stay in the strong tower, which is the name of the Lord.

3. I receive, God's unction and power upon my tongue, in the name of Jesus.

4. I forbid, any satanic backlash or retaliation against me and my family, in the name of Jesus.

5. In this battle, I shall fight and win, I shall be a victor and not a victim, in the name of Jesus.

6. I put on, the helmet of salvation, the belt of truth, the breastplate of righteousness; I wear the shoe of the gospel and I take the shield of faith, as I go into this territorial intercession and warfare, in the name of Jesus.

7. I bind and rebuke, the princes and powers in charge of this (mention the name of the city), in the name of Jesus.

8. I command the fire of God, on all the idols, traditions, sacrifices and rituals on this land, in the name of Jesus.

9. I break, all the agreements made between the people of this city and satan, in the name of Jesus.

10. I dedicate and claim, this city for God, in the name of Jesus.

11. O Lord, let the presence, dominion, authority and blessings of God be experienced in this city, in the name of Jesus.

12. I destroy, and decree total removal of arsons, strikes, juvenile delinquencies, lawlessness, nakedness, pornography, immoralities, homosexualism and drug addiction in this city, in the name of Jesus.

13. I prophesy, against all the satanic altars in high places in this city, to be consumed by the fire of God, and their ashes blown away by the East wind, in the name of Jesus.

14. Every satanic altar, around this vicinity, become desolate and let all covenants being serviced by these altars be revoked and broken, in the name of Jesus.

15. You the sword and the hand of the Lord, be against the priests and priestesses ministering on all those satanic altars and high places, and let their places be found no more, in the name of Jesus.

16. I silence, every evil voice speaking from all satanic altars and high places of this city, in the name of Jesus.

17. All curses, brought about by ritual sacrifices and satanic tokens, be revoked, in the name of Jesus.

18. I paralyse, the evil powers of idolatrous priests of this city, in the name of Jesus.

19. I command the stars, the sun, the moon and the winds, to begin to fight against the diviners and astrologers, who have been using these elements, against the move of God in this city, in the name of Jesus.

20. You judgement of God, come upon the ancient and scornful men, who rule over this city by sorcery, satanic manipulation and witchcraft, in Jesus' name.

21. I deprogramme, whatever the enemy has programmed into the lives of the people of this city, in the name of Jesus.

SECTION 7 DAY 2 (03-10-2015)

Confession: Prov. 3:33 The curse of the Lord is in the house of the wicked: but he blesseth the habitation of the just.

Reading through the Bible in 70 Days (Day 62-Acts 6:4 - 17:25)

Devotional Songs (Pages 11-14)

Praise Worship

Prayer of Praise and Thanksgiving (Pages 15 & 16)

22. By the blood of Jesus, I destroy every blood covenant made upon any satanic altar that has brought untold hardships unto the people of this city, in the name of Jesus.

23. I frustrate, the tokens of liars, and I make mad all diviners, enchanters and sorcerers who are operating at any altar against this city, in the name of Jesus.

24. I desecrate, every satanic altar in this city, by the blood of Jesus and cancel all their associated covenants, in the name of Jesus.

25. Every marine altar, in this city, catch fire, in the name of Jesus.

26. All territorial altars, in this city, catch fire, in the name of Jesus.

27. All astral altars, in this city, catch fire, in the name of Jesus.

28. You marine spirits, operating in this neighbourhood, be paralysed and suffocated, in the name of Jesus.

29. I break, every limitation brought about by the influence of satanic altars in this city, in the name of Jesus.

30. Every devoted land and evil forest, in this city be demolished, in Jesus' name.

31. By the power, in the name of our Lord Jesus Christ, I command the citadel of the wicked forces to shift base from this city, in the name of Jesus.

32. I prophesy, command, and decree, that the peace, glory, love, mercy of God be established in this city, in the name of Jesus.

33. O Lord, let the fear, righteousness, godliness, knowledge and wisdom of God be established in this city, in the name of Jesus.

34. O Lord, let there be repentance of hearts and hunger for God in this city, in the name of Jesus.

35. The gospel of the kingdom of God, shall no longer be restricted by any satanic altar or high places in this city, in the name of Jesus.

36. In the name of the Lord Jesus Christ, I declare a new day of divine visitation and deliverance for this city and its neighbourhood.

37. I prophesy, that new altars to Jehovah God will be raised in every household of this city, in the name of Jesus.

38. Henceforth, I declare that Jesus Christ is Lord over this city, in Jesus' name.

39. O Lord, let the presence of guardian angels be over my habitation 24 hours daily, in the name of Jesus.

40. O Lord, let the glorious light of God shine on my premises 24 hours daily, in the name of Jesus.

41. O Lord, let the particles of the soil and stone, in my premises, receive the fire of God and torment every evil presence in my compound, in the name of Jesus.

42. Every evil word, uttered or ordained by the owner, the builders and former occupants of where I'm living, die, in Jesus' name.

SECTION 7 DAY 3 (04-10-2015)

Confession: Prov. 3:33 The curse of the Lord is in the house of the wicked: but he blesseth the habitation of the just.

Reading through the Bible in 70 Days (Day 63-Acts 17:26 - 28:31; Romans 1:1 - 3:1)

Devotional Songs (Pages 11-14)

Praise Worship

Prayer of Praise and Thanksgiving (Pages 15 & 16)

43. Every demonic utterance, invocation, spell, charms, amulets, witchcraft burial in the house where I live, die, in the name of Jesus.

44. Every demonic operation, being carried out in the night against my habitation, scatter, in the name of Jesus.

45. Every occult covenant, binding on my habitation, be cancelled by the blood of Jesus.

46. Any power, using the sand to control my life, fall down and die, in Jesus' name.

47. You ground, vomit every enchantment against me, in the name of Jesus.

48. Any power, mixing incantations with the sand against me, fall by your sword, in the name of Jesus.

49. O God, as I release this sand, let it travel to every messenger of darkness working against my life and by this sand let every stubborn yoke in my life break, in the name of Jesus.

50. I bind and rebuke, the princes and powers in charge of my environment, in Jesus' name.

51. Fire of God, come upon all the idols, traditions, sacrifices and rituals in my environment, in Jesus' name.

52. I break, all the agreements made between the people of my environment and satan, in the name of Jesus.

53. I dedicate, and claim my environment for God, in the name of Jesus.

54. Every satanic altar around my environment, become desolate and let all covenants being serviced by these altars be revoked and broken, in the name of Jesus.

55. I silence, every evil mouth speaking from all satanic altars and high places of my environment, in Jesus' name.

56. All curses, brought about by ritual sacrifices and satanic token be revoked, in the name of Jesus.

57. Every marine altar, in my environment catch fire, in the name of Jesus.

58. All territorial altars, in my environment catch fire, in the name of Jesus.

59. I command, the citadel of the wicked forces to shift base from my environment, in the name of Jesus.

60. In the name of Jesus, I declare a new day of divine visitation and deliverance for my environment.
61. O Lord, arise and judge the seat of immorality in my neighborhood, in the name of Jesus.
62. Every form of hypnotism, working in my environment, I paralyse you, in the name of Jesus.
63. O Lord, let every enchantment and sorcery against me, not see the light of day, in the name of Jesus.

SECTION 7 DAY 4 (05-10-2015)

Confession: Prov. 3:33 The curse of the Lord is in the house of the wicked: but he blesseth the habitation of the just.

Reading through the Bible in 70 Days (Day 64-Romans 3:2 - 16:27; 1 Corinthians 1:1 - 4:3)

Devotional Songs (Pages 11-14)

Praise Worship

Prayer of Praise and Thanksgiving (Pages 15 & 16)

64. Father, arise and cut off, the spirit of divination in my neighborhood, in the name of Jesus.
65. Lord, let the bewitchment over my environment, be broken and let the instruments of such bewitchment lose their grip, in the name of Jesus.
66. Every object or animal, around me that facilitates witchcraft attack, I command you to receive God's fire of judgement, in the name of Jesus.
67. Lord, use me to judge witchcraft operations in my environment, in the name of Jesus.
68. I hold this dust now, O Lord. I put this dust into Your holy and mighty hands. Let this dust carry the electrocuting power and pursing power to sanitize my environment. Let every habitation of evil altars, covens, and vagabond evil powers be rendered desolate, in Jesus' name.

69. O Lord, let this dust, that I have released, render my habitation uninhabitable to eaters of flesh and drinkers of blood. Let this dust, travel under the thunder of Your power and destroy every agent and messengers of darkness working against my destiny, in the name of Jesus.

70. By this dust, I render every incantation and satanic utterance, made in my environment impotent, in the name of Jesus.

71. As long as these agents of darkness, will make contact with the ground, air, water and breath in air, let dust in the ground, air and water trouble them unto submission or destruction, in the name of Jesus.

72. As long as satanic consultants and contractors, will return to the dust, as long as they eat food brought out of the ground, let their divinations and survey backfire, in Jesus' name.

73. O wind, hear the word of the Lord, carry warfare back to the camp of environmental polluters, environmental witchcraft, environmental sorcerers, environmental familiar spirits, environmental robbers, environmental ritualists, environmental enchanters, environmental diviners, and environmental murderers, in the name of Jesus.

74. By this dust, let all handwriting of darkness, written against me and my family in darkness, be dismantled, in the name of Jesus. Let this dust, carry the weapons of war in heaven and evacuate Goliaths, Herods, Pharaohs, and Sennacheribs from my street , city and country by fire, by thunder and by force, in the name of Jesus.

75. I hold this sand, after the order of Moses, and I use it as a point of contact for the land from where it was removed; let every particle of this sand, become hot coals of fire to roast any deposit of darkness in my environment, in the name of Jesus.

76. O Lord, let this sand, carry judgement back to the camp of any negative cover over the land of my environment, in the name of Jesus.

77. O Lord, let the words that I programme into this sand now, become sharp arrows to pursue my pursuers and put my enemies to flight, in the name of Jesus.

78. After the order of Moses, let this sand bring judgement to magicians, sorcerers, and enchanters assigned against my place of dwelling, in the name of Jesus.

79. Any power, mixing incantations with the dust against me, fall by your sword, in Jesus' name.

80. O God, as I release this dust, let it travel to every messenger of darkness working against my life and by this dust let every stubborn yoke in my life break, in the name of Jesus.

81. Visualise that you are holding dust in your hand by faith now and begin to say, "I sprinkle the dust against you messengers of the darkness, in the name of Jesus.

82. I paralyse, all evil legs roaming about for my sake, in the name of Jesus.

83. I command every soil particle and stone, at the top and foundation of my house to become a consuming fire to torment every invisible demon in my life, in Jesus' name.

84. All that have been uttered and ordained by the builder, occupant or the land owner of the house(s) I have stayed in the past, and where I am now, the various demonic utterances, invocations, spells, including charms and amulets, buried, hung or hidden in the house, melt by the fire of the Holy Spirit, in the name of Jesus.

SECTION 7 DAY 5 (06-10-2015)

Confession: Prov. 3:33 The curse of the Lord is in the house of the wicked: but he blesseth the habitation of the just.

Reading through the Bible in 70 Days (Day 65-1 Corinthians 4:4 - 16:24; 2 Corinthians 1:1 - 5:3)

Devotional Songs (Pages 11-14)

Praise Worship

Prayer of Praise and Thanksgiving (Pages 15 & 16)

85. I soak, every grain of this sand that forms part of the soil of my dwelling place, in the Blood of Jesus.

86. I dislodge and bind, every evil mixture in the concrete of my dwelling place, in Jesus' name.

87. Father, let the blessings of heaven, fall like rain upon my dwelling place, in Jesus' name.

88. Holy Ghost Fire, incubate and take full control of my environment.

89. O Lord, let every particle of this sand, carry the fire and glory of God. Let the God of Elijah soak these sand particles in the power of the Holy Ghost. As these particles touch my environment, let them release favour, blessings, breakthroughs, new glorious things, opportunities, joy, salvation, glory, wisdom and enlargement upon my life and environment, in the name of Jesus.

90. O Lord, let them also release judgment, confusion, civil war, destruction, scattering, fire, thunder, paralysis, sword of the Lord, and violent angels, against every enemy of my life and environment, in the wonder working name of Jesus.

91. I soak, every grain of this sand that forms part of the soil of my dwelling place, in the blood of Jesus.

92. Any power, mixing incantations with the dust against me, fall by your sword, in Jesus' name.

93. O Lord, let the words that I programme into this sand now, become sharp arrows to pursue my pursuers and put my enemies to flight, in Jesus' name.

94. O God, as I release this dust, let it travel to every messenger of darkness working against my life, and by this dust let every stubborn yoke in my life break, in the name of Jesus.

95. O Lord, let this sand carry judgement back to the camp of any negative cover over the land of my environment, in the name of Jesus.

96. After the order of Moses, let this sand bring judgement to magicians, sorcerers, and enchanters assigned against my place of dwelling, in the name of Jesus.

97. O Lord, enlarge my coast beyond my wildest dream, in the name of Jesus.

98. Every dark power, afflicting my environment, scatter, in the name of Jesus.

99. I paralyse, all evil legs roaming about for my sake, in the name of Jesus.

100. Glorious light of God, shine on my premises, to become consuming fire and crush every dark presence in my environment, in the name of Jesus.

101. I destroy, every evil property and demonic operation in my house, in Jesus' name.

102. All occult covenants, binding on my dwelling place, be dissolved and rendered impotent, in the name of Jesus.

103. Network of witchcraft, operating in my environment, scatter, in Jesus' name

104. Every graveyard spirit, caging people in this environment, loose your hold, in the name of Jesus.

105. Thou power of silent oppression, operating in this environment, I bury your power, in the name of Jesus.

SECTION 7 DAY 6 (07-10-2015)

Confession: Prov. 3:33 The curse of the Lord is in the house of the wicked: but he blesseth the habitation of the just.

Reading through the Bible in 70 Days (Day 66-2 Corinthians 5:4 - 13:14; Galatians 1:1 - 6:18; Ephesians 1:1 - 5:20)

Devotional Songs (Pages 11-14)

Praise Worship

Prayer of Praise and Thanksgiving (Pages 15 & 16)

106. Every environmental prison, with dispossessing power, break, in the name of Jesus.

107. All virtues, that are buried under the earth, in my environment, I exhume you, by power and fire, in the name of Jesus.

108. Thou power, of environmental graveyards, die, in the name of Jesus.

109. Every environmental agenda, forcing princes to trek while servants are on the horses, be overturned, in the name of Jesus.

110. Holy Ghost fire, sanitize my environment by the power in the blood of Jesus.

111. Every inspiration of the devil, controlling my environment, be dissolved by fire, in the name of Jesus.

112. Every satanic dedication of lands, by ancestors, to the devil, I break that dedication, in the name of Jesus.

113. I remove, every cover of darkness upon the land, in the name of Jesus.

114. Thou land of my habitation, I set you free from every idol pollution, in the name of Jesus

115. Every altar, built on the land, that has brought a cover of darkness, scatter, in the name of Jesus.

116. Every power, that has worked over the land of my habitation, in the dark world, I recover you and be redeemed by the blood of Jesus.

117. Every band of wickedness, over my environment, break, in Jesus' name.

118. My neck, shall not be broken by territorial spirits, in the name of Jesus.

119. Blood, poured on the ground will not eat me up, in the name of Jesus.

120. Every charm buried in the ground to subdue my life, I destroy you, in the name of Jesus.

121. I quench, every anger energised through the land against me, in Jesus' name.

122. Every landlord spirit, troubling my health, be paralysed, in the name of Jesus.

123. Every government of darkness, upon the land of my habitation, be dismantled, in the name of Jesus.

124. O Lord, let the sanctifying power, of the blood of Jesus, move upon my environment, in the name of Jesus.

125. O Lord, let the purifying power, of the blood of Jesus, take control of my environment, in the name of Jesus.

126. Every evil spiritual occupant, of the land where I dwell, I bind you into the desert, in the name of Jesus.

SECTION 7 DAY 7 (08-10-2015)

Confession: Prov. 3:33 The curse of the Lord is in the house of the wicked: but he blesseth the habitation of the just.

Reading through the Bible in 70 Days (Day 67-Ephesians 5:21 - 6:24; Philippians 1:1 - 4:23; Colossians 1:1 - 4:18; 1 Thessalonians 1:1 - 5:28; 2 Thessalonians 1:1 - 3:18; 1 Timothy 1:1 - 5:5)

Devotional Songs (Pages 11-14)

Praise Worship

Prayer of Praise and Thanksgiving (Pages 15 & 16)

127. Every activity of witchcraft, upon my environment, I paralyse you and I disgrace you, in the name of Jesus.

128. Every strange visitation, upon the land of my habitation, I paralyse your power, in the name of Jesus.

129. Every evil consultation, of power of darkness, taking place in my environment, I silence you, in the name of Jesus.

130. Father, I agree with the word of the Lord, that every power causing strange activities in my environment, will be quenched, in the name of Jesus.

131. Every gate, of water spirits and occultic powers upon the land, be closed, in the name of Jesus.

132. All the high places, of water spirits upon the land, I bind you and pull you down, in the name of Jesus.

133. Every familiar spirit, operating in the land, I pull down your power, in the name of Jesus.

134. Every power, releasing sicknesses in my environment, carry your sicknesses and disappear, in the name of Jesus.

135. Every satanic whirlwind, stirred up in my environment, I bind your power, in the name of Jesus.

136. Every spiritual gate, upon this land, I pull you down, in the name of Jesus.

137. Every curse, of neglect upon this land, break, in the name of Jesus

138. Every curse, of suffering upon the land of my habitation, break, in the name of Jesus.

139. Every curse of waywardness upon the land of my habitation, break, in the name of Jesus.

140. Every curse of babel, which is division, upon the land of my habitation, be broken, in the name of Jesus.

141. Every curse of marital problem, upon the land of my habitation, break, in the name of Jesus.

142. Every curse of hardship, upon the land of my habitation, break, in the name of Jesus.

143. Every curse of spiritual and physical barrenness, upon the land of my habitation, break, in the name of Jesus.

144. Every curse and covenant of sickness, upon the land of my habitation, break, in the name of Jesus.

145. Every curse and covenant of strange happenings, upon the land of my habitation, break, in the name of Jesus.

146. Every curse of wickedness, upon the land of my habitation, break, in the name of Jesus.

147. Every curse of tragedy, upon the land of my habitation, break, in the name of Jesus.

SECTION 7 DAY 8 (09-10-2015)

Confession: Prov. 3:33 The curse of the Lord is in the house of the wicked: but he blesseth the habitation of the just.

Reading through the Bible in 70 Days (Day 68-1 Timothy 5:6 - 6:21; 2 Timothy 1:1 - 4:22; Titus 1:1 - 3:15; Philemon 1:1 - 1:25; Hebrews 1:1 - 11:40)

Devotional Songs (Pages 11-14)

Praise Worship

Prayer of Praise and Thanksgiving (Pages 15 & 16)

148. Every curse of hindrances, upon the land of my habitation, break, in the name of Jesus.

149. Every curse of backwardness, upon the land of my habitation, break, in the name of Jesus.

150. Every curse of failure, upon the land of my habitation, break, in Jesus' name.

151. Every curse of failure, at the edge of breakthrough, upon the land of my habitation, break, in the name of Jesus.

152. I overthrow, I bind, I destroy, the influence of occult powers upon this land, in the name of Jesus.

153. Father, let Your fire, deal with the witches and wizards upon this land, in the name of Jesus.

154. Every throne and caldron of darkness, upon the land, catch fire, in the name of Jesus.

155. Father, I stand as Your child, and I destroy the ability of the wicked upon this land, in the name of Jesus.

156. Every satanic veil, upon this land, catch fire, in the name of Jesus.

157. Every cloud of sin, upon the land of my habitation, break, in Jesus' name.

158. Every demonic covenant, and initiations upon this land, I break you and I pull you down, in the name of Jesus.

159. You powers of bondage, upon this land, I bury you now, in the name of Jesus.

160. Every spirit of divination and incantation, upon this land, I destroy your power, in the name of Jesus.

161. By the power in the blood of Jesus, I revoke the negative influences of charms, magic and sorcery upon this land, in the name of Jesus.

162. I call down, the judgement of God, upon the spirits that donated this land unto satan, in the name of Jesus.

163. Father, arise, track down the wicked in this land, and bring them to judgement, in the name of Jesus.

164. Father, arise, track the enemy of progress upon this land, and bring them to judgement, in the name of Jesus.

165. Every satanic alliance, to perpetuate injustice upon this land, scatter, in the name of Jesus.

166. Every landlord spirit, laying claims to this land, I paralyse your powers, in the name of Jesus.

167. Every backwardness, that has occurred upon the land of my habitation, be reversed and become progress, in the name of Jesus.

168. Holy Ghost arise, pass through the land of my habitation and disgrace the wicked, in the name of Jesus.

SECTION 7 DAY 9 (10-10-2015)

Confession: Prov. 3:33 The curse of the Lord is in the house of the wicked: but he blesseth the habitation of the just.

Reading through the Bible in 70 Days (Day 69-Hebrews 12:1 - 13:25; James 1:1 - 5:20; 1 Peter 1:1 - 5:14; 2 Peter 1:1 - 3:18; 1 John 1:1 - 5:21; 2 John 1:1 - 1:11)

Devotional Songs (Pages 11-14)

Praise Worship

Prayer of Praise and Thanksgiving (Pages 15 & 16)

169. Father, let the glory of the Lord, overshadow this land, in the name of Jesus.

170. I decree by the decree of heaven, that there will be peace around and within this place, in the name of Jesus.

171. By fire, by force, I buy this land back from every demonic owner, in the name of Jesus.

172. All curses, spells, jinxes and evil covenants operating on this land, I break you by the power of the Holy Spirit, in the name of Jesus.

173. Father, according to the order of Obed-Edom, reside here in this land, and give us divine breakthroughs, in the name of Jesus.

174. Father, let Your name be glorified upon this land, in the name of Jesus.

175. There will be no parking, waiting or tarrying of the devil on this land, in the name of Jesus.

176. Holy Ghost, incubate this land, and make it too hot for the enemy to dwell in, in the name of Jesus.

177. Father, let the wall of fire surround this place, in the name of Jesus.

178. From the foundation to the roof of this house, let there be divine immunity against infirmity, in the name of Jesus.

179. Father, make me to multiply and not diminish, physically, spiritually in every area of my life in this land, in the name of Jesus.

180. Every astral projection, of the wicked into this land, be rendered null and void, in the name of Jesus.

181. I close the door, of this land to all satanic ministers, diviners, enchanters and evil men, in the name of Jesus.

182. I reject, every agenda of the devil against me and against every occupant of this land, in the name of Jesus.

183. Father, be in-charge of this land as from now on, in the name of Jesus.

184. I revoke, any evil covenant that must have been made on this land, in the name of Jesus.

185. I command, all the demons behind such covenants to depart from this land, in the name of Jesus.

186. You the glory of the Lord, overshadow this land, in the name of Jesus.

187. Father, let Your mighty angels encamp round about this land, in Jesus' name.

188. I redeem this place, in the name of the Father, and of the Son and of the Holy Ghost, in the name of Jesus.

189. O God, arise and let the heavens be opened over this land, in Jesus' name.

SECTION 7 DAY 10 (11-10-2015)

Confession: Prov. 3:33 The curse of the Lord is in the house of the wicked: but he blesseth the habitation of the just.

Reading through the Bible in 70 Days (Day 70 -2 John 1:12 - 1:13; 3 John 1:1 - 1:14; Jude 1:1 - 1:25; Revelation 1:1 - 22:21)

Devotional Songs (Pages 11-14)

Praise Worship

Prayer of Praise and Thanksgiving (Pages 15 & 16)

190. I command every blanket of darkness, over this place to be removed, right now, in the name of Jesus.

191. I prophetically, draw this premises into a lasting covenant with the Lord Jesus Christ, in the name of Jesus.

192. Everything planted into this land, contrary to my peace, catch fire, in the name of Jesus.

193. Any coven or any evil association, meeting on this land, I chase you out, in the name of Jesus.

194. Father, arise in Your power, station Your angels of war all over my environment, in the name of Jesus.

195. Father, arise by the thunder of Your power and purge my habitation, in the name of Jesus.

196. I draw the circle of the blood of Jesus around my habitation, in Jesus' name.

197. O Lord, let every sand and particles of soil in this environment become hot coals of fire, that the enemy cannot access or trouble, in the name of Jesus.

198. O God, arise and let Your fire envelope this land, in the name of Jesus.

199. O God, arise and laminate this land, by the power in the blood of Jesus, in the name of Jesus.

200. O God, arise, move in an awesome way to bless this land, in Jesus' name.

201. Every satanic claim, upon the land of my habitation, I revoke you by the power in the blood of Jesus.

202. Strangers upon this land, flee unto desolation, in the name of Jesus.

203. Every sorcery, enchantment upon this land, break into pieces, in the name of Jesus.

204. Every witchcraft operation, and wizard anointing upon this land, be dissolved, in the name of Jesus.

205. You the land of my habitation, become too hot for the enemy, in the name of Jesus.

206. Father, station Your special angels, all over this land so that no power of the enemy can penetrate, in the name of Jesus.

207. Father, make it to happen so that anyone who steps upon this land, will experience the favour of God, in the name of Jesus.

208. Father, anything buried in the land of my habitation, that is causing trouble for this land, let Your angels set it ablaze, in the name of Jesus.

209. Every opportunity waster, upon this land, I bind and cast you out, in the name of Jesus.

210. Yokes and satanic padlocks, upon this land, catch fire, in the name of Jesus.

SECTION CONFESSIONS

I trample under my feet, every serpent of treachery, evil reports, accusations, machinations and criticisms, in the name of Jesus. In the time of trouble, the Lord my God and my Father shall hide me in His pavilion; in the secret places of His tabernacle shall He hide me. With an overrunning flood, will the Lord make an utter end of my enemy's habitation, in the name of Jesus. The Lord has sent the fear and the dread of me upon all my enemies, that the report or information of me shall cause them to fear, tremble and be in anguish, in the name of Jesus. I am of good cheer, and I believe in the sanctity and infallibility of God's word, in the name of Jesus. According to this time, it shall be said of me and my family, what God has done, in the name of Jesus. I therefore command all enemy troops arrayed against me to scatter, as I call down the thunder fire of God upon them, in the name of Jesus.

I shall no longer be disappointed, or fail at the edge of my desired miracles, success and victory, in the name of Jesus. It is written: behold, I and the children whom the Lord has given me are for signs and for wonders in Israel from the Lord of hosts which dwelleth in mount Zion. I stand upon this infallible word of God and claim every letter of its promises, in the name of Jesus. I also covenant myself and my household onto the Lord: my fruits, I shall dedicate and surrender to the blessings and pleasures of God who has blessed me and banished my reproach forever, in the name of Jesus. The Lord is my light and my salvation, whom shall I fear? The Lord is the strength of my life; of whom shall I be afraid? When the wicked, even mine enemies and foes, come upon me to eat up my flesh, they stumbled and fell, in the name of Jesus.

SECTION VIGIL
(To be done at night between the hours of 12 midnight and 2am)
HYMN FOR THE VIGIL (Page 14)

1. O Lord, put off my sack cloth and gird me with gladness, in Jesus' name.
2. Bow down Thine ear to me, O Lord, and deliver me speedily, in Jesus' name.
3. O Lord, pull me out of every hidden net of the enemy, in Jesus' name.
4. My times are in Your hand, deliver me from the hands of my enemies and from those who persecute me, in the name of Jesus.

5. O Lord, let the wicked be ashamed, and let them be silent in the grave, in the name of Jesus.

6. Every lying lip, speaking against me, be silenced, in Jesus' name.

7. O Lord, bring the counsel of the ungodly to nought, in the name of Jesus.

8. O Lord, deliver my soul from the sword and my destiny from the power of the dog, in the name of Jesus.

9. O God, arise by the thunder of Your power and save me from the lion's mouth, in the name of Jesus.

10. Thou power of the valley of the shadow of death, release my destiny, in the name of Jesus.

11. O gates blocking my blessings, be lifted up, in Jesus' name.

12. O Lord, keep my soul, let me not be ashamed and deliver me, in Jesus' name.

13. Every drinker of blood and eater of flesh coming against me, die, in the name of Jesus.

14. Though an host should encamp against me, my heart shall not fear, in the name of Jesus.

15. Evil, shall slay the wicked and they that hate the righteous shall be desolate, in the name of Jesus.

16. Father, fight against them that fight against me, in the name of Jesus.

17. Father, take hold of shield and buckler and stand up for my help, in the name of Jesus.

18. Father, draw out Your spear and stop my persecutors, in Jesus' name.

19. O Lord, let them be confounded and put to shame that seek after my soul, in the name of Jesus.

20. O Lord, let them be turned back and brought to confusion that device my hurt, in the name of Jesus.

21. O Lord, let the wicked be as chaff before the wind, and let the anger of the Lord chase them, in the name of Jesus.

IGBO SECTION

OTUTO: A GA-EME HA KWA UBOCHI

Nna, n'aha Jisos, ekele m Gi maka:

1. Idotara m n'ekpere na ike.
2. Nzoputa nke mkpuru obi m
3. Miri Chukwu nke Mo Nso Gi
4. Iweputara onyinye nke Mo Nso nye ndu m
5. Mkpuru nke Mo n'alu olu n'ime m
6. Onyinye inye otuto di itunanya
7. Uzo I siri tinye aka n'ihe obula gbasara m.
8. Atumatu Gi banyere ndu m
9. I gaghi arapu m ma obu chezom
10. I kpobatara m n'ebe itozu oke na ibi ndu di omimi
11. I buliri m elu mgbe m dara
12. I debere m n' udo zuru oke
13. I mere ka ihe nile luko olu nke oma nye m
14. I naputara m n'igbudu nke osi onya na n'aka oria n'efe efe
15. Ike itunanya nke di n'okwu Gi na n'ime obara Nwa aturu
16. I nyere ndi Mo ozi Gi iwu banyere m
17. I buru m agha megide ndi n'emegide m
18. I mere m ka m karia ndi mmeri
19. I nyezuru m ihe nile bu mkpa m dika aku Gi na ebube Gi siri di
20. Ogwugwo nso Gi nye aru m, mkpuru obi m ma mo m.
21. I wugwasiri obi m ihè nke eluigwe
22. I mere ka m buru onye nwe nmeri n'ime Kraist Jizos mgbe nile.
23. Itughariri obubu onu m ka o buru ngozi
24. I neme ka m biri na ndokwa.
25. Ngozi nile nke ndu.
26. Idi ukwu, ike, ebube, ochichi, ima mma, na ezi omume Gi.

27. Imechiri onu onye iro m na onye na-abo m obo.

28. Gi onwe Gi no n'aka nri m, ya mere agaghi m ada.

29. Gi onwe Gi kwesiri ntukwasi obi burukwa onye n'enyere ndi nke ya aka.

30. Ị kweghi ka ndịiro m ṅụa m ọñụ

31. Ihunanya Gi di itunanya

32. Gi onwe Gi di ukwu ma dikwa ukwu inye otuto

33. I naputara mkpuru obi m puo n'onwu, naputakwa ukwu m puo n'odida

34. I bu ebe m ewusiri ike na ebe mgbaba m n'oge nsogbu

35. Itukwasi obi Gi na olu ebube Gi.

36. Olu ike Gi na idi ukwu Gi kachasi.

37. I wepuru ikpu-isi nke ime muo na muo m.

38. I doputaram puo na olulu

39. I debere m ma jide ukwu m ka m ghara imichapu.

40. Aha Onye- nwe-anyi bu ebe obibi di ike, onye ezi omume na-agbaba n'ime ya ma zoro onwe ya.

MAKA ORU OZIOMA NAKWA EZINULO NDI KRAIST
A GANA EKPE NKA UBOCHI UKA OBULA

1. Imeela Nna m n'ihi nkwa Gi nke si, M'gewu nzukom dika ulo; onu-uzo nile Hedis agagh-aka kwa ya n'ike.

2. Rio mgbaghra banyere njo obula nke neweta adigh n'otu nakwa enweh ike na nzuko Kraist.

3. Ayi achia ike ochichiri n'uzo ya nile, n'aha Jisos.

4. Ayi ekee agbu ma chupukwa muo obula nke neweta nduhie, ozizi ojoo, aghugho, iru abuo, mpako na nmehie amaghama, n'aha Jisos.

5. Atumatu na njikere ekwensu obula iji megide nzuko Kraist, ka ekee gi agbu, n'aha Jisos.

6. Muo ekpegh ekpere, nkasa obi na inye onwe otuto nke di na nzuko Kraist, ka ekee gi agbu, n'aha Jisos.

7. Nna m, ka awukwasi ayi muo nke idi nso, n'aha Jisos.

8. Ayi nenye iwu ka oru nile nke anu ahu di na ndu ndi Kraist nwuo, n'aha Jisos.

9. Ka ike nke obe Kraist na Muo Nso nochie anu ahu na ndu ayi, n'aha Jisos.

10. Ka ndu nke Onye-nwe-ayi Jisos Kraist puta ihe n'ezie na nzuko Kraist, n'aha Jisos.

11. Ka emebie ike nke eriwe echetagh onye ozo, oke ochicho na anabatagh nkuzi, n'aha Jisos.

12. Nna m, nye nzuko Gi, uche Kraist, muo mgbaghara, nnagide, ezi ncheghari, nghota, ido onwe n'okpuru, obi umeala, idi nso, ino na nche, na obi ihuta ndi ozo karia ka ayi huru, onwe ayi, n'aha Jisos.

13. Ayi nama aka n'iru ma nakwadakwa ike nke ihe-isi-ike na ndu ndi nso, n'aha Jisos.

14. Ayi n'enye iwu ka ngozi ndi a biakwasi nzuko Kraist na ndi ozi ya:

   - Ihunanya Onu   - Udo Ogologo ntachi-obi Idi nwayo
   - idi nma   - ikwesi-ntukwasi-obi obioma

- imeru-ihe-n'oke
- ahu ike
- Oganiru
- onyinye igwo nrianria
- itule muo di iche iche
- Okwu omuwa
- isu asusu di iche iche
- mma na ebube Chineke
Nhunyere na irusi oru ike

- Ogwugwo nso
- Imi-ezi-mkpuru
- okwukwe
- ibu amuma
- okwu amam-ihe
- iluputa oru di ike
- isughari asusu
- ezi omume na idi-nso

15. Nna m, kenye akpiri ikpo nku na aguu Gi na idi nso Gi na ndu ayi, n'aha Jisos.

16. Onye-nwe-ayi, zidata oku ntute Gi na nzuko Kraist.

17. Onye-nwe-ayi, kurie ma mejuputakwa ndi-ozi Gi na ngwa oru Gi nile ozo.

18. Ka awujuputekwa ndi-ozi Chineke na Muo Nso ozo, n'aha Jisos.

19. Onye-nwe-ayi, nye ndi-ozi Gi ike ikpe ezi ekpere, na ndu ha.

20. Onye-nwe-ayi, weta ndi-oru kwesiri ntukwasi-obi, garusi oru ike, gerube isi ma hunyekwa onwe ha kpam kpam n'oru n'ubi vine Gi (na nzuko Gi).

21. Ayi emebie mbuda na ochichi nile nke ekwensu nachi mkpuru obi umu madu.

22. Muo ojoo obula nke nadota mkpuru obi umu madu n'agha, ayi agbarie okpukpu azu Gi (ihe ndabere gi n'aha Jisos).

23. Ogbugba ndu obula nke di n'etiti mkpuru obi umu madu na ekwensu, ayi akurie gi, n'aha Jisos.

24. Ka muo nkwudosi-ike, elegh anya n'azu, aguu na akpiri ikpo nku nke okwu Chineke biakwasi ndi laghachikutere Kraist, n'aha Jisos.

25. Onye-nwe-m, Wusa oku Muo Nso Gi ozo na ndu ndi-ozi

26. oma ka ha wee menye muo obodo obula nke nemekpa ha ahu ihere n'iru, n'aha Jisos.

27. Ayi agbajie aka na ike uwa n'ebe mkpuru obi umu madu no, n'aha Jisos.

28. Ayi awusasia muo nzoputa n'ebe nile nke ozi-oma Kraist erubegh, n'aha Jisos.

29. Onye-nwe-ayi, wepu ihe mgbochi obula nke negbochi ebumnuche Gi n'ezinulo ndi Kraist.

30. Ayi nenye iwu ka muo esemokwu, adigh ocha, ekwesigh-ntukwasi-obi, adigh ike, enwegh nkwekorita, aghotagh ndi ozo na anagidegh ndi ozo sepu aka n'ezinulo ndi Kraist, n'aha Jisos.

31. Ka ezinulo ndi Kraist buru ihe nye uwa ma buru ugbo nke n'ebusa ozi-oma Kraist, n'aha Jisos.

32. Chineke, kpolite Esta, Rut na Debora n'ogbo a, n'aha Jisos.

33. Ike obula nke nemebi onu n'ezinulo, ka agbarie gi, n'aha Jisos.

34. Onye-nwe-ayi, nye ayi amamihe iji zulite umu ayi n'ebube Gi, n'aha Jisos.

35. Ka emezie alum di na nwunye ndi kraist obula nke ekwensu mebiworo.

36. Onye-nwe-ayi, ka muo amamihe, ikpe ekpere ziri ezi, ido onwe n'okpuru, idi nwayo, irubere okwu Chineke isi, ikwesi ntukwasi obi, biakwasi ezinulo ndi Kraist.

37. Onye-nwe-ayi, wepu muo ezighi ezi n'etiti umu Gi ma tinye muo ziri ezi.

38. Ayi eweghara ikike nke atumatu na oru ekwensu n'ezinulo ndi-ozi chineke, n'aha Jisos.

39. Onye-nwe-m, mubaa ike na ume nke ikwusa okwu Gi n'etiti ayi.

40. Ka ala-eze Kraist bata n'obodo nile n'oku n'aha Jisos.

41. Onye-nwe-ayi, ghasaa atumatu ndi madu na nzuko Kraist ma tinye atumatu Gi.

EKPERE MAKA OBODO ANYI

Mee ya Ubochi Fraide obula

Igu akwukwo Nso: 1 Timoti 2:1-2. Ya mere ihe mbu m' nadusi odu ike bu, ka anario aririo kpe kwa ekpere , rio kwa aririo anarioro ndi ozo, kele kwa ekele, n'ihi madu nile; n'ihi ndi eze na ndi nile no n'onodu di elu; ka ayi we biri obi udo na nke idi nwayo n'ime nsopuru Chineke nile na ikwesi nsopuru nile.

Jeremaia 1:10: Lee, emewom gi taa ka i lekota mba nile, lekotakwa ala eze nile, iropu, na ikwada, na ime ka ha laa n'iyi, na itikpo, na iwu ulo, na iku ihe.

Ebe ndi ozo a ga-agu n'akwukwo Nso: Aisaia 61:1-6; Ndi Efesos 6: 10-16.

1. Nna, n'aha Jisos ayi na-ekwuputa nmehie na ajo omume nke ala ayi, nke ndi mgbe ochie, nke ndi na-achi achi, na nke ndi ha na-achi, ima atu; aka ike, iju Chineke, nmebi, ikpere arusi, izu ori, ebubo, ikpe ugha, obi ilu, igbafu obara na ngaghari iwe, inupu isi, igba izu ojo, ila obara nke n'enweghi ihe omere n'iyi, agha obodo na obodo, izuru umu aka ma gbuo ha, igbu madu, otu ochichiri/otu nzuzo, ahazighi ihe na nleda anya, na ihe ndi ozo di iche iche.

2. Anyi na-ario ebere na mgbaghara, n'aha Jisos.

3. Onye nwe m, cheta ala ayi ma gbaputa ala ayi.

4. Onye nwe m, zoputa ala ayi puo na mbibi na omuma ikpe

5. Ka ike ogwugwo Gi malite ilu olu n'ala ayi, n'aha Jisos.

6. Ka a laa ike ochichiri nile nke na-egbochi aka olu Chineke n'obodo a n'iyi, n'aha Jisos.

7. Anyi enye iwu ka e kee agbu ma menye nwoke-ike muo nke na-achi obodo a ihere, n'aha Jisos.

8. Ka efopu ma tunye aka olu ekwensu na osisi ojoo obula di n'obodo a n'oku.

9. Anyi na-ebili megide muo nile ekweghi na Kraist nke na-alu olu megide obodo a ma nye iwu ka ike ha suo ngongo, n'aha Jisos.

10. Anyi na-enye iwu ka nkume oku nke Chineke dakwasi olu nile nke ekwensu n'obodo a, n'aha Jisos.

11. Ka e gbochie ochicho, nzube, atumatu na olile anya nke onye iro nye obodo a , n'aha Jisos.

12. Ka obubu onu nke ekwensu buru obodo a daa n'ala ma nwuo, n'aha Jisos.

13. Site n'obara Jisos, ka nmehie nile, amaghi Chineke, ikpere arusi nile na atumatu ojoo nile kwusi, n'aha Jisos.

14. Anyi na-ebibi ogbugba ndu ojoo obula na nnyefe ojoo obula e nyefere obodo anyi, n'aha Jisos.

15. Anyi na-ario ka obara Jizos kpuchie obodo ayi, n'aha Jisos.

16. Anyi na-enye iwu ka uche Chineke mezue n'ala a, ekwensu achoro ya ma o choghi ya, n'aha Jisos.

17. Ka e mee ihere ma tinyekwa n'onodu ihere, ike na ikikere ojoo no na Naijiria, n'aha Jisos.

18. Anyi emechi onu uzo ama nile nke ekwensu n'obodo nile di n'ala a, n'aha Jisos.

19. Ka oche eze ojoo obula di n'ala a gbarie na mkpirikpi, n'aha Jisos.

20. Anyi ekee ike ojoo nile na-alu olu na ndu ndi na-achi ayi n'obodo a agbu, n'aha Jisos.

21. Onye-nwe-m, bikwasi aka Gi di oku na ike Gi n'isi ndi na-achi achi n'obodo a, n'aha Jisos.

22. Anyi na-eke muo oñu obara obula n'obodo a agbu, n'aha Jisos.

23. Ka Eze udo chia achi na ngalaba nile nke obodo a, n'aha Jisos.

24. Ka egbochie ma lakwaa ike muo nile na-emegide ozi oma n'iyi, n'aha Jisos.

25. Onye-nwe-ayi, ka ndi ochichi n'obodo a, buru ndi ga-ahu olu ha dika okpukpo oku Chineke kporo ha na abughi dika ohere iji wee dokara aku na uba.

26. Ka oku Muo Nso repia ma bibie amaghi Chineke nile n'obodo a, n'aha Jisos.

27. Onye-nwe-m, were amamihe na nghota Gi choo ndi ochichi ayi nma, n'aha Jisos.

28. Onye-nwe-m, mee ka ndi na-achi anyi soro ntuzi aka Gi n'abughi nke madu ma obu nke muo ojoo.

29. Onye-nwe-m, ka ndi ochichi ayi n'obodo a nwee amamihe na ihe omuma nke Chineke.

30. Onye-nwe-ayi, ka goment nke obodo anyi buru udi nke ga-anata ntuzi aka na odudu nke Chineke.

31. Ka ebe-ichu-aja obula nke ekwensu n' obodo a nata oku Chineke ma repia, dika ntu, n'aha Jisos.

32. Anyi emechie onu ndi amuma, ndi-nchu-aja na ndi olu ekwensu nile, n'aha ukwu Jisos. Ayi juru ha itinye aka ha n'ihe banyere obodo a, n'aha Jisos.

33. Ka obara Jisos sachaa ala ayi puo n'obara emeruru-emeru, n'aha Jisos.

34. Anyi na-enye iwu ka oku Chineke repia arusi, aja, ihe e ji achu aja nile, okwu arusi na oche eze ekwensu di iche iche n'obodo a , n'aha Jisos.

35. Anyi na-emebie nkwekorita ojoo obula nke a mara na nke a maghi bu nke e mere n'etiti madu na ekwensu n'obodo a, n'aha Jisos.

36. Anyi na-ehunyere Jizos isi obodo anyi nile, n'aha Jisos.

37. Ka a huta ngozi na mputa ihe nke Onye-nwe-anyi n'obodo anyi nile, n'aha Jisos.

38. Anyi na enye iwu ka a kwusi ida-iwu, adighi ocha, na inu ogwu ike n'obodo a, n'aha Jisos.

39. Ka ike, ihunanya na ebube Chineke guzosie ike n'ala anyi, n'aha Jisos.

40. Ka enwe mmasi na agu Chineke na mkpuru obi ndi nke Kraist n'obodo a, n'aha Jisos.

41. Onye-nwe-ayi, tinye muo ntute na Naijiria.

42. Onye-nwe-ayi, bikwasi aka na ume Gi n'ebe ndi otu agha na ndi uwe oji, ulo olu na otu olu di iche iche, ulo akwukwo mahadum, na koleji di n'obodo a, n'aha Jisos.

43. Ka ike nke mbilite n'onwu nke Onye nwe ayi Jizos Kraist dakwasi uzo e si akpa aku nke obodo a , n'aha Jisos.

44. Ka e nwee mmiputa mkpuru na oganiru n'akuku nile nke ala a, n'aha Jisos.

45. Anyi enye iwu ka e kee ike obula na-eyi otu ochichi, uzo e si enweta aku na uba na nguzosike nmekorita madu na ibe ya n'ala ayi egwu agbu, n'aha Jisos.

46. Anyi egbochie nleba anya ezighi ezi ndi mba ozo na-elebara ala ayi, n'aha Jisos.

47. Anyi na-enye iwu ka ogba aghara na ekwekoritaghi da n'etiti umu nwanyi agbatara n'ohu mutara na ndi n'agba izu ike obodo ayi agbu, n'aha Jisos.

48. Anyi na- emebie ogbugba ndu obula ndi na-achi achi n'obodo a na ndi ala ozo gbara, n'aha Jisos.

49. Anyi ememina muo obula nke n'emebi ihe e ji akpata aku n'obodo a, n'aha Jisos.

50. Ka muo nke mbibi si na obodo a gbalaga kpamkpam, n'aha Jisos.

51. Onye-nwe-ayi, gosi onwe Gi n'uzo di ike n'ihe gbasara obodo a.

52. Ka ala eze Kraist bata n'ime obodo a.

53. Onye-nwe-ayi, mee ihe ohuru n'obodo anyi iji gosi ike Gi na idi ukwu Gi n'ebe ndi n'ekweghi ekwe no.

54. Ka ala eze nke Onye-nwe-ayi, Jisos Kraist bata n'ime obi onye obula n'obodo a, n'aha Jisos.

55. Onye-nwe-ayi, mere obodo a ebere.

56. Ka ebube nile nke obodo anyi furu efu laghachi, n'aha Jisos.

57. Ka akuku obodo anyi nile n'enwebeghi ozi oma Jizos nata ya, n'aha Jisos.

58. Onye-nwe-ayi, zipu ndi olu n'ubi Gi ka ndi na-anatabeghi ozi oma wee nata ya n'obodo a.

59. Ayi n'akwatu ebe ewusiri ike nke ogbenye n'obodo a, n'aha Jisos.

60. Onye-nwe-ayi, rugide atumatu Gi n'obodo a.

61. Ka eme ike ochichiri obula nke n'alu olu n'ulo akwukwo obula ihere, n'aha Jisos.

62. Ka akwatuo oche ndi nnochite anya ekwensu nile n'isi ochichi ala ayi, n'aha Jisos.

63. Ka akwatuo oche eze nke ime muo ojoo obula na-akwado oche eze obula n'ala ayi, n'aha Jisos.

64. Anyi akagbuo ogbugba ndu ojoo obula emere n'aha ala ayi, n'aha Jisos.

65. Anyi na-azogbu agwo na akpi nke esemokwu mba na mba n'ala ayi, n'aha Jisos.

66. Anyi na-enye iwu ka emegharia ihe nile di gburugburu n'uzo ga-adi ayi nma, n'aha Jisos.

67. Ayi n'akwatu ochichi ojoo nile n'achi n'ime muo megide ayi n'ala ayi, n'aha Jisos.

68. Ka ibu ndi isi nile, ike ochichi nile, ichi isi nile na mmegide nile nke ndi igwe nile na-emegide ala ayi buru ihe ekere agbu ma menyekwa ihe ihere, n'aha Jisos.

69. Ka ezi omume chia isi n'akuku nile nke ala anyi, n'aha Jisos.

70. Were otuto na abu kele ma jakwaa Chineke.

IGUCHA AKWUKWO NSO NA MKPURU UBOCHI IRI ASAA

Ubochi 1   - Jenesis 1:1- 18:20

Ubochi 2   - Jenesis 18:21- 31:16

Ubochi 3   - Jenesis 31:17- 44:10

Ubochi 4   -   Jenesis 44:11- 50: 36, Opupu 1:1-10:2

Ubochi 5   - Opupu 10:3 - 25:29

Ubochi 6   - Opupu   25:30 - 39:5

Ubochi 7   - Opupu   39:6 - 40:38; Levitikos 1:1 - 14:3

Ubochi 8   - Levitikos 14:4 - 26:35

Ubochi 9   - Levitikos 26:36 - 27:34; Onu-ogugu1:1 - 10:16

Ubochi 10   - Onu-ogugu 10:17 - 24:3

Ubochi 11   - Onu-ogugu 24:4 - 36:13; Deutronomi 1:1 - 1:2

Ubochi 12   - Deutronomi 1:3 - 15:20

Ubochi 13   - Deutronomi 15:21- 32:26

Ubochi 14   - Deutronomi 32:27 - 34:12; Joshua 1:1 - 15:27

Ubochi 15   - Joshua 15:28 - 24:33; Ndi-Ikpe1:1 - 6:20

Ubochi 16   - Ndi-Ikpe 6:21 - 21:17

Ubochi 17   - Ndi-Ikpe 21:18-21:25; Rut 1:1 - 4:22; 1Samuel 1:1 - 15:4

Ubochi 18   - 1Samuel 15:5-30:31

Ubochi 19   - 1Samuel 31:1-31:13; 2 Samuel 1:1-17:5

Ubochi 20   - 2Samuel 17:6-24:25; 1Ndi-eze1:1-6:3

Ubochi 21   - 1Ndi-eze6:4-18:3

Ubochi 22   - 1Ndi-eze18:4-22:53; 2Ndi-eze 1:1-9:33

Ubochi 23   - 2Ndi-eze 9:34-25:11

Ubochi 24   - 2Ndi-eze 25:12-25:30; 1 Ihe-emere1:1-11:4

Ubochi 25   - 1 Ihe-emere11:5-27:12

Ubochi 26   - 1 Ihe-emere27:13- 29:30; 2 Ihe-emere1:1- 18:23

Ubochi 27   - 2 Ihe-emere18:24- 36:16

Ubochi 28 - 2 Ihe-emere36:17- 36:23; Ezra 1:1 - 10:44; Nehemia 1:1 - 7:33

Ubochi 29 - Neh 7:34 - 13:31; Esta 1:1 - 10:3; Job 1:1 - 2:6

Ubochi 30 - Job 2:7 - 20:15

Ubochi 31 - Job 20:16 - 37:16

Ubochi 32 - Job 37:17- 42:17; Abu-Oma 1:1-22:25

Ubochi 33 - Abu-Oma 22:26 - 50:5

Ubochi 34 - Abu-Oma 50:6 - 78:4

Ubochi 35 - Abu-Oma 78:5 - 103:12

Ubochi 36 - Abu-Oma 103:13 - 119:107

Ubochi 37 - Abu-Oma 119:108-150:6; Ilu 1:1-2:16

Ubochi 38 - Ilu 2:17-17:20

Ubochi 39 - Ilu 17:21-31:31; Eklesiastis 1:1-2:4

Ubochi 40 - Eklesiastis 2:5-12:14; Abu Nke Abu 1:1- 8:14; Aisaia 1:1 - 6:12

Ubochi 41 - Aisaia 6:13 - 30:8

Ubochi 42 - Aisaia 30:9 - 50:7

Ubochi 43 - Aisaia 50:8-66:24; Jeremia 1:1-6:24

Ubochi 44 - Jeremia 6:25-25:23

Ubochi 45 - Jeremia 25:24-43:4

Ubochi 46 - Jeremia 43:5-52:34; Abu-Akwa 1:1-5:3

Ubochi 47 - Abu-Akwa 5:4-5:22; Ezekiel 1:1 - 19:8

Ubochi 48 - Ezekiel 19:9 - 34:20

Ubochi 49 - Ezekiel 34:21-48:35; Daniel 1:1 - 2:19

Ubochi 50 - Daniel 2:20-12:13; Hosea 1:1-9:13

Ubochi 51 - Hosea 9:14-14:9; Joel 1:1 -3:21; Amos 1:1-9:15;   Obadia 1:1-1:21; Jona 1:1-4:11; Maika 1:1-7:1

Ubochi 52 - Maika 7:2-7:20; Nahum 1:1-3:19; Habakuk 1:1- 3:19; Zefanaia 1:1- 3:20; Hagai 1:1-2:23; Zekaraia 1:1-14:21; Malakai 1:1-2:6

Ubochi 53 - Malakai 2:7-4:7;Matiu 1:1-13:13

Ubochi 54 - Matiu 13:14 - 24:39

Ubochi 55 - Matiu 24:40 - 28:20; Mak 1:1 - 6:33

Ubochi 56 - Mak 6:34 - 16:11

Ubochi 57 - Mak 16:12 - 16:20; Luk 1:1 - 9:27

Ubochi 58 - Luk 9:28 - 19:41

Ubochi 59 - Luk 19:42 - 24:53; Jon 1:1 - 5:6

Ubochi 60 - Jon 5:7 - 13:30

Ubochi 61 - Jon 13:31 - 21:25; Olu-Ndi-Ozi 1:1 - 6:3

Ubochi 62 - Olu-Ndi-Ozi 6:4 - 17:25

Ubochi 63 - Romans 3:Olu-Ndi-Ozi 17:26 - 28:31; Ndi Rom 1:1 - 3:1

Ubochi 64 - Olu-Ndi-Ozi 2 - 16:27; 1 Ndi Korint 1:1 - 4:3

Ubochi 65 - 1 Ndi Korint 4:4 - 16:24; 2 Ndi Korint 1:1 - 5:3

Ubochi 66 - 2 Ndi Korint 5:4 - 13:14; Ndi Galatia 1:1 - 6:18; Ndi Efesos 1:1 - 5:20

Ubochi 67 - Ndi Efesos 5:21 - 6:24; Ndi Filippai 1:1 - 4:23; Ndi Kolossi 1:1 - 4:18; 1 Ndi Tessaloniaka 1:1 - 5:28; 2 Ndi Tessaloniaka 1:1 - 3:18; 1 Timoti 1:1 - 5:5

Ubochi 68 - 1 Timoti 5:6 - 6:21; 2 Timoti 1:1 - 4:22; Taitos 1:1 - 3:15; Filemon 1:1 - 1:25; Ndi Hibru 1:1 - 11:40

Ubochi 69 - Ndi Hibru 12:1 - 13:25; Jemes 1:1 - 5:20; 1 Pita 1:1 - 5:14; 2 Pita 1:1 - 3:18; 1 Jon 1:1 - 5:21; 2 Jon 1:1 - 1:11

Ubochi 70 - 2 Jon 1:12 - 1:13; 3 Jon 1:1 - 1:14; Jud 1:1 - 1:25; Nkpughe 1:1 - 22:21

N'ụbọchi ahụ na mgbe ochie

1. f N'ụbọchi ahụ na mgbe
   ochie
   mf Ọbara Jisọs d'ike
   Igbapụt' onye ori n'el' obe
   Mụọ ya fere ka nnụnụ
   Laa n'ụlọ Ya n'el' igwe
   Site n'ike nsacha kalvary
   Koros
   f Ọbara ahụ ka dị kwa ike
   ff Ọ dị ike, ọ dị ike
   mf Ọbara Jisọs nasa njọ mgbe dum
   f Ọbara ahụ dịkwa ike

2. p Akpafuru m nime njọ m
   M'ọbara n'asacha njọ
   mf Sara njọ m me ka m
   nwere onwe m
   Ugbu a na mgbe ebighebi

Ọbara a gadigide
Otuto nile dịrị aha Ya

3. mp Chukwu n'ebere n'ajụ
   P Onye mmehie ị ga anwụ
   mf M'O nyere gị mgbapụta
   n'uju?
   Ọbụrụ n'I lezie anya
   Ị genwe ndụ ebighebi
   N'ihi na kalvary ka dị ike

4. mf Bụrụ mkpa gị bịa ugbu a
   Si na mmehie gị pụta
   Ọ gazọpụta Ị mee k'Ị dị
   nsọ
   Si n'iwe n'abịa gbapu
   K'aha gị soro na ndị
   A gbapụtara nọ n'eluigw

Gaba n'ihi m na Ozi'ọma (8.7.8.7.D)
N'ihi Mu Onwem na Ozi'ọma. Mak 8:35

1. f Gaba n'ihi m na Ozi'ọma,
   Kọ akukọ ngbapụta,
   cr Ọziz ya, "k'ọdi otua,
   f Nke Gị, Nna nke ebube"
   mf Kwusa' ọmụmụ, ndụ,
   n'obe Ya,
   Ihun'any' Oji kwu ugwọ m,
   Onye ha tufur'ihe dum,

2. f N'uda op'ike Jubili,
   cr Site n'ugwu rue na ndida,
   p Dik'ubọch'ok'egwu n'abia,
   Dik'agha n'aga n'iru,
   f Ubọchi ọnu nk'igwebia,
   Wa dik'anwu nk'ọgbọ dum.

3. f Dik'ab'utọ nka n'agbasa,
   Dik'alleluia n'ada,

cr Ndi nsọ nan di nọ
   n'ur'ọnwụ,
   Nd'agha nke nzukọ n'eto,
   Asar'uwe ha n'ọbara,
   Ubọ'akwara ha n'ada,
   ff Uwa na Paradais n'elu,
   N'abu otu abu mmeri.

4. f Ọn'abia n'uda nk'op'ike,
   Ọzi ọma nk'ikp'azu,
   Immanuel n'ekpu okpu,
   eze,
   Chi nke ndi nsọ na ndị M'ozi,
   cr A bum ihe M'bụ, Nna nk'ihe,
   Atọ n'im'ọtu Chukwu
   ff Och'eze Nna na
   Nwaturu,
   Bụ nke Gị rue mgbe ebighiebi.

Onyenw'anyị gozie anyị ugbu a (8.8.8.D)
'ihi na Jehova gāghọrọ gi ihè ebighi-ebi, Aisaia 60:20

1. mf Onyenw'anyị gozie anyị
ugbu a,
Kwa okwu Gị n'im'obi anyị
K'obi anyị jur'oyi wenwue
N'ọnu nk'obi ume ala,
N'ihe nke ndụ, n'abali
'onwu,
Jisọs bụrụ ihe nke anyị.

2. mp Ubọchi ta agafewo
I gukowo ihe nile;
Mmeri anyị bụ n'amara
Gị,
Il'azu n'odịd'anyI nile

3. mf Gbaghara anyị, nye
kw'anyị
ọnu
Inwer'onwe anyị n'egwu Gị,
Obi ezi ihu-nanya
Nke n'achos'ik'idi ka Gị

4. mp Oju d'uto dik'I
luru,
nleta b'ihe dik'I mer'
anyị,
Ekwel'anyị mebie olu
anyị,
M'obu ikwe k'anyị ma n'onya,

5. mp Anyị huru nd'ogbenye
n'aya,
N'ihi ndị njọ anyị n'ariọ Gị
L'ebere Gị nye anyị ọnu
Gị'Onye nzoput'anyị n'ihe duru.

6. mf Nna gozie anyị n'abali ta
K'anyị nwe nnọnyere Gị dị nsọ,
Ka ndị M'ozi Gị n'eche anyị,
Anyị nọkwa Gị nsọ mgbe nile.

Ony'ọbia nọ n'ọn'uzọ (7.3.7.3.7.7.7.3)
Ọ buru na onye ọ bula anu - Nkpugbe 3:20

1. mp Ony'ọbia nọ n'ọn'uzọ;
K'Ọ bata!
Ọ nabia site na mbu:
K'Ọ bata!
K'Ọ bata tutu Ọ la,
K'Onye Nsọ ahu bata,
    cr Jisọs Kraist, Ọkpara Nna;
K'Ọ bata!

2. mp Meghe obi gị nye Ya;
K'Ọ bata!
    di Ọ gala mgb'I nechere;
K'Ọ bata!
    cr K'O bata: Ọ bụ enyi-i
Ọ galuru gị ogu,
Ọ gechebe i mgbe nile:
K'Ọ bata!

3. mp Ge.nti n'olu Ya ugbu a!
K'Ọ bur'Ony'ị
rọtara:
Ọ neguzo n'ọn'uzọ,
    cr Ọ genye gị ọnu Ya;
I ganeto Aha Ya:
K'Ọ bata!

4. mf Kpọbata Ọbia nk'igwe:
K'Ọ bata!
Ọ gemere I oriri:
K'Ọ bata!
Ọ gagbaghara njọ gị;
    cr Mgbe ndụ i n'uwa nka gagwu
Ọ gekuru i la n'igwe:
K'Ọ bata!

Nzuko I nọ n'echere (DSM na kọrọs)
Nezie, anamabia ososo – Nkughe 22:20

1. mp Nzuko I nọ n'echere,
      Ihu Onyenwe ya,
      Onọ n'echere I, nani ya,
      Onye obia k'obu,
      Ọgbọ dum n'agafe,
      Anwu adawo kwa,
      Ma o n'echer' Onyenwe ya,
      N'eji anya miri,
      Bia, Jisọs Ez'anyị bia.

2. mp Ndị nsọ n'eluwa nka,
      Nwuru n'ihun'anya,
   p Ha rapuru n'otu n'otu,
      N'edina kota kwa,
   pp Ha n'edina n'ura,
      Ọbugh n'okwukw'efu,
   cr Ha n'edina n'ezur'ike,
      Rue n'utut' oru'ahu,
      Bia ngw'Onye nweanyị Jisọs.

3.   Onwunwa nk'ekwensu,
      Ike nke ala muọ,
      N'ab'uba okwukwe anyị n'ada,
      'hun'any'anyị n'aju'oyi,
   cr Ru'o le mgbe Chinek'anyị,
      Nna nk'ez'okwu, di nsọ,
      Nzuko I na mkpagbu
      n'echere I,
      N'anya miri'ọbara,
      Bia, Onye nweanyị Jisọs.

4. mf Anyị chor'inu olu Gị,
      Ihu I iru n'iru,
      Soro ket'okpu Eze Gị
      Dik'ugbua n'amara I,
   f Bia Onyenwe'anyị hicha,
      Ibu'ọnu anyị na njọ,
      Me kwa k'uwa nka Inyere anyị,
      Uwa nke I mara mma,
   cr Bia, Onyenw'anyị, Jisọs.

Jisọs ekwerewo m nkwa (7.6.7.6.D)
Ọ buru na onye ọ bula nējerem osi, ya som; ebe Mu onwem nọ kwa, n'ebe ahu (Jọn 12:26)

1. mp Jisọs ekwerewo m nkwa
      Ife I rue ọgwụgwụ;
      Biko, nọ nso m mgbe niile,
      Onye nwe m n'Enyi nke m
      M gagh atụ egwu agha
      M'I nọdụ n'akụkụ m;
      M gagh ejehie n'ụzọ Gị
      M'I bụrụ Onye ndu m

2.   Ka m mata na Gị nọ nso m
      Ụwa nọ nso m mgbe dum
      M' nahụ ih'isụ ngọngọ,
      M' nanụ ol'ọnwụnwa
   di Nd' iro m nọ nso m mgbe niile,
      Nọ nime, n'akụkụ m
   cr Ma Jisọs, bịa nso m karị
      Gbopur' obi m mmehie

3. p Biko, ka m nụrụ okwu I
      Olu d' ezi nwayọ
      Nke kar'olu agụ njọ,
      N'olu nnupuisi m
   cr Kwue k' I we kasie m obi;
      Gba m ume, jidekwa m;
      Biko, kwue, me ka m 'ge ntị,
      Gị Onye nche obi m

4. mf Jisọs, Gị kwere nkwa nye
      Ndị niile neso Gị,
      N'ebe Ị nọ n'otuto,
      Eb'ahụ ndị Ị ganọ.
      Jisọs, ekwerewo m nkwa
      Ife I rue ọgwụgwụ;
      Nye m amara ka m neso
      Onye nwe m n'Enyi nke m

5. p   Biko, ka m'hụ nzọ ụkwụ Ị
       Zọnye nke m nime ha
       Olil' anya na m geso
       Bụ nani n'ike Gị

       Biko, kpọ m, dọrọ m, nedu m,
       Nejigide m mgbe nile;
       Kpọbatakwa m n'el'igwe,
       Onye zọta m n'Enyi m

Nụrụ nzọ ụkwụ Jisọs (13.13.12.12 na kọrọs)
si, Ọ buru na i ge nti nke-ọma n'olu Jehova, bú Chineke-gi (Ọpupu 15:26)

1. f   Nụrụ nzọ ụkwụ Jisọs
       O na-agafe ugbua
       Ji mmanụ na-agwọ onya
       na-agwọ ndị tere ya
       Dik'Ọ gwara onye ahụhụ
       nke nọ n'ọdọ mmiri
       Ọ na-ekwukwa ụgbua si
       "Ị chọrọ ịdị ike"

Kọrọs:
  mf   Ị chọr'ịdị ike?
        Ị chọr'ịdị ike?
  p   Bịa ony'ike gwụrụ
      Bịa obi njọ bịa
  f   Le miri ndụ k'ọ neru
      'fufe nsacha nefe
      Bia k'ị banye nay a ka I wee dị ike

2. f   Ọ b'olu onye nzọt'a ahụ
       Nke oku ebere ya
       Na-enye nzọpụta n'efu
       nye onye chọrọ ya
       Ọ na-akpọ obi ọ bụla
       'ke njọ metọsiri
       N'ihụnanya na-asị,
       Ị chọr'ịdị ike?

3. mf   I nọ n'igba mgba mkpebi
       Mmehie emeriwo Ị
       Ka a nakpali miri ndịa
       Ọ bụ n'ị gaghị aba?
  f   Le Onye zọta kwụ n'eche
       Igba obi gị ume;
       Ọ nariọsi gị ike,
       Ị chọr'ịdị ike?

4. mp   Onye Nzọta nye' ayị aka
       Ịdabere n'okwu Ị
       k'awụkwasi ayị ike
       nagwọ ọrịa Ibi
       Sachapu ntụpọ mmehie
       Chịa achị na ndụ ayị
       Gwa onye obula kwere
       "N'okwukwe Ọ dị ike"

NKEBI 1 – MBULI CHINEKE ELU N'OTUTO N'ỌNỤ M

Ịgụ Akwụkwọ Nsọ: Abụ Ọma 118

NKWUPUTA: Abu Ọma: 107:15-16: Ka ha kele Jehova ekele banyere ebere Ya, N'oké ọlụ Ya nile nke Ọ na-aluru ụmụ madụ N'ihi na O tipịawo ibo ọnụ ụzọ nile nke ọla, gbuji kwa ihe ntuchi nile nke ịgwè

Nkebi 1 Ụbọchị 1 (03-08-2015)

Abụ
Abụ Otuto na Ofufe
Ekpere Otuto na Ekele

1. Chineke aga m eto Gị n'ihi na Ị biliwo elu nke ukwu. (Ọpụpụ 15:1)

2. Chineke Nna m ana m ekele Gị, n'ihi na Ị tụbawo ndị iro m na ịnyịnya ha n'oke osimiri (Ọpụpụ 15:2)

3. Chineke ana m ekele Gị, n'ihi na Ị bụrụ m ike m na abụ ọma m, Ị ghọwọkwara m zọpụta (Ọpụpụ 15:2)

4. Chineke ana m ekele Gị, n'ihi na Ị bụ Chi m na Chi nke Abraham, Aịziki na Jekob; ana m eto ma bulikwa Gị elu. (Ọpụpụ 15:2)

5. Chineke, ana m ekele Gị, n'ihi na e buliwo Gị elu nke ukwu (Ọpụpụ 15:21)

6. Chineke, ana m ekele Gị, n'ihi na Ị naputara m n'aka ndị iro m niile. (Ọpụpụ 18:10)

7. Chineke, ana m ekele Gị, n'ihi ịdị ukwu Gị, Ị bụ Oké Nkume, ihe zuru okè ka ọlụ Gị bụ; ụzọ Gị nile bụ ikpe ziri ezi (Deut. 32:3)

8. Chineke, ana m ekele Gị, n'ihi na Ị nweghị ajọ omume ị bụ onye ezi omume na onye ziri ezi (Deut. 32:46)

9. Chineke, ana m ekele Gị, n'ihi na Ị mere mpi m ka ọ dị elu (1sam 2:10)

10. Chineke, ana m ekele Gị, n'ihi na Ị werewo ọnọdụ Gị na ndụ m.

11. Chineke, ana m ekele Gị, n'ihi na otutu ruru Gị, Ị zọpụtawokwa m n'aka ndị iro m (II sam. 22:4)

12. Chineke, ana m ekele Gị, n'ihi na-abọrọ m ọbọ ma doo mba nile n'okpuru m; ekele dịrị Gị n'ihi na ị na-ewelikwa m elu karịa ndị irọ m; Ị naputawokwa m n'aka ndị na-eme ihe ike (II Sam. 22:49)

13. Chineke, ana m ekele Gị, n'ihi na ihe m tọrọ Gị ụtọ, Ị wee welie m elu. (1 Ndi eze 10:9)

14. Chineke, ana m ekele Gị, n'ihi oke ọlụ ebube Gị nile, na aha Gị dị nsọ (Iheemere 16:9)

15. Chineke, ana m ekele Gị, n'ihi na Ị dị ukwu ma bụrụkwa Onye ana-eto etọ (Iheemere 20:21)

16. Chineke, ana m ekele Gị, n'ihi na ebere Gị na-adị rue mgbe ebighiebi. (Iheemere 16:41).

17. Chineke ana m ekele Gị, n'ihi na aka Gị nwere ume na ike, ibuli elu na inye ume.

18. Nna, anyị na-ekele Gị, n'ihi na anyị nwere abụ anyị na-abụ nye ike okike Gị, nke kepụtara ihe nile, n'aha Jisọs.

19. Nna, anyị na-ekele Gị, n'ihi na anyị nwere abụ anyị na-abụ nye amara Gị na-adigide, nke metutara anyị ma jigidekwa anyị, n'aha Jisọs.

20. Nna, anyị na-ekele Gị, n'ihi amara Gị na-adigide, nke nyere anyị nri ma na-eduzi nzọ ụkwụ anyị ọbụla n'uzọ.

21. Nna, anyị na-eto Gị, n'ihi Onye Zọpụta nke biri anyị ndụ anyị, gaa ije n'ụwa anyị ma nwụchitere anyị ọnwụ anyị kwesiri ịnwụ, n'aha Jisọs.

Nkebi 1 Ụbọchị 2 (04-08-2015)

NKWUPUTA: Abu Ọma: 107:15-16: Ka ha kele Jehova ekele banyere ebere Ya, N'oké ọlụ Ya nile nke Ọ na-aluru ụmụ madụ N'ihi na O tipịawo ibo ọnụ ụzọ nile nke ọla, gbuji kwa ihe ntuchi nile nke ịgwè

Abụ

Abụ Otuto na Ofufe

Ekpere Otuto na Ekele

22. Nna, anyị na-eto Gị, n'ihi Mụọ Nsọ nke na-enyi anyị ike ife ofufe ma na-enyekwa anyị ike ịbụ abụ otuto anyị, n'aha Jisọs.

23. Nna, anyị na-eto Gị, n'ihi na n'ime Kraịst, ngwụcha anyị nile bụ mmalite ọhụụ Ya, ọzọ, adịghị ike anyị nile ka e yịkwasịrị ike Ya, n'aha Jisọs.

24. Nna, anyị na-eto Gị n'ihi na n'ime Kraịst mgbe anyị nabụghị ihe ọ bụla juputara n'olile anya, n'aha Jisọs.

25. Chineke, ana m ekele Gị, n'ihi na Ị kere eluigwe na ụwa (II Iheemere 2:12)

26. Chineke, ana m ekele Gị, n'ihi na ebere Gị na-adị rue mgbe ebighiebi, n'aha Jisọs (II Iheemere 7:3, 6, 20:21)

27. Chineke ana m ekele Gị, n'ihi ima mma nke Ị dị nsọ Gị (Neh. 12:43)

28. Chineke ana m ekele Gị, n'ihi na Ị nyere m oke ọñụ, n'aha Jisọs (Neh. 12:43)

29. Chineke, ana m ekele Gị maka na Ị na-enye ma na-anarakwa (Job 1:21)

30. Chineke, ana m ekele Gị, maka ezi omume Gị (Abụọma 7:17)

31. Chineke, ana m ekele Gị, maka na Ị mere ka ndị iro m, ndị kpọrọ m asị na ndị na-abọ m ọbọ dere duu, n'aha Jisọs (Abụọma 8:2)

32. Chineke, ana m ekele Gị, maka na e mere Gị Eze na Zaịọn, n'aha Jisọs (Abụọma 9:11)
33. Chineke, ana m ekele Gị, maka na Ị mesowo m nke ọma (Abụọma 13:6)
34. Chineke, ana m ekele Gị, maka na Ị na-adù ndị Gị ọdụ́ (Abụọma 16:7)
35. Chineke, ana m ekele Gị, maka na Onye a na-eto ètò ka ị bụ (Abụọma 18:3)
36. Chineke, ana m ekele Gị, maka na Ị na-abọ ọbọ ma wedaa mba nile n'okpuru. (Abụọma 18:47)
37. Chineke, ana m ekele Gị, maka na Ị na-enye oke mmeri (Abụọma 18:50)
38. Chineke, ana m ekele Gị, maka na Ị nụwo olu ákwá ebere anyị (Abụọma 28:16)
39. Chineke, ana m ekele Gị, maka na Ị napụtara mu na mkpụrụ m n'oke nnapụta na-adị rue mgbe ebighiebi. (Abụọma 18:50)
40. Chineke, ana m ekele Gị, maka na Ị bụ ọta na ike m (Abụọma 28:7)
41. Chineke, ana m ekele Gị, maka na Ị kwesiri ntụkwasị obi ma na-enyere ndị Gị aka (Abụọma 28:7)
42. Chineke, ana m ekele Gị, n'ihi na Ị bụ ike na ebe ewusiri ike nke nzọpụta nye ndị Gị e tere mmanụ (Abụọma 28:8)

Nkebi 1 Ụbọchị 3 (05-08-2015)

NKWUPUTA: Abu Ọma: 107:15-16: Ka ha kele Jehova ekele banyere ebere Ya, N'oké ọlụ Ya nile nke Ọ na-aluru ụmụ madụ N'ihi na O tipịawo ibo ọnụ ụzọ nile nke ọla, gbuji kwa ihe ntuchi nile nke igwè

Abụ

Abụ Otuto na Ofufe

Ekpere Otuto na Ekele

43. Chineke, ana m ekele Gị, n'ihi na Ị kweghị akụkọ àmà ojọọ na ndụ m na n'ezi na ụlọ m.
44. Chineke, ana m ekele Gị, n'ihi ike Ị nyere m iji merie Goliath nke ndụ m.
45. Chineke, ana m ekele Gị, n'ihi na Ị wedara ndị iro m n'okpuru ụkwụ m abụa.
46. Chineke, ana m ekele Gị, n'ihi na Ị mere ka nzube nile nke ekwensu na ndụ m daa kpam kpam.
47. Chineke, ana m ekele Gị, n'ihi nnu eluigwe nke mere ka Marah m tọọ ụtọ.
48. Chineke, ana m ekele Gị, n'ihi na Ị tijiwo ọnụ uzọama ọla ma gbubisie ihe ntụchi igwe nke e wuru megide ndụ m.

49. Chineke, ana ekele gị, n'ihi na Ị mere ka akụụta ọjọọ nile a gbara ndụ laghachi ebe ha si.

50. Chineke, ana ekele Gị, n'ihi na Ị ghasasiri ihe njikọta ọnụ nile nke ekwensu mere iji megide ndụ m n'eluigwe nke abụọ na n'ụwa.

51. Chineke, ana m ekele Gị, n'ihi na Ị mere ka Haman mu nwụọ n'ọnọdụ m.

52. Chineke, ana m ekele Gị, n'ihi anya Gị nke anaghị araru ura ma ọbụ tụọ òrù ụra, nke na-echekwa ndụ m ehihie na abalị.

53. Chineke, ana m ekele Gị, n'ihi na Ị ji igwe oji edu m n'ehihie ma werekwa ọkụ na-edu m n'abali.

54. Chineke, ana m ekele Gị, n'ihi na Ị tụghariri tebulu megide ndị iro m n'akụkụ ndụ m nile.

55. Chineke, ana m ekele Gị, n'ihi na Ị ghasara ma ghagbuo asụsụ ndị iro m.

56. Chineke, ana m ekele Gị, n'ihi na Ị mere ka ala nke ndụ m mee nke ọma na ike nke eluigwe nke mere ka m mịa mkpụrụ.

57. Chineke, ana m ekele Gị, n'ihi mmiri nke ndụ nke gboro m agụ mmehie.

58. Chineke, ana m ekele Gị, n'ihi na Ị lara ha n'iyi bụ ndị na-ejide ihe abụghị nke ha ndị e ziteere ndụ m n'ime mmụọ na n'ihè.

59. Chineke, ana m ekele Gị, n'ihi na Ị kwụsiri àgbà ekwensu nile nke na-emegide ndụ m.

60. Chineke, ana m ekele Gị, n'ihi na Ị kwụsịrị nsogbu ágwụ ágwụ̀ nke na-emegide oganiru m na ndụ m imeputa ihe.

61. Chineke, ana m ekele Gị, n'ihi na Ị mere ka nsogbu na abụmọnụ na-esi n'ọgbọ banye n'ọgbọ bụrụ ihe agaghị ekwe omume na ndụ m.

62. Chineke, ana m ekele Gị, n'ihi na Ị kweghị ka Gị na ekwensu kee ebube Gị na ndụ m.

63. Chineke, ana m ekele Gị, n'ihi na Ị ropuru ma bibie mgbọrọgwụ ogbenye na ndụ m ma kụnye osisi ọganiru.

Nkebi 1 Ụbọchị 4 (06-08-2015)

NKWUPUTA: Abụ Ọma: 107:15-16: Ka ha kele Jehova ekele banyere ebere Ya, N'oké ọlụ Ya nile nke Ọ na-aluru ụmụ madụ N'ihi na O tipịawo ibo ọnụ ụzọ nile nke ọla, gbuji kwa ihe ntuchi nile nke ịgwè

Abụ

Abụ Otuto na Ofufe

Ekpere Otuto na Ekele

64. Chineke, ana m ekele Gị, n'ihi na Ị mere ka m bụrụ Chi nye Fero ọ bụla na ndụ m dịka I mere Josef n'ala Ijipt.

65. Chineke, ana m ekele Gị, n'ihi na Ị zighachiri ǹgùgú na igba afa nile nke onye iro azụ.

66. Chineke, ana m ekele Gị, n'ihi na Ị tijiri abụmọnụ nke ajọ ịkpa ókè na ịkwụrụ otu ebe na ndụ m.

67. Chineke, ana m ekele Gị, n'ihi na Ị bibiwo ebe ndabere nke onye iro ezi na ụlọ, nke ñụrụ iyi nay a ga-anwụ kama ndụ m ga-aga n'iru.

68. Chineke, ana m ekele Gị, n'ihi na Ị kweghi ka ụgbọ nke ndụ m mie n'ogbu mmiri.

69. Chineke ana m ekele Gị, n'ihi aka Gị dị ukwu nke naputara m n'olulu ọdụ, nke onye iro kwadoro iji laa ndụ m n'iyi.

70. Chineke, ana m ekele Gị, n'ihi na Ị na-edu m n'ọzara nke ọdịda, I merikwara olile anya ekwensu nke na-emegide ndụ m.

71. Onyenweanyị, anyị na-eto Gị, n'ihi na ịdi nsọ anyị ewetaworo anyị udo na Izu òkè.

72. Onyenweanyị, anyi na-eto Gị, n'ihi na n'ime Kraist ọñụ eluigwe na-apụta n'ụbọchị na n'awa anyị nile.

73. Onyenweanyị, anyị na-eto Gị, n'ihi na site na Mụọ Nsọ Gị, ihe nile n'ụwa na-anwapụta ebumnuche ha.

74. Onyenweanyị, anyị na-eto Gị, n'ihi na n'ime Kraist ka ndụ anyị na-enwe ebumnuche zuru oke.

75. Nna, anyị na-eto Gị, n'ihi Jisọs Kraist, onye nyere onwe Ya dịka aja dị ndụ.

76. Onyenweanyị, anyi na-eto Gị, n'ihi na Ị kpọrọ anyị òkù ibụ ndị Gị kwesiri ntụkwasị obi.

77. Onyenweanyị, anyị na-eto Gi, n'ihi na n'ime Kraist, I nyewo anyị olile anya.

78. Onyenweanyị, anyị na-eto Gị, n'ihi na n'ime Kraist, I nyewo anyị udo.

79. Onyenweanyị, anyị na-eto Gị, n'ihi na Ị nyewo anyị ebumnuche ọhụụ.

80. Onyenweanyị, anyị na-eto Gị, n'ihi onyinye nile I ji mejuputa ndụ anyị.

81. Onyenweanyị, anyị na-eto Gị, n'ihi onyinye nke ọchì nke na-eweta ihe n'ụbọchị anyị gbakarịsịrị ọchịchịrị.

82. Onyenweanyị, anyị na-eto Gị, n'ihi amara nke Onyenweanyị, Jisọs Kraist na ịhụnanya Gị.

83. Nna, anyị na-ekele Gị, n'ihi ebere nke Ị gosiri anyị, n'aha Jisọs.

84. Nna, anyị na-ekele Gị, n'ihi mgbaghara mmehie nke I nyere anyị, n'aha Jisọs.

Nkebi 1 Ụbọchị 5 (07-08-2015)

NKWUPUTA: Abu Ọma: 107:15-16: Ka ha kele Jehova ekele banyere ebere Ya, N'oké ọlụ Ya nile nke Ọ na-aluru ụmụ madụ N'ihi na O tipịawo ibo ọnụ ụzọ nile nke ọla, gbuji kwa ihe ntuchi nile nke igwè

Abụ

Abụ Otuto na Ofufe

Ekpere Otuto na Ekele

85. Nna, anyị na-ekele Gị, n'ihi nnwogha nke Ị wetara anyị, n'aha Jisọs.

86. Nna, anyị na-ekele Gị, n'ihi ihe nile Ị bụ, ihe nile Ị bụ n'oge gara aga na ihe nile Ị ga-aga n'iru na-abu, n'aha Jisọs.

87. Nna, anyị na-ekele Gị, n'ihi ụzọ nile Ị sị edu anyị ma na-akụzịri anyị ihe, n'aha Jisọs.

88. Nna, anyị na-ekele Gị, n'ihi mgbe nile Ị nyere anyị ike na nkwado, n'aha Jisọs.

89. Nna, anyị na-ekele Gị, n'ihi mmekọrịta nke anyị nwere, n'aha Jisọs.

90. Nna, anyị na-ekele Gị, n'ihi ihe agba m ume e nyere anyị na nke anyị natara, n'aha Jisọs.

91. Nna, anyị na-ekele Gị, n'ihi ihe nile anyị mere nke ọma.

92. Nna, anyị na-ekele Gị, n'ihi nrọ nke anyị ka na-arọ, n'aha Jisọs.

93. Chineke dị ebube, anyị na-ekele Gị, maka na anyị ji gị ụgwọ ndụ anyị.

94. Chineke dị ebube, anyị na-ekele Gị, maka na Ị na-echekwa anyị site na mgbe a mụrụ anyị.

95. Chineke dị ebube, anyị na-ekele Gị, n'ihi na Ị letara anyị anya nke ọma ma gosikwa anyị ịhụnanya, n'aha Jisọs.

96. Chineke dị ebube, anyị na-ekele Gị, maka na Ị gbawo anyị ume n'oge mkpa, n'aha Jisọs.

97. Chineke dị ebube, anyị na-ekele Gị maka na Ị na-akasi anyị obi n'oge mkpagbu, n'aha Jisọs.

98. Chineke dị ebube, anyị na-ekele Gị, n'ihi igba anyị ume n'oge nsogbu, n'aha Jisọs.

99. Chineke dị ebube, anyị na-ekele Gị, n'ihi na Ị na-edu anyị mgbe anyị amaghị ihe anyị ga-eme n'aha Jisọs.

100. Chineke dị ebube, anyị na-ekele Gị, maka n'ọnọdụ anyị ọ bụla, Ị na-anonyere anyị, n'aha Jisọs.

101. Nna, anyị na-ekele Gị, n'ihi na Ị ji oke ịhụnanya nke Ị jiri hụ anyị n'anya.

102. Nna, anyị na-ekele Gị, n'ihi na mgbe anyị na-abụrụ gị abụ otuto, Ị na-egosi onwe Gị dịka Onye Kwesiri otuto anyị nile, n'aha Jisọs.

103. Nna, anyị na-ekele Gị, n'ihi na Ị na-egosi anyị Kraịst na àjà Ọ chụrụ n'ihi mmehie anyị, n'aha Jisọs.

104. Nna, anyị na-ekele Gị, n'ihi na Ị gosiwo anyị na n'ime Jisọs, e chekwara ịhe nile n'aka Gị, n'aha Jisọs.

105. Nna, anyị na-ekele Gị, n'ihi na onweghi ihe ọ bụla anyị nyere gị bụ ihe efu, n'aha Jisọs.

Nkebi 1 Ụbọchị6 (08-08-2015)

NKWUPUTA: Abu Ọma: 107:15-16: Ka ha kele Jehova ekele banyere ebere Ya, N'oké ọlụ Ya nile nke Ọ na-aluru ụmụ madụ N'ihi na O tipịawo ibo ọnụ ụzọ nile nke ọla, gbuji kwa ihe ntuchi nile nke igwè

Abụ

Abụ Otuto na Ofufe

Ekpere Otuto na Ekele

106. Nna, anyị na-ekele Gị, n'ihi na ihụnanya Gị bụ ụsà kacha ihe nile nye ihe anyị na-agabiga, n'aha Jisọs.

107. Nna, anyị na-ekele Gị, n'ihi na site na ndụ na n'ọnwụ Kraịst ka I gosiri na dị ka I kwuru okwu Gị na mbụ, etu a, ka okwu Gị n'ime Kraịst ga-abụgide ukwu ikpe azụ Gị, n'aha Jisọs.

108. Nna, anyị na-ekele Gị, n'ihi na Ị mezuru anyị ihe nile, n'aha Jisọs.

109. Nna, anyị na-ekele Gị, n'ihi na Ị nwere ike ịgba anyị ume, n'aha Jisọs.

110. Nna, anyị na-ekele Gị, n'ihi na I nwere ike ịgozi anyị karịa ihe ọnụ ga-ekwu, n'aha Jisọs.

111. Nna, anyị na-ekele Gị, n'ihi na Ị pụrụ ime karịa ka anyị pụrụ irịọ ma ọ bụ Chèé, n'aha Jisọs.

112. Nna, anyị na-ekele Gị, maka na Ị karịrị nchọpụta, Ị dịghị agwúkwa agwụ, n'aha Jisọs.

113. Nna, anyị na-ekele Gị, n'ihi na Ị kpọwo anyị ịbụ ụmụ Gị, n'aha Jisọs.

114. Nna, anyị na-ekele Gị, n'ihi na Ị ji obi Gị nile hụ anyị n'anya n'ebe ọ dị ukwu, n'aha Jisọs.

115. Nna, anyị na-ekele Gị, n'ihi na anyị na-ahụta Gị mgbe ọ bụla na dị anyị mkpa, n'aha Jisọs.

116. Nna, anyị na-eto Gị, maka na ihe ọ bụla Ị na-eme bụ ihe kwesiri ekwesi, ụzọ Gị nile bụ ụzọ ziri ezi, ndị na-eje ije na mpako ka Ị wedara n'ala, n'aha Jisọs.

117. Anyị na-eto Gị, n'ihi na I meworo anyị ihe ukwu, aha Gị dị nsọ, n'aha Jisọs.

118. Nna, anyị na-eto Gị, maka ebere Gị na-erú ndị na-atụ egwu, site n'ọgbọ rue n'ọgbọ, n'aha Jisọs.

119. Anyị na-ekele Gị Nna, n'ihi na Ị jiwo ogwe aka Gị mee ihe dị ukwu, Ị chụsawo ndị mpako jụpụtere echiche ha, n'aha Jisọs.

120. Anyị na-enyi Gị otuto, Nna, maka na Ị wedawo ndị ajọ omume n'oche eze ha ma welie ndị dị ume ala, n'aha Jisọs.

121. Anyị na-ekele Gị, Nna, maka na Ị ji ezi ihe na-eme ka afọ ju nwa ogbenye ma ọgaranya ka Ị zilere n'aka efu, n'aha Jisọs.

122. Nna, anyị na-eto Gị, n'ihi na Ị bụ Nna afọ ọma na Chi nke nkasị obi nile, Onye na-akasi anyị obi ka anyị wee kasie ndị ọzọ obi.

123. Ekele dịrị Gị, Nna, n'ihi na Ị ji ngọzị ime mụọ nile nke si n'elu wee gọzie anyị n'ime Kraịst, n'aha Jisọs.

124. Nna, anyị na-eto Gị, n'ihi na Ị dị Nsọ, dị Ukwu ma dịkwa Ebighiebi, n'aha Jisọs.

125. Nna, I kwesiri ka e nye Gị otuto, nsọpụrụ na ike, n'aha Jisọs.

126. Ekele dịrị Gị, Nna, n'ihi na Ị kere ihe nile, ọ bụkwa n'ọchịchọ Gị ka e kekwara ha èke, n'aha Jisọs.

Nkebi 1 Ụbọchị 7 (09-08-2015)

NKWUPUTA: Abu Ọma: 107:15-16: Ka ha kele Jehova ekele banyere ebere Ya, N'oké ọlụ Ya nile nke Ọ na-aluru ụmụ madụ N'ihi na O tipịawo ibo ọnụ ụzọ nile nke ọla, gbuji kwa ihe ntuchi nile nke ịgwè

Abụ

Abụ Otuto na Ofufe

Ekpere Otuto na Ekele

127. Ekele dịrị Gị, Jisọs, n'ihi na Ị kwesiri inara ike amamihe, Ume, ebube, nsọpụrụ na otuto, n'aha Jisọs.

128. Ekele dịrị Gị, Nna, n'ihi na nanị Gị dị nsọ, mba nile ga-abịa ma fee Gị ofufe, e kpughewo ọlụ ezi omume Gị nile, n'aha Jisọs.

129. Nna, anyị, na-eto Gị, maka nzọpụta, ebube na ike bụ nke Gị, n'aha Jisọs.

130. Nna, anyị na-ekele Gị, n'ihi na Onyenweanyị, Chineke kachasị ihe nile na-achị achị, n'aha Jisọs.

131. Nna, anyị na-ekele Gị, n'ihi na Ị bụ Onye na-agwọ anyị ọria na Onye na-eweghachị anyị n'ọnọdụ anyị, n'aha Jisọs.

132. Nna, anyị na-ekele Gị, maka na Ị bụrụ anyị ọkọlọtọ, n'aha Jisọs.

133. Nna, anyị na-ekele Gị, n'ihi ịbụ Isi Gị nke e weliri elu nke ukwu, n'aha Jisọs.

134. Nna, anyị na-ekele Gị, n'ihi na Ị bụ ọkụ na-ere ere, n'aha Jisọs.

135. Nna, anyị na-ekele Gị, n'ihi na mgbe nile Ị na-eji ịhụnanya na afọ ọma Gị gbaa anyị okirikiri n'ebe ọ pụrụ iche, n'aha Jisọs.

136. Nna, anyị na-etọ Gị, Onyenweanyị, Onye sitere na ndụ, ọnwụ na mbilite n'ọnwụ Gị mee ka, anyị nwere onwe anyị nke ọ dighị ụzọ ọzọ e nwere ike iji kwụọ ụgwọ ya, n'aha Jisọs.

137. Anyị ga-akpọsara ụmụnna aha Gị, na mkpọkọta nke ndị ezi omume ka anyị ga-eto Gị, n'aha Jisọs.

138. Anyị na-eto Gị, Nna, n'ihi na anyị na-atụ egwu Jehova, n'aha Jisọs.

139. Otuto dịrị Onyenweanyị, n'ihi na Ọ nụwo akwa ebere anyị, n'aha Jisọs.

140. Nna, obi anyị na-awụli n'ọnụ, anyị ga-enyekwa Gị ekele n'abụ, n'aha Jisọs.

141. Anyị na-enyi Jehova, otuto ruru aha Ya, n'aha Jisọs.

142. Anyị na-añụrị ọnụ ma na-abụ abụ nye Onyenweanyị, n'ihi na O meworo anyị ihe ukwu, n'aha Jisọs.

143. Anyị ji ọnụ na-abụ abụ nye Onyenweanyị, maka na o kwesiri ka Onye ziri ezi too Ya, n'aha Jisọs.

144. Nna, anyị ji ihe nile dị n'ime anyị na-eto Gị, anyị na-abụrụ Gị abụ ọhụụ, n'aha Jisọs.

145. Werenụ ụbọ akwara kele Jehova; werenụ ụne nke akwara iri bukue Ya abụ ọma. Bukuenụ Ya abụ ọhụ; werenụ iti mkpu ọñụ me ka ọkpụkpọ ụbọ dị mma, n'aha Jisọs.

146. Aga m agọzi Jehova mgbe nile; mgbe nile ka otuto Ya gadị n'ọnụ m, n'aha Jisọs.

147. Jehova ka mkpụrụ obi m ga-eji anya isi, ndị dị ume ala n'obi ga-anụ ya, wee nụria ọñụ; Sonụ m me ka Jehova dị ukwu, ka anyị bulikwa aha Ya elu n'otù.

Nkebi 1 Ụbọchị 8 (10-08-2015)

NKWUPUTA: Abu Ọma: 107:15-16: Ka ha kele Jehova ekele banyere ebere Ya, N'oké ọlụ Ya nile nke Ọ na-aluru ụmụ madụ N'ihi na O tipịawo ibo ọnụ ụzọ nile nke ọla, gbuji kwa ihe ntuchi nile nke igwè

Abụ

Abụ Otuto na Ofufe

Ekpere Otuto na Ekele

148. Aga m ekele Gị n'etiti mkpọkọta bara Uba: n'etiti otu ndị nwere ume ka m ga-eto Gị, n'aha Jisọs.

149. Ire m gana ekwu okwu, dịka onye natụgharị uche, banyere ezi omume Gị, banyekwara otuto Gị ogologo ụbọchị nile, n'aha Jisọs.

150. O tinyewo abụ ọhụ n'ọnụ m, abụ otuto nye Chineke anyị. Ọtụtụ ga-ahụ ya ma tụọ egwu, tụkwasịkwa obi na Jehova.

151. Otuto dịrị Jehova, Chineke nke Israel, site n'ebighiebi rue n'ebighiebi. Amen na Amen.

152. Nime Chineke ka anyị ga-anya isi ogologo ụbọchị nile, anyị ga-etokwa aha Gị mgbe nile ebighiebi, n'aha Jisọs.

153. Aga m eme ka e cheta Gị n'ọgbọ nile, Ya mere, mba nile ga-eto Gị rue mgbe nile ebighiebi, n'aha Jisọs.

154. Unu ndị nile dị iche iche, kụanụ aka; werenụ olu nke iti mkpu ọñụ tikue Chineke.

155. Jehova, Onye kachasị ihe nile elu dị egwu; Ọ bụ Eze ukwu na-achị ụwa nile.

156. Onye ukwu ka Jehova bụ, Ọ bụkwa Onye a na-eto nke ukwu, n'obodo Chineke anyị bụ ugwu nsọ Ya.

157. Aga m eto Gị rue ebighiebi n'ihi ihe I meworo; n'aha Gị ka m ga-atụkwasị obi, n'ihi na aha Gị dị mma.

158. N'etiti ndị Gị dị nsọ ka m ga-eto Gị.

159. Nna, anyị na-ekele Gị, n'ihi na Ị ji iruọma Gị na ike Gị mee ka njem anyị dị ụtọ.

160. Chineke, ana m ekele Gị, n'ihi na Ị bụ Onyenwe ndị nwe.

161. Chineke ana m ekele Gị n'ihi na Ị mere nwanyị àgà ka ọ bụrụ nne ọtụtụ ụmụ n'ụlọ ya.

162. Nna, nkebi n'eluigwe, ana m ekele Gị n'ihi na Ị bụ kpakpando Ụtụtụ.

163. Chineke ana m ekele Gị n'ihi na iwu Gị nile ziri ezi.

164. Chineke, ana m ekele Gị n'ihi na Ị bụ Jehova M'kadesh, onye na-edo m Nsọ.

165. Chineke, ana m ekele Gị n'ihi na Ị nyere Iwu, e wee kee ihe nile.

166. Chineke, ana m ekele Gị n'ihi na Ị bụ Jehova Rohi, Onye na-azụ m dịka atụrụ.

167. Chineke, ana m ekele Gị n'ihi ọlụ nke ike Gị dị ukwu.

168. Chineke, ana m ekele Gị n'ihi na Ị bụ mbilite n'ọnwụ na ndụ.

Nkebi 1 Ụbọchị 9 (11-08-2015)

NKWUPUTA: Abu Ọma: 107:15-16: Ka ha kele Jehova ekele banyere ebere Ya, N'oké ọlụ Ya nile nke Ọ na-aluru ụmụ madụ N'ihi na O tipịawo ibo ọnụ ụzọ nile nke ọla, gbuji kwa ihe ntuchi nile nke ígwè

Abụ

Abụ Otuto na Ofufe

Ekpere Otuto na Ekele

169. Chineke, ana m ekele Gị n'ihi na Ị na-enye ndị mara ihe amamihe, nyekwa ndị mara nghọta ihe ọmụma.

170. Nna m na Chineke m, ana m ekele Gị, n'ihi na Ị bụ Ụzọ, Eziokwu na Ndụ.

171. Nna m na Chineke m, ana m ekele Gị, n'ihi na Ị na-ekpughe ihe ndị dị omimi na ihe, zokwara ezo; Ị makwara ihe ndị dị n'ọchịchịrị.

172. Nna, anyị na ekele Gị, na-etokwa Gị, n'ihi úrù Ị hụtara n'ihe nile I kere èkè.

173. Nna, anyị na-ekele Gị n'ihi amara Gị nke kpaliri okwukwe nime anyị, n'aha Jisọs.

174. Jehova, anyị na-ekele Gị n'ihi aka Gị nke a hụghị anya nke dị na ndụ anyị.

175. Jehova, anyị na-ekele Gị n'ihi Ịhụnanya Gị nke enweghị njedebe nke anyị dabere na Ya ugbua na mgbe nile ebighiebi.

176. Nna, anyị na-ekele Gị n'ihi Ịhụnanya nke anyị na-ewe dika ihe ubi nke anyị natara site na ndụ ọnwụ na mbilite n'ọnwụ nke Jisọs Kraịst, n'aha Jisọs.

177. Nna, anyị na-ekele Gị n'ihi na mgbe anyị ji okwukwe na-eme ihe, Ị na-egosi anyị n'ikwesiri ntukwasi obi.

178. Nna Ebube nke dị ukwu, ana m ekele Gị maka n'aka Gị ka idi omimi nke ụwa di elu ugwu nile dị bụkwa nke Gị.

179. Chineke, ana m ekele Gị n'ihi ọlụ ebube nile I lụrụ.

180. Chineke, ana m ekele Gị n'ihi na Ị gbapụtara ndụ m n'olulu ma kpube m Ịhụnanya na afọọma dịka okpu eze.

181. Onyenweanyị, ana m ekele Gị, n'ihi na Ị bụ Ume nke obi m.

182. Chineke, ana m ekele Gị n'ihi na Ị bụ Chineke nke Ikpe ziri ezi.

183. Chineke, ana m ekele Gị, n'ihi na Ala Eze Gị na-adị ebighiebi, Ọchịchị Gị na-esikwa n'ọgbọ gaa n'ọgbọ.

184. Chineke, ana m ekele Gị, n'ihi na Ị bụ Chineke nke ndịdi/ntachị obi.

185. Chineke, ana m ekele Gị, n'ihi na Ị bụ Chi nke Ndị Amụma dị Nsọ.

186. Ana m eto Gị, Jehova, n'ihi na aha Jisọs pụrụ ịla mba dị iche iche n'iyi.

187. Ana m agọzị aha Gị, Jehova, n'ihi na aha Jisọs pụrụ ime ihe ebube na ihe ịtụnanya.

188. Ana m ebuli Gị elu, Jehova, n'ihi na Ị na-anọ nyere anyị mgbe anyị gbakọrọ, n'aha Jisọs.

189. Chineke, ana m ekele Gị, n'ihi na aha Jisọs na-enye ike imeri mụọ ọjọ.

Nkebi 1 Ụbọchị10 (12-08-2015)

NKWUPUTA: Abu Ọma: 107:15-16: Ka ha kele Jehova ekele banyere ebere Ya, N'oké ọlụ Ya nile nke Ọ na-alụru ụmụ madụ N'ihi na O tipịawo ibo ọnụ ụzọ nile nke ọla, gbuji kwa ihe ntuchi nile nke ịgwè

Abụ

Abụ Otuto na Ofufe

Ekpere Otuto na Ekele

190. Chineke, ana m ekele Gị, n'ihi n'aha Jisọs a pụrụ ịma ndị iro aka n'iru.

191. Chineke, ana m ekele Gị, n'ihi na ikpere nile ga-egbu n'aha Jisọs.

192. Chineke, ana m ekele Gị, n'ihi na a ga-ede aha Jisọs n'egedege iru m.

193. Chineke, ana m ekele Gị, n'ihi na Ị nọ ebe nile.

194. Chineke, ana m ekele Gị, n'ihi na Ị pụrụ ịchoputa ihe nile.

195. Nna dị ukwu, ana m ekele Gị, n'ihi na Ị bụ Onye apụghị ịgbanwe.

196. Jehova ọma, ana m ekele Gị, n'ihi na ị dị tupu atọọ ntọala ụwa.

197. Jehova, anyị na-eto Gị, n'ihi na Ị nọ n'ọlụ mgbe nile na ndụ anyị na n'ụwa anyị.

198. Ana m ekele Gị, Jehova, maka Ị karịrị echiche anyị na nghọta.

199. Ekele dịrị Gị, Jehova, maka Ị dị elu karịa echiche anyị, dịkarisiri elu.

200. Anyị na-eto Gị, n'ihi na ihe nile dị na ihe ndị dị buri sitere na Gị.

201. Ekele dịrị Gị, Jehova, maka na Ị nọ n'ọlụ n'ụwa anyị nà ná ndụ anyị nile.

202. Jehova nke ọgbọ nile, anyị na-ekele Gị n'ihi ụbọchị na afọ nile nke ndụ anyị.

203. Jehova anyị na-ekele gị, maka mgbe nile Ị nasaghepu ogwe aka Gị, ma jiri ịhụnanya nke adighị agwụ agwụ nabata anyị.

204. Jehova nke ọgbọ nile, anyị na-ekele Gị n'ihi ndidi nke Ị nwere n'ebe anyị nọ afọ nile.

205. Jehova nke ọgbọ nile, anyị na-ekele Gị n'ihi ịdị ukwu Gị, Ebube Gị na Ike Gị.

206. Jehova nke ọgbọ nile, anyị na-ekele Gị, n'ihi ihụnanya nke nadighi aka nka, na ndidi Gị nke n'enweghi njedebe nke Ị jiri ụmụ Gị ndị na-akwụgharị n'ụwa.

207. Jehova nke ọgbọ nile, anyị na-ekele Gị n'ihi Kraịst nke a kpọghuru mgbe ọ kaghị nka.

208. Nna, anyị na-agọzi Gị, n'ihi na Ị na-adị site n'ebighiebi rue n'ebighiebi.

209. Ka aha Gị dị ebube burụ ihe a gọziri agọzi, Nna, ka e welikwa Ya elu karịa ngọzị nile na otuto nile, n'aha Jisọs.

210. Nna, anyị na-eto Gị, n'ihi na e weliri Gị elu n'ike Gị.

NKEBI 1
NKWUPUTA

Ọ dighị ndụmọdụ nke ndị ọjọ, ga-eguzogide m, n'aha Jisọs

Chineke m ga-eme ihe dị elu nke ukwu karia ihe m riọrọ Ya, Ihe m na-achọ, ihe m na-ele anya ya, na echiche m, dịka ike nke O mere na-alụsi ọlụ ike n'ime m, n'aha Jisọs. Dịka e dere ya, aga m abụ okpu-eze nke ịma mma n'aka Jehova, na akwa ike n'isi nke ala eze n'ọ bụ aka Chineke m. E bido m na enwu dịka m nwuke ịhè. Ihè Jehova nọ n'ime m. Okwu nke Jehova, e mewo m ọla mgbidi, obodo e nwusiri ike, ide igwe. Iru m na-eyi ndị iro m egwu. Ọ na-ama jijiji, na-enwe oke ihe mgbu na isu ude site n'oke olu m bụ nke Onyenweanyị nyeworo ike. N'ihi na edewo ya, ebe ọbụna olu Onye eze dị, ebe ahu ka ike dị. Mpụta ịhè m dịka mpụta ịhè inyinya. Ya mere, a wulie m elu, agba m ọsọ dika nwoke dike. Ọ bụrụ na m adaba na mma agha, ọ ghaghị emeru m ahụ, n'aha Jisọs.

Dịka e dere ya, "ọ burụ na Chineke dịrị anyị, onye ga-emegide anyị?" Chineke nọyere m; enweghi m ike ịtụ egwu, n'aha Jisọs. Anatawo m ngwa agha nke mụọ ozi, n'chekwa na ngwa ọlụ ha n'ime ndụ m ugbu a, n'aha Jisọs. Ndị mụọ ozi anatawo iwu n'ebe Chineke ka ha nara iwu banyere m n'ụzọ m nile, anabata kwa m ha, ha na-aga kwa n'iru m ebe ọ bụna m na-eje na ihe ọbụna m na-emekwa; ha na-agakwa n'iru ma mekwa ebe gbagọrọ agbagọ ka ha guzosi ike, n'aha Jisọs. Ndị mụọ ozi Chineke na-echekwa m n'ụtụtụ na n'abali. Ha agaghi e kwekwa ka ihe ọjọ dakwasi m, n'aha Jisọs. E dupụ m ndị mụọ ozi Chineke ka ha chụwa ndị iro m nile ma mekwa ha ka ha dịka igbugbo ọka n'iru ifufe, n'aha Jisọs.

E dupu kwa m oke ifufu ka o fee ha, ka o mebie ha ma tuba ha nime abyss, n'aha Jisọs.

NCHE ABALỊ NKEBI -

(A ga-ekpe nke a n'abalị, na-agbata elekere Iri na abua na elekere abụọ**)**

1. Onyenweanyị nye m mụọ mkpughe na amamihe n'ịmata Gị, n'aha Jisọs.
2. Onyenweanyị, ka ụzọ Gị wee m anya banyere ihe a.
3. Onyenweanyị, kpughere m ihe ọ bụla zoro ezo nke na-akwagide nsogbu ọ bụla m nwere, n'aha Jisọs.
4. Ewepu aha, mee ka ihe ọ bụla e zubere n'ọchịchịrị megide m pụta ̀ihè, n'aha Jisọs.
5. Ewepu m aha m n'akụkwọ nke ndị na-asọ ̀isì, na-asọ ngọngọ n'ọchịchịrị, n'aha Jisọs.
6. Onyenweanyị, mee ka m bụrụ onye pụrụ ịmata ihe nzuzo Gị nile, n'aha Jisọs.
7. Onyenweanyị, ka ézé ndị iro n'obodo a, tijie, n'aha Jisọs.
8. Atụfuo m ndị na-achụ m dị ka ahịhịa n'ụzọ, n'aha Jisọs.
9. Site n'iru ọma Gị, Onyenweanyị, ndị m namaghị ga-ejere m ozi, n'aha Jisọs.
10. Ngwa ngwa ha nụrụ olu m, ha ga-erubere m isi, ndị mba ọzọ ga-edo onwe ha n'okpuru m, n'aha Jisọs.
11. Unu ndị ọbịa ọchịchịrị na ndụ m, maanụ jijiji ma sị n'ebe mmechibido unu pụta, n'aha Jisọs.
12. Chineke bọọrọ m ọbọ ma doo ndị iro m n'okpuru m, n'okpuru m, n'aha Jisọs.
13. Onyenweanyị, nụrụ olu m n'ụbọchị mkpa, ka aha Chineke nke Jekob mee ka I nọ n'elu, n'aha Jisọs.
14. Jehova, sị n'ebe nsọ Gị zitere m inye aka, sị kwa na Zaịọn kwagide m, n'aha Jisọs.
15. Jehova, nụrụ olu m mgbe m kpọkuru Gị, n'aha Jisọs.
16. Chineke, jiri mbibi zute ike ọ bụla na-ekwu okwu ụgha megide m, n'aha Jisọs.
17. Onyenweanyị, ka oke ifufe is n'eluigwe kwadaa ide ọ bụla na-agba ha ume, n'aha Jisọs.
18. Icheku ọkụ nke si n'eluigwe, kwadaa ụlọ ha nile, n'aha Jisọs.
19. Onyenweanyị, ka ndị iro nke obodo a, bụrụ akụkọ gara aga, n'aha Jisọs.
20. Nna m, ka ndị iro daa, site na ndụmọdụ ha, n'aha Jisọs.
21. Onyenweanyị, chụpụ ndị iro n'ọtụtụ njehie ha nile, n'aha Jisọs.

NKEBI NKE ABỤỌ: ỊNATA PENTIKỌST NKE ONWE GỊ

Igụ Akwụkwọ Nsọ:ỌLỤ NDỊ OZI 1

NKWUPỤTA: ỌLỤ NDỊ OZI; 2: 17: Ọ ga-ērukwa na mgbe ikpe azụ, ka Chineke kwuru, M'ga-awụsa ụfọdụ nime mụọ n'arụ anụ aru nile, bu mmadu: Ụmụ unu ndi ikom na ụmụ unu ndị inyom ga ebukwa amuma, ụmụ okorobia unu ga ahukwa ọhụ, Ndi okenye unu ga arọkwa nrọ.

Nkebi 2 Ụbọchị 1 (13-08-2015)

Abụ

Abụ Otuto na Ofufe

Ekpere Otuto na Ekele

1. Ọkụ Mụọ Nsọ, kpuchite, arụ m, obi m na mụọ m ịnweta nnapụta zuru oke, n'aha Jisọs.

2. Ọkụ Mụọ Nsọ, nụchaa arụ, obi na mụọ m ịnweta nnapụta zuru oke, n'aha Jisọs.

3. Ọkụ Mụọ Nsọ, machie ndụ m ịnweta nchekwa zuru oke, n'aha Jisọs.

4. Ọkụ Mụọ Nsọ, mee ka m bụrụ ngwa agha Chineke, n'aha Jisọs.

5. Anata m ike, ime ka ndị na-eme ka ama jijiji n'ime mụọ ma jijiji, n'aha Jisọs.

6. Nna m, Nna m, Nna m, nye m ọkụ ọhụ ibu agha, n'aha Jisọs.

7. Otite manụ na-emenye Onye iro egwu, biakwasi m, n'aha Jisọs.

8. Otite mmanụ nke Onye mmeri, biakwasị m, n'aha Jisọs.

9. Ike nke Onye kachasi elu, kpuchie ma mechite ndụ m, n'aha Jisọs.

10. Ọkụ ike, nke a pụghị ịjụ ma ọ bụ kparịa, dakwasi m, n'aha Jisọs.

11. Nzube ọ bụla nke ndị mkpọsa, nzube ọ bụla nke ndị mbibi, nke e zitere imekpa m ahụ, gbasaa, n'aha Jisọs.

12. Ọkụ nke dara n'ụbọchị Pentikọst, kpuchite m ugbu a, n'aha Jisọs.

13. Ike nke e zipuru ime ka m bụrụ ajọ ihe àtụ, tisaa ma nwụọ, n'aha Jisọs.

14. Ike ndị na-anụ ọbara nke otite manụ m, nwụọ, n'aha Jisọs.

15. Ịyagba nke na-emegide ijere Chineke ozi nke ezi na ụlọ nna m, tijie, n'aha Jisọs.

16. Ịke nile ndị e kpokotara ibepu nku nke ugo m, tisaanu ma ghọọ mkpọ mkpọ ebe, n'aha Jisọs.

17. Ndị na-emepụta ihe ihere, abụghị m oke unu, nwụọnụ, n'aha Jisọs.

18. Ọlụ nile si na ntọala m, ndị na-asọsa ọkpụkpọ oku m mpi, nwụọnụ site n'ọkụ, n'aha Jisọs.

19. Nna m, kpuchie isi m ghere oghe, n'aha Jisọs.

20. Ike iji gbo mkpa nile nke ọgbọ m, dakwasị m, n'aha Jisọs
21. Agwa nile na-emegide ijere Chineke ozi, omume na omefo nile dị na ndụ m, nwụọ site n'ọkụ, n'aha Jisọs.

Nkebi 2Ụbọchị2 (14-08-2015)

NKWUPUTA: ỌLỤ NDỊ OZI; 2: 17: Ọ ga-erukwa na mgbe ikpe azụ, ka Chineke kwuru, M'ga-awụsa ụfọdụ nime mụọ n'arụ anụ aru nile, bu mmadu: Ụmụ unu ndi ikom na ụmụ unu ndị inyom ga ebukwa amuma, ụmụ okorobia unu ga ahukwa ọhụ, Ndi okenye unu ga arọkwa nrọ.

Abụ

Abụ Otuto na Ofufe

Ekpere Otuto na Ekele

22. Ọnya Jezebel, nke e kwere megide m, gbabie, n'aha Jisọs.
23. Mụọ Nsọ, kpuchie ndụ m, n'aha Jisọs.
24. Ọbara Jisọs, kpuchie ndụ m, n'aha Jisọs.
25. Aguụ na akpiri ikpọ nke dị nsọ n'ihe gbasara Chineke, dakwasị m, n'aha Jisọs.
26. Ike nke a pụghị ịta ụta, biakwasị m, n'aha Jisọs.
27. Ike nke a pụghị ikpari akpari, biakwasị m, n'aha Jisọs.
28. Chineke, bilie ma jiri onyinye mụọ mejuputa ndụ m, n'aha Jisọs.
29. Gị ike nke mmeghàrị ihe na mụọ, nwụọ site n'ọkụ, n'aha Jisọs.
30. Ike Chineke kachasị ihe nile elu, kpuchite ndụ m, n'aha Jisọs.
31. Mụọ Nsọ zipute ike Gị na ndụ m, n'aha Jisọs.
32. Nna m, bilie n'oke iwe Gị, mechie ha ọnụ bụ ndị na-emechi m ọnụ.
33. Iwe dị ọkụ na igwe ndị agha, ndị na-emegide ọkpụkpọ òkù m, kwụsịnụ, n'aha Jisọs.
34. Onyenweanyị, mee ka m mara ihe karịa ndị iro m, n'aha Jisọs.
35. Nna m, nye m anya Elisha na ntị Samuel, n'aha Jisọs.
36. Ndị na-ekwutọ ije ozi m, sinu n'ọkpụkpọ òkù m gbafuo, n'aha Jisọs.
37. Aju m, mmebo n'ije ozi m, site n'ike dị n'ọbara jisọs, n'aha Jisọs.
38. Ndi na-emebi ohere, nwụọnụ site n'ọkụ, n'aha Jisọs.
39. Onyenweanyị kpalie mmasị ito eto nke adịghị nkwụsị n'ime m, n'aha Jisọs.
40. Ike Goloyat, Herod na Sambalat ndị na-emekpa ọkpụkpọ òkù m ahụ, nwụọnụ site n'ọkụ, n'aha Jisọs.
41. Esi m n'ịke na-aba n'ịke, ma sikwa n'ebube na-aba n'ebube site n'ike di n'ọbara Jisọs.

42. Ekee m ịkwụrụ ofu ebe n'ije ozi agbụ igwe ma tụba ya n'ọkụ, n'aha Jisọs.

Nkebi 2 Ụbọchị 3 (15-08-2015)

NKWUPUTA: ỌLỤ NDỊ OZI; 2: 17: Ọ ga-erukwa na mgbe ikpe azụ, ka Chineke kwuru, M'ga-awụsa ụfọdụ nime mụọ n'arụ anụ aru nile, bu mmadu: Ụmụ unu ndi ikom na ụmụ unu ndị inyom ga ebukwa amuma, ụmụ okorobia unu ga ahukwa ọhụ, Ndi okenye unu ga arọkwa nrọ.

Abụ

Abụ Otuto na Ofufe

Ekpere Otuto na Ekele

43. Nzube ọ bụla nke ndi mbibi nye ọkpụkpọ oku m, elie m gị ugbu a, n'aha Jisọs.

44. Mụọ Nsọ mezue ebumnobi Gị na ndụ m ugbu a, n'aha Jisọs.

45. Mụọ Nsọ mejụọ m ka m wee nwee ike imịpụta mkpụrụ dị mma, n'aha Jisọs.

46. Ọkụ nke Mụọ Nsọ, bịdo ijide mụọ nke ụjọ n'ime ndụ m nile, n'aha Jisọs.

47. Ọkụ nke Mụọ Nsọ, bịdo ijide mụọ nke ekweghi ekwe na ndụ m nile, n'aha Jisọs.

48. Ọkụ nke Mụọ Nsọ, bịdo ijide mụọ nke enweghi ntụkwasi obi na ndụ m nile, n'aha Jisọs.

49. Ọkụ nke Mụọ Nsọ bịdo ijide mụọ nke ekweghi ekwe na ndụ m nile, n'aha Jisọs.

50. Ọkụ nke Mụọ Nsọ, bịdo ijide mụọ nke ikpa iche-iche na ndụ m nile, n'aha Jisọs.

51. Ọkụ nke mụọ, bịdo ijide mụọ enweghi mgbaghara na ndụ m nile, n'aha Jisọs.

52. Mụọ Nsọ biakwasi ndụ m, n'aha Jisọs.

53. Ọkụ nke Chineke, bilie n'ihi m, sacha ndụ m, n'aha Jisọs.

54. Mụọ Nsọ, mejụọ m, bịdo n'isi rụọ n'ụkwụ m, n'aha Jisọs.

55. Ike nke n'enweghị nkọcha, biakwasi ndụ m, n'aha Jisọs,

56. Ike nke ịchụ ndi na-achụ m, dakwasi ndụ m, n'aha Jisọs.

57. Ọkụ nke Mụọ Nsọ mụgharịa m ọzọ, n'aha Jisọs.

58. Nna m, bịkwasị m aka Gị na ndụ m, ka ndụ m wee kwụpụta ike Gị, n'aha Jisọs.

59. Otite manụ nke igbochi ndi na-egbochi m, dakwasi m ugbu a, n'aha Jisọs.

60. Otite manụ nke imegide ndi na-emegide m, dakwasi ndụ m ugbu a, n'aha Jisọs.
61. Otite manụ nke ịchụ ndi na-achụ m, dakwasi m ugbu a, n'aha Jisọs.
62. Aha m, burụ ịcheku ọkụ na-ebe ọgbakọ ndi amusu, n'aha Jisọs.
63. Gị okwu ọnụ m, nara ọkụ nke onye iro apụghị ịrurụ ụka agharipụ, n'aha Jisọs.

Nkebi 2Ụbọchị4 (16-08-2015)

NKWUPUTA: ỌLỤ NDỊ OZI; 2: 17: Ọ ga-ērukwa na mgbe ikpe azụ, ka Chineke kwuru, M'ga-awụsa ụfọdụ nime mụọ n'arụ anụ aru nile, bu mmadu: Ụmụ unu ndi ikom na ụmụ unu ndị inyom ga ebukwa amuma, ụmụ okorobia unu ga ahukwa ọhụ̀, Ndi okenye unu ga arọkwa nrọ.

Abụ

Abụ Otuto na Ofufe

Ekpere Otuto na Ekele

64. Ọkụ nke Mụọ Nsọ, mejụpụta anụ arụ m, obi m na mụọ m, n'aha Jisọs.
65. Bịkwasi m aka Gị, Onyenweanyị site n'ọkụ, n'aha Jisọs.
66. Eriri ọ bụla nke e ji kedo m otu ebe n'ime mụọ, gbaa ọkụ ugbu a, n'aha Jisọs.
67. Adịghị gara gara nke e tinyere na-akara aka m, gbaa ọkụ, n'aha Jisọs.
68. Nna ka ịrụ abụọ m, nwụọ, n'aha Jisọs.
69. Echegharia m, n'ụzọ ọ bụla m si mee ka ajọ omume na-aga n'iru, n'aha Jisọs.
70. Nna, nyere m aka, ịzọpụta ndụ m, n'aha Jisọs.
71. Ugwu ọ bụla nke na-anyara m isi, onye ka ị bụ, Onyenweanyị bara gị mba, n'aha Jisọs.
72. Ebe ọ bụla m banyere Chineke m nọ ebe ahụ, ọga-aza m, n'aha Jisọs.
73. Ugwu nke ngharipu ịhe, pụọ n'ụzọ m, n'aha Jisọs.
74. N'ọkụ, n'ike, etijie m ịhe ọbụla ekwensu ji chọọ ịtọgbụ ndụ m, n'aha Jisọs.
75. Ekpebie m dịka mkpebị nke eluigwe, na agaghị m adị ka ndi na-alaghachi azụ na ịla n'iyi, n'aha Jisọs.
76. Nna m, Nna m, Nna m, ka ebube Gị bịakwasị m, n'aha Jisọs.
77. Ihe ịsọ ọyị nke ime mụọ, nke di n' arụ m, ka e bupu Gị, n'aha Jisọs.
78. Mụọ nke agaghị n'iru ọ bụla di n'ime m, ka e bupu gị, n'aha Jisọs.
79. Nna ka ọkụ Gị, bibie ịhe ọjọ ọ bụla di n; arụ m, n'aha Jisọs.
80. Nna, gwọ m ụdi akonụche ọjọ ọ bụla, n'aha Jisọs.

81. Nna, fesa obi m ọbara Jisọs.
82. Nna, rọta m maka ọlụ ebube na ịhe ịriba ama, n'aha Jisọs.
83. Eguzogide m, ike nke mmerụ, n'aha Jisọs.
84. Ike nke mmerụ ọ bụla nke na-emerụ ndụ m, nwụa, n'aha Jisọs.

Nkebi 2 Ụbọchị 5 (17-08-2015)

NKWUPUTA: ỌLỤ NDỊ OZI; 2: 17: Ọ ga-erukwa na mgbe ikpe azụ, ka Chineke kwuru, M'ga-awụsa ụfọdụ nime mụọ n'arụ anụ aru nile, bu mmadu: Ụmụ unu ndi ikom na ụmụ unu ndị inyom ga ebukwa amuma, ụmụ okorobia unu ga ahukwa ọhụ, Ndi okenye unu ga arọkwa nrọ.

Abụ

Abụ Otuto na Ofufe

Ekpere Otuto na Ekele

85. Ọkụ Mụọ Nsọ, bibie mmerụ ọ bụla di n' arụ m, n'aha Jisọs.
86. Oje ozi nke mmerụ ọ bụla na ndụ m, ayọchapụ m gi, n'aha Jisọs.
87. Agbaghachị m akụ-ụta nke mmerụ site n'ịke dị n'obara Jisọs.
88. Ịke ọ bụla nke a kwadoro iji meruo m na nrọ, nwụọ, n'aha Jisọs.
89. Fero ọ bụla nke mmerụ, hapụ m ka m laa, n'aha Jisọs.
90. Mmerụ ọ bụla, tijie, n'aha Jisọs.
91. Mmetọ nke ndi ichie, nke na-emerụ akara aka m, ka e hichapụ gi site n'ịke di n'obara Jisọs.
92. Agwọ na akpị nke mmerụ ọ bụla nke bataworo n'ebe obibi m, nwụọ, n'aha Jisọs.
93. Ibube nke mmerụ ọ bụla, gbaa ọkụ, n'aha Jisọs.
94. Mmeru ọ bụla nke m gabibara mgbe m di na nwata, ọkụ mụọ nsọ, hichapụ ya, n'aha Jisọs.
95. Mmerụ ọ bụla nke m gabigara n'akpa nwa, ọkụ Mụọ Nsọ, hichapụ gị, n'aha Jisọs.
96. Mmerụ ọ bụla nke m gabigara na nrọ, ka e hichapu gị, n'aha Jisọs.
97. Mkpebi ọ bụla nke ọchịchịrị, megide akar aka m, kpọnwụọ n'ọkụ, n'aha Jisọs.
98. Mụọ ọchịchịrị nile, nke edunyere imegide m, nara ọkpọ ọnwụ, n'aha Jisọs.
99. Nna, site n'ọkụ, tụgharia ndụ m, n'aha Jisọs.
100. Ọkụ Mụọ Nsọ, malite ịnwụchịkọ mụọ nke ntamu na akụkụ nile nke ndụ m, n'aha Jisọs.

101. Ọkụ Mụọ Nsọ, nọchie ohere ọ bụla akụ ụta ọjọ si wepua na ndụ m, n'aha Jisọs.

102. Ọkụ Mụọ Nsọ, tute ndụ ime mụọ m, n'aha Jisọs.

103. Onyenweanyị, ka ọkụ Mụọ Nsọ meyụọ ndi na-emeyụ ọkụ Chineke na ndụ m, n'aha Jisọs.

104. Onyenweanyị, ka ọkụ Mụọ Nsọ, kpochapụ iru inyi ọ bụla di na mụọ m, n'aha Jisọs.

105. Ọkụ Mụọ Nsọ, bibie, uwe ekwensu ọ bụla nke a kwara m, n'aha Jisọs.

Nkebi 2Ụbọchị6 (18-08-2015)

NKWUPUTA: ỌLỤ NDỊ OZI; 2: 17: Ọ ga-ērukwa na mgbe ikpe azụ, ka Chineke kwuru, M'ga-awụsa ụfọdụ nime mụọ n'arụ anụ aru nile, bu mmadu: Ụmụ unu ndi ikom na ụmụ unu ndị inyom ga ebukwa amuma, ụmụ okorobia unu ga ahukwa ọhụ, Ndi okenye unu ga arọkwa nrọ.

Abụ

Abụ Otuto na Ofufe

Ekpere Otuto na Ekele

106. Ọkụ mụọ nsọ, gboyụọ mmeru ime mụọ pua na ọbara m, n'aha Jisọs.

107. Nna, na ọkụ nakwa n'ike, e kwela ka m dara onye iro, n'aha Jisọs.

108. Mụọ Nsọ, bilie ma mee ka m bụrụ oti mkpu nke mụọ Gị, n'aha Jisọs.

109. Mụọ Nsọ bilie, ka m bụrụ ogbu opi nke ike Gị, n'aha Jisọs.

110. Onyenweanyị, bilie na ndụ mụọ m, ka ndi iro m gbasaa, n'aha Jisọs.

111. Chineke, ka a gba ndụ m ume, n'ime m, n'ọkụ na n'ike, n'aha Jisọs.

112. Nna, mee ka ndụ m di ọhụụ n'ime Gị, ka m wee na anụri ọnụ n'ime Gị, n'ụbọchị nile nke ndụ m, n'aha Jisọs.

113. Site n'ọkụ nke Mụọ Nsọ, enye m obia ọjọ nile na ndụ m iwu, nkwapụ, n'aha Jisọs.

114. Ekuchapụ m onwe m, ihe ọjọ nile nke were ọnọdụ okirikiri m, n'aha Jisọs.

115. Agbụ nke enyi ọjọ, tijie, n'aha Jisọs.

116. Edenye m aha m maka nzute nke mụọ ozi nke irụ ọma, n'aha Jisọs.

117. Edenye m aha ndi iro m maka nzute nke mụọ ozi nke ịkpe, n'aha Jisọs.

118. N'ike na n'ọkụ, ka adighị ike ọ bụla si n' arụ m dapụ, n'aha Jisọs.

119. Onyenweanyị, wugharia, ebe nchụ aja gị ka ọ dị ọhụụ na ndụ m, n'aha Jisọs.

120. Onyenweanyị, tee akara aka m manụ ka ọ dị ọhụụ, n'aha Jisọs.

121. Ịke ọ bụla, nke chọrọ igba akara aka m ogige, daa nwụọ, n'aha Jisọs.

122. Mkpụrụ obi m, nụrụ okwu Chineke, juụ ịnọ n'aka ọmenala nke ụlọ nna m, n'aha Jisọs.

123. Chineke, bilie ma kewapụta m na ọgbụgba ndụ nakwa arụsi nke nnanna m ha, n'aha Jisọs.

124. Ọkụ Mụọ Nsọ, gazue n' akụkụ arụ m nile, n'aha Jisọs.

125. Mụọ Nsọ nọchie akụkụ nile ebe mụọ nke amaghị ama si pụta nọ n'obi m, n'aha Jisọs.

126. Anata m otite manụ nke nkasị obi nakwa ịke nke Mụọ Nsọ, n'aha Jisọs.

Nkebi 2Ụbọchị 7 (19-08-2015)

NKWUPUTA: ỌLỤ NDỊ OZI; 2: 17: Ọ ga-erukwa na mgbe ikpe azụ, ka Chineke kwuru, M'ga-awụsa ụfọdụ nime mụọ n'arụ anụ aru nile, bu mmadu: Ụmụ unu ndi ikom na ụmụ unu ndị inyom ga ebukwa amuma, ụmụ okorobia unu ga ahukwa ọhụ, Ndi okenye unu ga arọkwa nrọ.

Abụ

Abụ Otuto na Ofufe

Ekpere Otuto na Ekele

127. Anata m amamihe nke a napụghị ịchọta nakwa Mụọ Nsọ, n'aha Jisọs.

128. Ọkụ Mụọ Nsọ, nụchaa ndụ m kpam kpam, n'aha Jisọs.

129. Ọkụ Mụọ Nsọ, dakwasi anya m ma gbapia ka ọghọ ntụ bụ ike ojọ na ịke ekwensu o bụla nke na eduhie anya m, n'aha Jisọs.

130. Ọkụ Mụọ Nsọ, bibie uwe ekwensu ọ bụla di na ndụ m, n'aha Jisọs.

131. Ọkụ Mụọ Nsọ, kwe ka m hụta ebube gị na nkenke ugbu a, n'aha Jisọs.

132. Mụọ Nsọ, tute mụ, n'aha Jisọs.

133. Mụọ Nsọ kunye m ume ugbu a, n'aha Jisọs.

134. Ịhe ọ bụla, nke m gabigaworo n'amaghị ama, ọkụ Chineke, hichapụ ya, n'aha Jisọs.

135. Onyenweanyị, ka iwu ochie nke riri m uru, hichapụ, n'aha Jisọs.

136. Nna m, nna m, nna m, dọpụta m na mgba nsị nke agbụrụ ezi na ụlọ nna m, n'aha Jisọs.

137. Nna, napụta akara aka m, n'aka madụ ọjọ, n'aha Jisọs.

138. Osisi nke mmegheri anya ọ bụla, nke a kwadoro megide m, agaghị ekwu okwu megide m, n'aha Jisọs.

139. N'ọkụ na n'ịke, akpọpụta m ndụ m n' ọlụ m aka ndị mkpagbụ, n'aha Jisọs.

140. Ọbụrụ na ebuo m amụma nye eluigwe, eluigwe ga anụ olu m, n'aha Jisọs.

141. Onye nchụ aja m, gadigide n'eluigwe n'uwa, n'aha Jisọs.

142. Ọkụ Muọ Nsọ, tee m manụ, imegharị mkpebi ojọ, n'aha Jisọs.

143. Ike ọ bụla, nke na-achọ ịzu ndụ m ohi, ka a ga enyocha, n'aha Jisọs.

144. Ike ọ bụla nke na-eme ka otite manụ m daa mba, nwụọ, n'aha Jisọs.

145. Chineke bilie, n'ike nke egbe igwe Gị, ka ịkpọlite ike ojọ megide ndụ m, ghasaa, n'aha Jisọs.

146. Etinye m n'ihe efu bụ akwụkwo ndekọ nke onye ịkpe mara ọ bụla nke onye iro megide m, n'aha Jisọs.

147. Eweghara m asambodo nke onye iro ji kụrụ ịhe nketa m mba, n'aha Jisọs.

Nkebi 2Ụbọchị8 (20-08-2015)

NKWUPUTA: ỌLỤ NDỊ OZI; 2: 17: Ọ ga-ērukwa na mgbe ikpe azụ, ka Chineke kwuru, M'ga-awụsa ụfọdụ nime muọ n'arụ anụ aru nile, bu mmadụ: Ụmụ unu ndi ikom na ụmụ unu ndị inyom ga ebukwa amuma, ụmụ okorobia unu ga ahukwa ọhụ, Ndi okenye unu ga arọkwa nrọ.

Abụ

Abụ Otuto na Ofufe

Ekpere Otuto na Ekele

148. Site n'ịke Muọ Nsọ, na ike dị n'ọbara Jisọs, ana m atụgharị m ụbọchị akara aka nke e nyere ike ọjọ ịnyocha ndụ m, n'aha Jisọs.

149. Abara m ihe ọ bụla e tinyere n'anyawụ imekpa ndụ m ahụ mba, n'aha Jisọs.

150. Anwụ, kwụsị ịbu agha gị megide oke m, n'aha Jisọs.

151. Site n'ike guzobere eluigwe na uwa, ekwubie m ka mgbidi ọ bụla nke na-emegide ndụ m, daa ma nwụọ, n'aha Jisọs.

152. Gị ọnwa, nụrụ okwu Chineke, menyuọ ịhè gị ndị na alụ ọlụ ojọ n'abali, gị na ha alụkokwala ọlụ, n'aha Jisọs.

153. Ike ọ bụla nke na anabata ịgba áfá megide m, gbọọ ha, n'aha Jisọs.

154. Gị anwụ, ọnwa na kpakpando, gbọpụ afa nile a gbara megide m, n'aha Jisọs.

155. Ike ọ bụla nke tinyere eluigwe n'ọgba aghara maka m, daa nwụọ, n'aha Jisọs.

156. Ọkụ Muọ Nsọ gbazee ịhe ojọ nke muọ ọ bụla nke e tinyere n'ime m, n'aha Jisọs.

157. Ọkụ Muọ Nsọ sachaa ntọala m pụa na mmerụ nke muọ, n'aha Jisọs.

158. Ọkụ Muọ Nsọ, gbazee nsị nke ime muọ ọ bụla di na ndụ m, n'aha Jisọs.

159. Ọkụ Mụọ Nsọ, gbaa n'akụkụ nile nke ndụ m, ma bibie ihe ọkụ ekwensu ọ bụla, n'aha Jisọs.

160. Chineke, bilie, tinye mụọ m n'ọkụ Mụọ Nsọ, n'aha Jisọs.

161. Anụchaa m arụ m, mụọ m, na mkpụrụ obi m, n'ọkụ mụọ nsọ, n'aha Jisọs.

162. Ọkụ mụọ nsọ, menyụọ akụ ụta ekpeghị ekpere nke onye iro nke mkpụrụ obi m gbanyere n'ime m, n'aha Jisọs.

163. Otite manụ nke Mụọ Nsọ, dakwasi m, ma tijie akụ ụta ọjọ ọ bụla, n'aha Jisọs.

164. Ọkụ Mụọ Nsọ, lụọ ọlụ nsacha na ndụ m, n'aha Jisọs.

165. Onyenweanyị, mụnye m ọkụ Mụọ Nsọ Gị, n'aha Jisọs.

166. Ọkụ Mụọ Nsọ, were ike nke nwogha kpuchie m, n'aha Jisọs.

167. Ike ọ bụla nke na-ezo, n'olulu ajọ mụọ megide m, ka Onyenweanyị, tigbue gị ebe ahụ, n'aha Jisọs.

168. Onyenweanyị, ka kpakpando bia ma buere m agha, n'aha Jisọs.

Nkebi 2Ụbọchị9 (21-08-2015)

NKWUPUTA: ỌLỤ NDỊ OZI; 2: 17: Ọ ga-ērukwa na mgbe ikpe azụ, ka Chineke kwuru, M'ga-awụsa ụfọdụ nime mụọ n'arụ anụ aru nile, bu mmadu: Ụmụ unu ndi ikom na ụmụ unu ndị inyom ga ebukwa amuma, ụmụ okorobia unu ga ahukwa ọhụ̀, Ndi okenye unu ga arọkwa nrọ.

Abụ

Abụ Otuto na Ofufe

Ekpere Otuto na Ekele

169. Onyenweanyị, ka ike ọ bụla si na ọnwa nke e zipuru imegide m, bibie ọlụ ya, n'aha Jisọs.

170. Ike ọ bụla nke na-emeru mkpụrụ obi m ahụ, agaghị agbalaga, n'aha Jisọs.

171. Nkwekọrịta ọjọ ọ bụla nke ọnwa, anyanwụ na kpakpando, megide m, Chineke, bilie ma ghasaa ha, n'aha Jisọs.

172. Mmegheri anya ọ bụla, nke onye iro, megide m ala m gị n'iyi site n'ike di n'ọbara Jisọs.

173. Gị anwụ, bilie ma megide ndi iro nke mkpụrụ obi m, n'aha Jisọs.

174. Nna, ka mụọ nke amụma dakwasi m, n'aha Jisọs.

175. Mụọ Nsọ, mejuputa m, ka m wee wepụta ike nke ọgwụgwọ nsọ, n'aha Jisọs.

176. Ọkụ Mụọ Nsọ, bibie uwe nke ikwa emo na ndụ m, n'aha Jisọs.

177. Nna ka ọkụ nke Mụọ Nsọ banye n'ime ọbara m ma sachaa ndụ m, n'aha Jisọs.

178. Mụọ Nsọ kwachie akpa m nile, nke nwere oghere nke mụọ ọjọ, n'aha Jisọs.

179. Ọkụ Mụọ Nsọ, malite igbaze ihe nile nke ekwensu gbanyere na ndụ m, n'aha Jisọs.

180. Ọkụ Mụọ Nsọ, bibie nsị ọ bụla na ndụ m, n'aha Jisọs.

181. Ọkụ Mụọ Nsọ, kpọnwụọ, nrịa nrịa ọ bụla di n'arụ m, n'aha Jisọs.

182. Ọkụ Mụọ Nsọ, gbanye m ọgwụ mgbochi, n'ọbara m megide nsị ekwensu ọ bụla, n'aha Jisọs.

183. Ọkụ Mụọ Nsọ, gbazee, ìsì ime mụọ ọ bụla na ndụ m, n'aha Jisọs.

184. Mụọ Nsọ, gbanye irụ ọma na ndụ m, n'aha Jisọs.

185. Ọkpụkpụ ọ bụla kpọrọ nkụ nke ndụ mụọ m, nara ọkụ nke Chineke Elija, n'aha Jisọs.

186. Nna, ka ike n'ebube Gị gbaa ndụ mụọ m ume, n'aha Jisọs.

187. Ihe ọkụkụ ọchịchịrị ọ bụla nke na-asuchi opi ime mụọ m, ka ọkụ Mụọ Nsọ kpochapu gi, n'aha Jisọs.

188. Nna m, nna m, nna m, ka m nwee mmetute nke ike ngwepia nke Chineke Elija, n'aha Jisọs.

189. Anata m ike di ọkụ, izọkwasi agwọ na akpị ukwu, ya na ike nile nke onye iro, n'aha Jisọs.

Nkebi 2 Ụbọchị 10 (22-08-2015)

NKWUPUTA: ỌLỤ NDỊ OZI; 2: 17: Ọ ga-erukwa na mgbe ikpe azụ, ka Chineke kwuru, M'ga-awụsa ụfọdụ nime mụọ n'arụ anụ aru nile, bu mmadu: Ụmụ unu ndi ikom na ụmụ unu ndị inyom ga ebukwa amuma, ụmụ okorobia unu ga ahukwa ọhụ, Ndi okenye unu ga arọkwa nrọ.

Abụ

Abụ Otuto na Ofufe

Ekpere Otuto na Ekele

190. Anata m ike dị ọkụ, ịchụ ma weghachi, n'aha Jisọs.

191. Ọkụ Mụọ Nsọ, were ike Mụọ Nsọ mejue mụọ m, arụ m na mkpụrụ obi m, n'aha Jisọs.

192. Ọkụ nke ga atụghari ndụ m ka ọ bụrụ ịhé na-enye ọkụ n'ebe obibie, dakwasi m, n'aha Jisọs.

193. Ọkụ nke ga-enye m ike igbụ nsogbu m nile na ndị iro m, dakwasi m, n'aha Jisọs.

194. Ọkụ Mụọ Nsọ, memina mkpochi nile nke na ejide ngọzi m, n'aha Jisọs.

195. Site n'ike Mụọ Nsọ, site n'ọkụ Mụọ Nsọ aga m enwe mmetute na ọganịrụ toro ogologo, n'aha Jisọs.

196. Site n'ike Mụọ Nsọ, site n'ọkụ onye nsọ, Onyenweanyị ga akpọba m n'ebe ọhụụ ngwa ngwa, n'aha Jisọs.

197. Ọkụ Mụọ Nsọ, gbapịa mkpụrụ nke mmekpa ahụ nke si na ntọala m apụta, n'aha Jisọs.

198. Akụ ụta ihere ọ bụla nke a gbanyere n'akara aka m, ala m gi n'iyi ugbu a, n'aha Jisọs.

199. Ndụ m, rụpụta ezi mmetuta na ike ọlụ ebube Chineke, n'aha Jisọs.

200. Site n'ọkụ Mụọ Nsọ, Onyenweanyị ga- ala ndi na ala m n'iyi, n'iyi, afọ m nile lara n'iyi ka a ga akwụ m ụgwo, n'aha Jisọs.

201. Ana m enye iwu ka nkwekọrita ọchichiri ọ bụla nke achọrọ iji wedaa m ala ma mee ka m daa mba, gba ọkụ ma ghọọ ntụ, n'aha Jisọs.

202. Ike Chineke, dakwasị m n'idi ukwu Gị, ebe ọ ga eme ndi iro m ihere, n'aha Jisọs.

203. Ọkụ Mụọ Nsọ, mejue mụọ m, arụ m na mkpụrụ obi m, n'aha Jisọs.

204. Nna, ka m nwee mmetute nke Penticost ọnwe, n'aha Jisọs.

205. Nna, ka ebube Gị mukwasị m, n'aha Jisọs.

206. Akụ ụta onye mkpagbu ọ bula nke a kwadoro iji mekpa m ahụ, gbaa ọkụ ma ghoo ntụ, n'aha Jisọs.

207. Nna, kwusaa aha m maka idi ukwu, n'aha Jisọs.

208. Nna, kwusaa aha m maka oke ọganịrụ, n'aha Jisọs.

209. Nna, ka ọkụ Gi, nweghachi ebube ọ bụla e zunariri m, n'aha Jisọs.

210. Mụọ nke Chineke dị ndụ, kpuchie ndụ m, n'ọkụ na ike, me ka ndị iro m gbafue, n'aha Jisọs.

NKEBI NKWUPUTA

Chineke a kwadowo m, ma me m ka m bụrụ ihe egwu na ihe na-eme kaa ma jijiji nye ndị iro m nile, n'aha Jisọs. Jehova bụ ìhè m na nzọpụta m, onye ka ga-atụ egwu? Mgbe ndị n'eme ihe ọjọ biara m nso iri anụ arụ m, bụ ndị na akpagbu m na ndị iro m, ha onwe ha soro ngọngọ, da n'ala, n'aha Jisọs.

Achụọ m ndị iro m, agafe ha ma laa ha n'iyi, n'aha Jisọs. Onyenweanyị e buliwo m elu, m we rue ma membie ha, n'aha Jisọs. Onyenweanyị e buliwo m elu ma m onwe m e sorowo Ya nọrọ n'ebe dị n'eluigwe n'ime Kraịst Jisọs, n'ebe dị elu karia ndị na-achi isi, ndi ike na ndị ọchịchị, Onyenweanyị e tinyewo ihe nile n'okpuru ụkwụ m, e ji m okpuru ukwu na-etipia ma na-emebi ndị iro m nile ya na ekwensu, n'aha Jisọs. N'aha Jisọs, ebe ọbụna m zọkwasiri ukwu, Onyenweanyị e nyewo m ya.

Okwu Chineke bụ ike Chineke, nnabata okwu Chineke n'ime ndụ m, e wetawoʼihè Chineke n'ime ndụ m, ma ọchịchịrị agaghi emegide ya, n'aha Jisọs. E zipu mʼihè a bụ nke nọ n'ime m dịka mma agha nwere iru abụọ ka o mebie ala eze ọchịchịrị nile, n'aha Jisọs. Okwu Chineke dị ndụ na-alụkwa ọlụ dị ike n'ọnụ m. Chineke e tinyewo ike dị n'okwu Ya n'ọnụ m, n'aha Jisọs. Enwere m ntukwasi obi n'okwu Chineke. Okwu Chineke na-eguzogide mgbe m kwuputara ya, ọ ga-emezu ebumnuche m ji kwuputa ya, n'aha Jisọs.

NKEBI NCHE ABALI
(A ga-eme nkea n'abali, n'etiti elekere Iri na abụọ na elekere abụọ)

1. Nna m, tijie eze ndị amaghị Chineke, n'aha Jisọs

2. Chineke, nụrụ olu m mgbe m kpọkuru Gị, n'aha Jisọs.

3. Chineke, jiri mbibi zute ike ọ bụla na-ekwu okwu ụgha megide m, n'aha Jisọs.

4. Onyenweanyị, ka oke ifufe nke si n'eluigwe kwadaa ide ọ bụla na-agba ha ume, n'aha Jisọs.

5. Icheku ọkụ si n'eluigwe kwadaa ụlọ ha nile, n'aha Jisọs.

6. Onyenweanyị, ka ndị iro obodo a, buru akụkọ gara aga, n'aha Jisọs.

7. Nna m, ka ndị iro m daa site na ndụmọdụ ha, n'aha Jisọs.

8. Site n'okwu Chineke, ihe mgbu ha ga-aba ụba, bụ ndị ajọ omume, n'aha Jisọs.

9. Chineke, nye iwu ka ikpe ọmụma bịakwasi ndị na-akpagbu, n'aha Jisọs.

10. Onyenweanyị, ka ikpe ọmụma na ihere chụọ ndị na-achụsị obodo a ike ma kpochapụ ike ha n'aha Jisọs.

11. Onyenweanyị, ka ngwa agha nile nke ndị iro obodo a, laghachikuru ha ọkpukpo asaa, n'aha Jisọs.

12. Unu ndị iro nke obodo a, nụrụnụ okwu Jehova, onwe unu ka unu na-ekwere ọnya, n'aha Jisọs.

13. Ka ajọ ihe nke ndị ajọ omume bịa na njedebe, Onyenweanyị, n'aha Jisọs.

14. Onyenweanyị, ka iwe Gị gbọọ ka miri ọkụ megide ndị ọjọ kwa ụbọchị, n'aha Jisọs.

15. Ọnya ọ bụla nke na-eme ka ihe ọjọ na-aga gburugburu, jide Onye nwe gị, n'aha Jisọs.

16. Igbudu nke ịnọ ebe e kwesiri, oge e kwesighi, tijie site n'ọkụ, n'aha Jisọs.

17. Igbudu nke igba leti n'ọdụ anụ, tijie, n'aha Jisọs.

18. Igbudu nke inweta ihe ezughi ezi n'ihi abịaghị n'oge, tijie, n'aha Jisọs.

19. Ekpere nile nke Jabez, iji mee ka ala saa mbara, pụta ìhè na ndụ m, n'aha Jisọs.

20. Ajọ ọrụ ńgó, nke ndị mgbe ochie ezi na ụlọ nyere na mbara eluigwe, gbaa ọkụ, n'aha Jisọs.

21. Ọgbụrị nkịta nke e ji na-akpufu m ụzọ, tijie, n'aha Jisọs.

NKEBI NKE ATỌ:Ị BỤRỤ ONWE AMỤMA MAKA Ị GA N'IRU

Ịgụ Akwụkwọ Nsọ: Aisaia: 6

NKWUPUTA: Maika 7:8: Anụla m ọñụ, gị onye iro m; mgbe m dara ada, m' ga-ebilie; mgbe m na-anọdụ n'ọchichiri, Jehova ga-abụrụ m ihè.

Nkebi 3Ụbọchị1 (23-08-2015)

Abụ

Abụ Otuto na Ofufe

Ekpere Otuto na Ekele

1. Agaghị m emeyu ọkụ nke Mụọ Nsọ, n'aha Jisọs.

2. E jụpụtara m na ngọzi nke ime mụọ dị iche iche, n'ebe dị elu, n'aha Jisọs.

3. Enwere m ike nke mbilite n'ọnwụ n'ime m, n'aha Jisọs.

4. Okwu m na-amụbanye n'ike n'ike, n'aha Jisọs.

5. Enwere m obi ọma na-eme ihe ọma dịka ogwụ, n'aha Jisọs.

6. Chineke, enyego m ike, n'aha Jisọs.

7. Aga m e kwenyere Chineke n'udi ndụ ọchorọ ka m bie, n'aha Jisọs.

8. Ezuru m oke n'ime Onyenweanyị Jisọs Kraist, n'aha Jisọs.

9. Ana m ekwu ma chee ihe ọ bụla nke e kwuru nke ọma, n'aha jisọs.

10. Chineke m, ga-enyezu m ihe nile bụ mkpa m, dịka akụ ya na ebube ya siri dị, n'aha Jisọs. ochi

11. Ekwubie m ọchi na ime ngwa nke sitere n'eluigwe nye ndụ m, n'aha Jisọs.

12. Ịhe ọma dakwasị ndụ m n'akụkụ nile n' afọ a, n'aha Jisọs.

13. Agwọ nke ekwensu, e zipụrụ imegide m gba ara, n'aha Jisọs.

14. Agwọ nke ekwensu, e zipụrụ imegide ezi na ụlọ m, kpọnwụ ma gbaa ọkụ, n'aha Jisọs.

15. Ịhe na-amịrị nri nke ekwensu dunyere imi ego m, nwụọ, n'aha Jisọs.

16. Gị bụ ire nke na-abụ m ọnụ, kpọnwụ, n'aha Jisọs.

17. Onye ike ọ bụla nke na-achụ mkpụrụ obi m, dịka nta gbagbụọ onwe gị, n'aha Jisọs.

18. Obi m agaghị abụ nkume siri ike n'ebe okwu Chineke dị, n'aha Jisọs.

19. Obi m agaghị abụ ala nke bu okporo ụzọ, n'aha Jisọs

20. Obi m agaghị abụ ala ogwụ, n'aha Jisọs.

21. Ugwu nile nke na-eti m aka n'iru, kpọsaa, n'aha Jisọs.

Nkebi 3Ụbọchị2 (24-08-2015)

NKWUPUTA: Maika 7:8: Anụla m ọṅụ, gị onye iro m; mgbe m dara ada, m' ga-ebilie; mgbe m na-anọdụ n'ọchichiri, Jehova ga-abụrụ m ïhè.

Abụ

Abụ Otuto na Ofufe

Ekpere Otuto na Ekele

22. Onyenweanyị bụ onye inye aka m, agaghị m atụ ujọ ihe mmadụ ga-eme m, n'aha Jisọs.

23. Aha Onyenweanyị bụ ebe mgbaba siri ike, m gbabara n'ime Ya, m nwere onwe m, n'aha Jisọs.

24. Agaghi m ekwụpụta ihe batara m n'ụche kama m ga ekwụpụta ihe bụ ebụmnụche Chineke, n'aha Jisọs.

25. Okwukwe mụ na-abia site n'ige nti n'okwu Chineke, n'aha Jisọs.

26. Aka Chineke di n'ahụ m, dịka m na-ekwubi okwu, nnkwu ihe di iche iche a na-eme, n'aha Jisọs.

27. Ọbụrụ ndụ anụ arụ m n-ere ure, ndụ ime mụọ m na-adị ọhụrụ kwa ụbọchi, n'aha Jisọs.

28. Ntorobia m na-enwoghari dika ugo. Anya m adighi echi echi, ike m adighi agbada agbada, n'aha Jisos.

29. Ana m anụ uda uju miri ozuzo nke ngọzi na-abia n' ụzọ m, n'aha Jisos.

30. Abu m eze, ana m achi na ndụ site na Jisos Kraist.

31. Ihe nkọcha m, tụgharịa, ghọọrọ m ihe mbu elu, n'aha Jisos.

32. Ihe nkọcha m, tụgharịa, ghọọrọ m ihe uru, n'aha Jisos.

33. Gi, eze dị nkọ n'olulu ndi iro m, tụgharia, megide ndị iro m, n'aha Jisos.

34. Ndi n'amaghi onye m bụ ga – alụrụ m ọgụ, n'aha Jisos.

35. Gị, ihe e dere ede nke onye iro, tụgharia megide ndi dere gị, n' aha Jisos.

36. Eze ọjọ nile nke e chiri imegide m, kpọnwụa, n'aha Jisos

37. Ebe ewusiri ike nile nke iji ụgwọ, ka a kụrie gị, kpam kpam, n' aha Jisos.

38. Ebe ewusiri ike nile nke mmegide, ka a kurie gị, kpam kpam, n'aha Jisos.

39. Ebe ewusiri ike nile nke nrịa nrịa, ka a kụrie gị, kpam kpam, n'aha Jisos.

40. Ebe ewusiri ike nile nke abumọnụ na ọgbụgba ndụ ka, a kụrie gị, kpam kpam, n'aha Jisos.

41. Ebe ewusiri ike nke mbọ nenweghi uru, ka a kụrie gị, kpam kpam, n'aha Jisos.

42. Igwe ọjọ di n'elu isi m, tisaa, n'aha Jisos.

Nkebi 3Ụbọchị3 (25-08-2015)

NKWUPUTA: Maika 7:8: Aṅụla m ọñụ, gị onye iro m; mgbe m dara ada, m' ga-ebilie; mgbe m na-anọdụ n'ọchichiri, Jehova ga-abụrụ m ̣ihè.

Abụ

Abụ Otuto na Ofufe

Ekpere Otuto na Ekele

43. Ana m ebi ndụ okwukwe, ọbụghị ndụ n' ihe a na ahụ anya, n'aha Jisos.

44. Ana m azogide agwọ na akpị nile ukwu, onweghị ihe ọ bụla ha ga – eme m, n'aha Jisos.

45. Chineke chekwara m nke oma, ọdighị ngwa agha a kpụrụ imegide m nke ga-aga n'iru n'aha Jisos.

46. Agoziwo m site na ngọzi Mụọ Nsọ nke si n' igwe n'aha Jisos.

47. Ana m eme Jisos, Onye ọgwọ ọria ụkwu m, ka Ọ bụrụ Dịbịa m, n'aha Jisos.

48. Ana m enye ekwensu iwụ ka ọ ghara itinye ụdi ọria ọ bụla, n'ahu m, n'aha Jisos.

49. Ọñụ nke Chineke bụ ike m, n'aha Jisos.

50. Okwu Chineke bụ ndụ na ahụ ịke nye gburugburu anụ ahụ m, n'aha Jisos.

51. Akụkụ ahụ m ọ bụla na – arụ ọrụ dika o kwesiri, n'aha Jisos.

52. Ana m eji ike Chineke nweta ihe nile m kwesiri inwe, n'aha Jisos.

53. Ọnụ ụzọ ámà ndị agba ochie nke na-egbochi m inweta ihe nketa nke m, repịa n'ọkụ, n'aha Jisos.

54. Abụmọnụ ọ bụla nke na-emegide ụbụrụ isi m, tisaa site n'ịke di n'ọbara Jisos.

55. Ọkụ nke ahụhụ, nyụọ kpam kpam, enwụlitekwala ọzọ, n'aha Jisos.

56. Ana m achụsa ebe ndị ọjọ nke ekwensu si enyobata anya na ndụ m, n'aha Jisos.

57. Nnaputa, were ọnọdụ na ndụ nrọ m, n'aha Jisos.

58. Ebe obibi nke ndi na-atụ atụmatụ ọjọ, kpụghari ịhụ, n'ala n'aha Jisos.

59. Ebube ndụ m nile nke e kechiri ekechi, ka a tọpụ gị, n'aha Jisos.

60. Mụọ agụ nile nke e dunyere imegide m, kpọnwụọnụ, n'aha Jisos.

61. Mụọ agwọ nile nke e dunyere imegide m, kpọnwụọnụ, n'aha Jisos.

62. Mụọ akpị nile nke e dunyere imegide m, kpọnwụọnụ, n'aha Jisos.

63. Mụọ agwọ na-agbọ ọkụ e dunyere imegide m, kpọnwụọnu, n'aha Jisos.

Nkebi 3Ụbọchị4 (26-08-2015)

NKWUPUTA: Maika 7:8: Anụla m ọñụ, gị onye iro m; mgbe m dara ada, m' ga-ebilie; mgbe m na-anọdụ n'ọchichiri, Jehova ga-abụrụ m ihè.

Abụ

Abụ Otuto na Ofufe

Ekpere Otuto na Ekele

64. Onweghi ihe ọ bụla dị mma nke ga-akọ m, n'aha Jisos.

65. Abụm onye agọziri agọzi ka m wee nwee ike ibụ ngọzi nye ndị ọzọ, n'aha Jisos.

66. Ajụrụ m ibụ ogbenye ebe Kraist gbapụtara m site n'abụmọnụ nke ogbenye, n'aha Jisos.

67. Ogbenye na ụkọ di n'ọkpụrụ ụkwụ m, n'aha Jisos.

68. Abụ m onye isi, ọbụghi onye ọdụ, n'aha Jisos.

69. Akụ na ụba di n'ụlọ m, n'aha Jisos.

70. Enwere ike inwale okwukwe m, ma a gaghi m adaa, n'aha Jisos.

71. Agaghi m enwere onye ọ bụla obi ọjọ, aga m ekpere ndị na-akọcha m ekpere, n'aha Jisos.

72. Abụ m onye mmeri n'ihi na ana m ebi ndụ okwukwe, ọbụghi ndụ nke ihe ana ahụ anya, n'aha Jisos.

73. Chineke enyeghi m mụọ nke ụjọ, kama ọ bụ nke ike, nke ịhụnanya na nke uche zuru oke, n'aha Jisos.

74. Ndi iro m nile na-eke dịka anyanwụ, ka a kuda unu ruo mgbe unu ghọrọ mkpọ mkpọ ebe, n'aha Jisos.

75. Ndi iro m nile na-enwụ ka ọnwa, ka a kuda unu n'ala ruo mgbe unu ghọrọ mkpọ mkpọ ebe, n'aha Jisos.

76. Aga m adi elu karia ndi ekweghi ekwe gbara m gburu gburu, n'aha Jisos.

77. Ana m eli ọdida m taa, n'aha Jisos.

78. Ana m anapu eze ọjọ nile ike na ikikere ha, n'aha Jisos.

79. Ntọala m, ka agba gị ume maka ibụ ihe ndị m na-achọ si n'aka Chineke, n'aha Jisos.

80. Akụ na ụba ndị n'amaghi Chineke, ha bụrụ nke m, n'aha Jisos.

81. Egbe eluigwe sitere na Chineke, bibie ebe nchụ aja nile e wụrụ imegide ego m, n'aha Jisos.

82. Mkpọrọ igwe (satanic chain) nile nke ekwensu na ndị otu ya ji adoghachi m azụ ka m ghara ichọta ihe m na-achọ osiso, gbarie, n'aha Jisos.

83. Ịke ọma m nile nke kpọnwụrụ akpọnụ, nara ike site na mbilite n'ọnwụ nke Jisọs kraịst, n'aha Jisọs.

84. Agwa ọma m nile e liri eli, nara mbilite n'ọnwụ nke kraịst, n'aha Jisọs.

Nkebi 3Ụbọchị5 (27-08-2015)

NKWUPUTA: Maika 7:8: Anịyla m ọñụ, gị onye iro m; mgbe m dara ada, m' ga-ebilie; mgbe m na-anọdụ n'ọchichiri, Jehova ga-abụrụ m ihè.

Abụ

Abụ Otuto na Ofufe

Ekpere Otuto na Ekele

85. Enwere m okwukwe na-ebupu ugwu. M gwa ugwu okwu, ha na-erubere okwu m isi, n'aha Jisọs.

86. Anaghị m atụ egwu ihe ga-eme n'ọdị n'ihu n'ihi na ntụkwasi obi m dị na Chineke, n'aha Jisọs.

87. Abụ m ihe nweta nke Jisọs kraịst, n'aha Jisọs.

88. Ana m ebi n'ebe nzuzo nke onye kachasi ihe nile elu, n'aha Jisọs.

89. Ike Chineke dị n'ime m, ọdighị ajọ onye nke ga-eguzogide m, n'aha Jisọs.

90. Ndị mụọ ozi Onyenweanyị gbara m gburu gburu ịnapụta m n'ọlụ ọjọ nile, n'aha Jisọs.

91. Agbapụtawọ m site n'abụmọnụ nke ọria, ajụwọkwa m ịnabata ihe ngosi ọria ndị a, n'aha Jisọs.

92. Onweghi ajọ ihe ga-adakwasi m ihe otiti na ihe ike agaghị abịaru nso ebe obibi m, n'aha Jisọs.

93. Okwu Chineke bụ ọgwụ na ndụ nye ahụ m, n'aha Jisọs.

94. Eyiriwo m ngwa agha nile nke Chineke, ọta nke okwukwe na-echekwa m n'ebe akụ-ụta nile na-enwu ọkụ nke ndi ọjọ nọ, n'aha Jisọs.

95. Onyịnye amara nile e jiri mara m nwụrụ anwụ, nara ike mbilite n'ọnwụ nke Onyenweanyị Jisọs Kraịst, n'aha Jisọs.

96. Ọganiru m nke na-egbu oge pụta ihé, nara ike mbilite n'ọnwụ nke Onyenweanyị Jisọs Kraịst, n'aha Jisọs.

97. Echiche m nke e tisara etisa, nara ike mbilite n'ọnwụ nke Onyenweanyị Jisọs Kraịst, n'aha Jisọs.

98. Ngọzi m nile egbubiri egbubi, nara ike mbilite n'ọnwụ nke Jisọs Kraịst, n'aha Jisọs.

99. Ajụwọ m mụọ ịda mba, n'aha Jisọs Kraist.

100. Muọ ọjọ ọ bula nke na-ebi n'ime ndi ezi na ụlọ m, pụọ ugbu a, n'aha Jisọs.

101. Onye iro ọganirụ m nke na-enweghi ncheghari, chegharịa ugbu a site n'ịke nke Muọ Nsọ, n'aha Jisọs.

102. Ọbara Jisọs hichapụ ajọ ude na manu nke dị n'ahụ m, n'aha Jisọs.

103. Unu ndị enyemaka m, pụtanụ; ogbachi m fụọnụ, n'aha Jisọs.

104. Aku na ụba nke ndị mba ọzọ bụrụ nke m, n'aha Jisọs.

105. Ihe ndota nke ezi ihe na ọganirụ, ka a kụnye gị n'aka m, n'aha Jisọs.

Nkebi 3 Ụbọchị 6 (28-08-2015)

NKWUPUTA: Maika 7:8: Añụla m ọñụ, gị onye iro m; mgbe m dara ada, m' ga-ebilie; mgbe m na-anọdụ n'ọchichiri, Jehova ga-abụrụ m ịhè.

Abụ

Abụ Otuto na Ofufe

Ekpere Otuto na Ekele

106. Chineke na-edebe ọkpụkpụ m nile ọdịghị nke ọ bula a ga-agbaji, n'aha Jisọs.

107. Chineke na-agbapụta mkpụrụ obi m pụọ n'ịke ili, n'aha Jisọs.

108. Enwere m ndụ, n'ụzọ ndụ m ọnwụ adịghị ya, n'aha Jisọs.

109. Atọpụwọ m pụọ n'agbụ nke ụjọ ọnwụ, n'aha Jisọs.

110. Ebunyewo m Onyewanyị mkpagbụ m nile n'ihi na Ọ na-elekọta m, n'aha Jisọs.

111. Enwere m ihe nketa dị ebube nke sitere na Chineke na-arụ ọrụ n'ime m, n'aha Jisọs.

112. Ajụwo m ukpụrụ nile nke na-esoghị usoro okwu Chineke, n'aha Jisọs.

113. Agaghị m ekwu okwu ọ bula na-eweda ùgwù n'otuto Chineke ala, n'aha Jisọs.

114. Aga enwetarịrị ihe m na-achọ, agaghị m enweta nkụ ụda aka, n'aha Jisọs.

115. Uwa ga-agụ maka mbilite m, ha agaghị agụ maka ọdịda m, n'aha Jisọs.

116. Ihe ndọta nke ezi ndụ m na-achọ, ka a kụọ gị n'ụlọ m, n'aha Jisọs.

117. Onyenweanyị, ka e weghachitere m aku na ụba m nile nke ekwensu nara m n'ike, n'aha Jisọs.

118. Egbe eluigwe na akpa ọkụ amụma Chineke daa, kposaa ọgbakọ amusu nile, n'aha Jisọs.

119. Ọdịghị ịke ọ bula nke ga-achụpụ m n'ụwa mgbe oge m e rubeghị, n'aha Jisọs.

120. A gaghi ala afọ m n'iyi, n'aha Jisọs.

121. Akpa m agaghị ehi-ehi, n'aha Jisọs.

122. Mụọ Nsọ bilie, hichaa m anya mmiri, n'aha Jisọs.

123. Ụta nke ọchịchịrị, nke a gbara itasa akụkọ otuto m n'afo a, laghachikwuru ndị gbara gị, n'aha Jisọs.

124. Ọnya nile esiri imegide ntọala akara aka m, jide onye siri gị, n'aha Jisọs.

125. Akagbụọ m olu nile nke irụ ụjụ, ma tọpụ olu ịbụ abụ, n'aha Jisọs.

126. Chineke bilie megide ndị na-emegide m, n'aha Jisọs.

Nkebi 3 Ụbọchị 7 (29-08-2015)

NKWUPUTA: Maika 7:8: Anụla m ọñụ, gị onye iro m; mgbe m dara ada, m' ga-ebilie; mgbe m na-anọdụ n'ọchichiri, Jehova ga-abụrụ m ìhè.

Abụ

Abụ Otuto na Ofufe

Ekpere Otuto na Ekele

127. Agaghị m eje njem ndụ a dika onye na-amaghị ihe ọ na-eme n'ọgbọ ọhịa nke ndụ , n'aha Jisọs.

128. Agaghị m anụ miri ahụhụ, n'aha Jisọs.

129. David m, bilie, gbụọ Goliath gị, n'aha Jisọs.

130. Emewo m okwu Chineke ka ọ bụrụ okwu m, n'aha Jisọs.

131. Aga m aga ije n'ịhụnanya, n'okwukwe, n'okwu Chineke, n'aha Jisọs.

132. Chineke pụru ime ihe nile, ekweere m ya, n'aha Jisọs.

133. Enye m Kraịst ohere n'ime m, nke a bụ olile anya nke ndụ ebube m, n'aha Jisọs.

134. Eji m igodo nke alaeze Chineke, ihe ọ bụla nke m kere agbụ n'uwa a, e kewo ya agbụ n'eluigwe, ihe ọ bụla m tọpụrụ, a tọpụwọ ya, n'aha Jisọs.

135. Ime nke ọma adabeghị n'isi ọma ma ọ bụ n'ihere ebe o sitere na Jisọs, n'aha Jisọs.

136. Agaghị m anwụ, kama aga m adị ndụ wee kwụpụta ebube nke Chineke, n'aha Jisọs.

137. Ebụmnobi ndị iro m banyere m, laa n'iyi site n'ọkụ, n'aha Jisọs.

138. Ihe ọjọ nile nke ndị ajọ madụ na-atụ anya ka o mee n'akara aka m, nwụọ site n'ọkụ, n'aha Jisọs.

139. Nna m, wụsa m miri nke ebere gị na-enweghị atụ, n'aha Jisọs.

140. Atụmatụ ọ bụla nke ndị iro nwere ịtụghari ìhè m ka ọ bụrụ ọchịchịrị, tisaa, n'aha Jisọs.

141. Mkpịsị aka menyere Pharoah ihere, menye ndị iro m ihere, n'aha Jisọs.

142. Mkpisi aka Chineke, ogwe aka Chineke, bilie, degharịa akụkọ banyere ezi na ụlọ m, n'aha Jisọs.

143. Usoro mmemme ọgwụgwụ afọ nile nke ndi iro, nara mgbagwoju anya, n'aha Jisọs.

144. Olee ebe Chineke nke Elijah nọ, si n'ebe nkọcha m weghachi m n'ebe di elu, n'aha Jisọs.

145. Eweghachi m igodo ịchọta ịhe nile m na-achọ, nke onye iro zunahụrụ m, n'aha Jisọs.

146. Akwatuo m ebe ewusiri ike nke ndị amusu n'ezi na ụlọ m, n'aha Jisọs.

147. Ịhe nzuzo nke dị mgbagwoju anya n'ezi na ụlọ m, kpughee, n'aha Jisọs.

Nkebi 3 Ụbọchị 8 (30-08-2015)

NKWUPUTA: Maika 7:8: Añụla m ọñụ, gị onye iro m; mgbe m dara ada, m' ga-ebilie; mgbe m na-anọdụ n'ọchichiri, Jehova ga-abụrụ m ịhè.

Abụ

Abụ Otuto na Ofufe

Ekpere Otuto na Ekele

148. Ana m emezu atụmatụ Chineke nye ndụ m, n'aha Jisọs.

149. Akagbụọ m mụọ nke mwaghari n'ọzara nile, n'aha Jisọs.

150. Akagbụọ m ita amusu nile nke a kwadoro nye akara aka m, n'aha Jisọs.

151. Onyenwe m, mee ka ọkụ Gị bibie ngwa agha nile nke ekwensu kpụru imegide m, n'aha Jisọs.

152. Onyenwe m, kpughee atụmatụ ọjọ nile nke ekwensu tụrụ imegide akara aka m, n'aha Jisọs.

153. E weghachi m ala m nile nke ndi iro nara m na mbụ, n'aha Jisọs.

154. Akpọnwụọ m ngwa ọgu ekwensu nile, n'aha Jisọs.

155. Akpọnwụọ m onye ọgụ m nile na-agba isi akwara, n'aha Jisọs.

156. Ajụ m ikwenyere gị onye iro nke ọganịrụ m, n'aha Jisọs.

157. Akpọnwụọ ndị ndọrọ ndọrọ nile nke ekwensu, n'aha Jisọs.

158. Ala m nile nke onye iro zuru, enwetaghachi m gị azụ, n'aha Jisọs.

159. Ịke na-eme ka ngọzi m ghara iru m aka ọsọ ọsọ, nwụọ, n'aha Jisọs.

160. Ịli nile e gwuru nye ndụ m, loo ndị gwuru gị, n'aha Jisọs.

161. Mụọ Nsọ, chakee n'ime ndụ m site n'ọlụ ebube, n'aha Jisọs.

162. Aka ọjọ nile nke onye iro na-atụ m, kpọnwụọ, n'aha Jisọs.

163. Site n'ike ahụ kewara osimiri uhie, ka nsogbu m nile, nwụọ, n'aha Jisọs.

164. Iyi ọjọ nile nke dị n'ebe a mụru m, tọghapụrụ m ọdị mma nile e ji mara m, n'aha Jisọs.

165. Onyenwe m chọta agwọ na-agbọ ọkụ dị n'ime ndụ m ma gbụọ ya, n'aha Jisọs.

166. Etipia m isi agwọ nile chọrọ imegide m, pịa pịa, n'aha Jisọs.

167. Agbajie m aka ọjọ nile jisiri ihe m na-achọ aka m ike, n'aha Jisọs.

168. Akpọnwụọ m atụmatụ nile na-ebu agha megide ịhe m na-achọ, n'aha Jisọs.

Nkebi 3 Ụbọchị 9 (31-09-2015)

NKWUPUTA: Maika 7:8: Anụla m ọñụ, gị onye iro m; mgbe m dara ada, m' ga-ebilie; mgbe m na-anọdụ n'ọchichiri, Jehova ga-abụrụ m ịhè.

Abụ

Abụ Otuto na Ofufe

Ekpere Otuto na Ekele

169. Etisaa m ike nile nke gbara m gburugburu imegide m, n'aha Jisọs.

170. Akpọnwụọ m ngwa ọrụ nile nke mmegide nke a kpụru imegide m, n'aha Jisọs.

171. Mụọ ịhe mgbu na iru uju ka e kee gị agbụ na ndụ m, n'aha Jisọs.

172. Ndị na-agba ama ọjọ, ndi na-achọsi ịke imata ihe nzuzo m, kpọnwụọnụ, n'aha Jisọs.

173. Ịdi n'otu nile nabaghị uru megide ndụ m, tisaa, n'aha Jisọs.

174. Akpọchie m nsọgbụ nile dị na ndụ m site na mgbọrogwụ ha, n'aha Jisọs.

175. Chineke bilie gbanwee ọnọdụ ọjọ m nile ka m wee hụ ihe m na-achọ, n'aha Jisọs.

176. Abụmọnụ nile nke na-agba mgba megide akara aka m, tijie, n'aha Jisọs.

177. Na nkụta akụ m, Onyenweanyị, nye m ike ịgafe ndị bụru m ụzọ kpatawa akụ, n'aha Jisọs.

178. Onyenweanyị, duru m gaa ebe ndị enyemaka m ga-agọzi m, n'aha Jisọs.

179. Nna m duru m pụọ n'akụkụ ndi a kwadoro maka ọdịda m, n'aha Jisọs.

180. Nna m duru m pụọ n'ebe ndị iro enyi na ndi enyi na-ebuda n'ọkwa nọ, n'aha Jisọs.

181. Onyenweanyị, mee ka m chọta ịhe m na-achọ ka nkụda aka wee dịrị atụmatụ ndi iro m, n'aha Jisọs.

182. Njirimara ajọ nke ụlọ na ala a bụruọnụ nke na-apụta ihe n'akụ na ụba m, tijie n'ọkụ, n'aha Jisọs.

183. Ịhe nile na-eme ka akụ na ụba hapụ ịdigide m n'aka, tijie n'ike di n'ọbara Jisọs.

184. Ahụhụ ga-adịrị gị, bụ ngwa ogbenye nke na-agbaso m, n'aha Jisọs.

185. Etipịa m agwọ ogbenye n'ahụ mgbidi ọkụ, n'aha Jisọs.

186. Agbaa m gị ọkụ, uwe nile nke ogbenye, n'aha Jisọs.

187. Akara ogbenye di na ndụ m, ka ọbara Jisọs hichapụ gị, n'aha Jisọs.

188. Akara nile nke ndi amusu jiri mara m, eji m ọbara Jisọs hichapụ gị, n'aha Jisọs.

189. Eweputa m akụ na ụba m pụọ n'aka nwanyị oru na ụmụ ya, n'aha Jisọs.

Nkebi 3 Ụbọchị 10 (01-09-2015)

NKWUPUTA: Maika 7:8: Añụla m ọñụ, gị onye iro m; mgbe m dara ada, m' ga-ebilie; mgbe m na-anọdụ n'ọchichiri, Jehova ga-abụrụ m īhè.

Abụ

Abụ Otuto na Ofufe

Ekpere Otuto na Ekele

190. Nna m were akụ na ụba dị oke egwu mee ka afo jụ m, n'aha Jisọs.

191. Anata m otite manụ nke imenye akụ ụta nke ogbenye ihere, n'aha jisọs.

192. Emechie m ohere ọ bụla dị n'ime ndụ m nke na-enyeju nsogbu m afọ, n'aha Jisọs.

193. Onyenweanyị, tọpụ m n'abụmọnụ nile, ma nke m, ma na nke m amaghị, nke na-emegide ego m, n'aha Jisọs.

194. Ana m abara ike nile nke na-alụ ọlụ megide ahụ ike nke ego m mba, n'aha Jisọs.

195. Ana m akachi mba a n'ọbara Jisọs.

196. Agbajie m igodo ọjọ nile nke e ji kpọchie ego m, n'aha Jisọs.

197. Ọbara Jisọs, wụchapụ ma tisaa ogbakọ amusu nke a kpọrọ imegide akụ na ụba m, n'aha Jisọs.

198. Ihe mgbochi nile nke ekwensu tinyere ime ka m ghara ichọta ihe ndi m na-achọ, gbarie, n'aha Jisọs.

199. Site n'ike dị n'ọbara Jisọs, aga m abụriri ịhe Chineke kere m ka m bụrụ, n'aha Jisọs.

200. Akụkụ ọma ọ bụla dị na ndụ m nke ndị iro si na m agaghị esi kute ume, nara mbilite n'ọnwụ, n'aha Jisọs.

201. Anata m ike mbilite n'ọnwụ nke Onyenweanyị Jisọs Kraist nke ga-eme ka akụ na ụba m chakepụta, n'aha Jisọs.

202. Ụja nile nke agụ ekwensu na-agbọ megide ndụ m, daa jụ, n'aha Jisọs.

203. Ihe nile ndị nkọsa na-enweghi ọlụ aka na-aekwu banyere m, akwụsi m gị n'ọkụ, n'aha Jisọs.

204. Afọ ime ekwensu megide ndụ m, dapụ n'ịke, n'aha Jisọs.

205. Ịke nile nke na-achụgharị nta maka imata ịhe nzuzo ndụ m, daa ọgbi, kpụkwa îsî, n'aha Jisọs.

206. Akpọnwụọ m gị ike amusu nile nke a kwadoro imegide ndụ m, n'aha Jisọs.

207. Mụọ nke akpa na-eri miri, ka e menye gị ihere, pụọ na ndụ m, n'aha Jisọs.

208. Iyii ọjọ nile na-erudatara m site na nna m na nne m, takpọọ, n'aha Jisọs.

209. Ana m emenyụ ike ndi na-akpọnwụ kpakpandọ m, n'aha Jisọs.

210. Mụọ nile nke na-elo azịza ekpere m, daa na ala nwụọ, n'aha Jisọs.

NKWUPUTA

Onye dị ka Ya, Chineke anyị, Onye bi n'elu, karisia ike nile na ọchịchị. Ọ na-eme ka onye n'enweghi ike si n'aja bilie, ọ na-esi n'ebe ikpofu ahịhịa welie nwa ogbenye elu, ka ya na ndị isi noduko, otu a ka Onyenweanyị ga-emere m ya, n'aha Jisọs. Akwụkwọ Nsọ si na ihe ọ bụla m lere anya ya mgbe m kpere ekpere, na m kwere ma nabata ya, n'aha Jisọs. Ya mere, m na-ekpe ekpere ugbu a, n'aha Jisọs, a napụtawo m n'agbụ nile ma ọ bụ mmekpa ahụ nke okwu ọjọ nke sitere n'okwu ọnụ m ma ọ bụ echiche m chere megide onwe m. E tida m n'okwukwe, mụọ mgbidi nkewa nile n'agbata m na ndị inye aka m sị n'eluigwe na ndị nlekọta m, n'aha Jisọs.

N'aha Jisọs, aka ike Chineke nọ n'ime ndụ m, na-ejidesi m ike na-echekwa m n'ebe ndị nile biliri imegide m, n'aha Jisọs. Jisọs Kraist emewo ka amara ya dịrị m. A yowo m maka amara a, anata m ya site n'okwukwe, n'aha Jisọs. Aga m eme ma nweta ihe nile, site na Kraist, Onye na-agba m ume. Chineke ga-enyezu m ihe nile m chọrọ dịka akụ Ya n'ebube sị dị, n'ime Kraist Jisọs. Obi m enwela nkasị ugbu a, n'ihi na Chineke n'eme ihe ntụmadị, Onye na-enye ihe nilena amara ka nọ n'oche eze Ya, n'aha Jisọs.

NKEBI NCHE ABALI
(Aga eme nke nabali nagbata elekele ịrị na abụa na elekere abụa)

1. Asị na agha ebilie imegide m, na nke aka m na-atụkwasị obi.

2. Ugbu a ka a ga-eweli isi m elu n'elu ndị iro m dị gburugburu, n'aha Jisọs.

3. Onyenweanyị, enyefela m n'ọchịchọ nke ndị iro m, n'aha Jisọs.

4. Oke ebili nke sitere n'eluigwe nke na ebigbọ ebigbọ, chọta ọgbakọ amusu nile e zinyere ili akara aka nke obodo a, n'aha Jisọs.

5. Chineke, zikwasị ike amusu ọ bụla nke na-esogbu akara aka obodo a agha iwe Gị, n'aha Jisọs.

6. Chineke, bilie ma si n'ala ha ropu ha site n'iwe Gị, n'aha Jisọs.

7. Chineke, bilie, zikwasị ndị ozi mkpagbu ọnụma Gị, bụ ndị na-esogbu kpakpando m, n'aha Jisọs.

8. Onyenweanyị, ka ụzọ onye mkpagbu gbaa ọchịchịrị ma bụrụkwa ebe na-alọ alọ, ka mo ozi Jehova bụrụkwa onye na-achụ ha, n'aha Jisọs.

9. Jehova, ka mbibi bịakwasị ha mgbe ha namaghị, ka ugbu nke ha zobeworo jide ha onwe ha, n'aha Jisọs.

10. Jehova, ka onye iro daba na mbibi nke ọ kwadoro, n'aha Jisọs.

11. Jehova, ekwela ka ndị iro m nụọ m ọnụ mgbe m nemeghi ihe ọ bụla, n'aha Jisọs.

12. Nna, ka ihere mee ndị iro m, ka e tinyekwa ha n'ọnọdụ ihere, ha na ndị na-añụrị ọnụ mgbe ihe ọjọ na-adakwasị m, n'aha Jisọs.

13. Jehova, ka e yikwasị ndị iro ihere dịka uwe, n'aha Jisọs.

14. Kpọlite onwe Gi, Jehova, ma lụọrọ m ọgụ n'aha Jisọs.

15. Ebe ịchụ aja ọjọ nke e wuru nye obodo anyị, ka e mee gị ihere, n'aha Jisọs.

16. Onyenweanyị, ka egbe igwe Chineke tigbuo onye nchụ aja ọjọ nke na-aru ọrụ megide obodo anyị n'ebe ịchụ aja ọjọ, ma gbakwa ha n'ọkụ ka ha ghọọ ntụ, n'aha Jisọs.

17. Ihe nzuzo nke ndị mgbe ochie nke na-adọghachi ọganiru m azụ, ka e kpugheee gị, n'aha Jisọs.

18. Ọrụ nzuzo nile na-emegide ndụ m ugbu a, ka e kpughee ma mee gị ihere, n'aha Jisọs.

19. Ihe ọ bụla zoro ezo nke m kwesiri ịmata ka m wee mee nke ọma n'ime mụọ na n'ego, ka e kpugheee gị, n'aha Jisọs.

20. Ihe ọ bụla nke e zoro n'ala eze miri nke na-emegide mbuli elu m, ka e kpughee ma mee gị ihere, n'aha Jisọs.

21. Ihe ọ bụla nke e zoro n'ihe ọkpụ ekwensu, nke na-adọghachi mbuli elu m, ka e kpughee ma gị ihere, n'aha Jisọs.

NKEBI 4 - NNAPỤTA NKE ISI, AKA NA ỤKWỤ

Ịgụ Akwụkwọ Nsọ: Jenesis 49

NKWUPUTA: Abu Ọma: 92:10 - Ma Ị mewo ka mpi m di elu dika mpi atụ; e jiwo manu ọhụ wụsa m

Luk 10:19 - Lee, enyewo m unu ike izọkwasi agwọ na akpị ụkwụ, na imegide ike onye iro unu nile; ọ dịghị kwa ihe ọ bụla ga-emeru unu arụ ma ọlị

Abu Ọma144:1: Onye agọziri agọzi ka Jehova, bú oké nkumem, bu,Onye nēzí akam abua ilu ògù:Onye nēzí nkpisi-akam ibu agha:

Nkebi 4Ụbọchị1 (02-09-2015)

NKWUPUTA: Abu Ọma: 92:10 - Ma Ị mewo ka mpi m di elu dika mpi atụ; e jiwo manu ọhụ wụsa m

Luk 10:19 - Lee, enyewo m unu ike izọkwasi agwọ na akpị ụkwụ, na imegide ike onye iro unu nile; ọ dịghị kwa ihe ọ bụla ga-emeru unu arụ ma ọlị

Abu Ọma144:1: Onye agọziri agọzi ka Jehova, bú oké nkumem, bu,Onye nēzí akam abua ilu ògù:Onye nēzí nkpisi-akam ibu agha:

Abụ

Abụ Otuto na Ofufe

Ekpere Otuto na Ekele

1. Aka ojọ nke etere manụ, ila isi m n'inyi, kpọnwụa, n'aha Jisọs.
2. Akụ ụta ọnwụ erughi eru nke agbanyere n'ụbụrụ m, gbaghachi azu, n'aha Jisọs.
3. Isi m, isi m, isi m, nụrụ okwu Chineke, bilie, nwukee, n'aha Jisọs.
4. Ihe mkpuchi oji zoro ezo ọ bụla, nke dị n'isi m, gbaa ọkụ, n'aha Jisọs.
5. Abụmọnụ ọ bụla, nke na-alụ ọlu megide isi m, nwụa site n'ike dị n'ọbara Jisọs.
6. Mmegheri anya ọ bụla nke e megheriri ebube m, site n'agiri isi m, ghasaa, n'aha Jisọs.
7. Aka nwoke ike ọ bụla nke dị n'isi m, kpọnwụa, n'aha Jisọs.
8. Ike ọnwụ ọ bụla nke dere megide isi m, nwụa, n'aha Jisọs.
9. Iyagba ọ bụla dị n'isi m, tijie, n'aha Jisọs.
10. Mụọ Nsọ, bilie gbue ihe ọ bụla ekwensu tinyere n'isi m, n'aha Jisọs.
11. Isi m, nara nnapụta n'ọkụ, n'aha Jisọs.
12. Ike ọ bụla nke na-akpọ isi m ọku site n'ọnụ ụzọ ámá nke ili, nwụa, n'aha Jisọs.

13. Gị ike Chineke, bilie, ma bụo agha megide okwu na-emegide isi m, n'aha Jisọs.

14. Mkpebi ọjọ ọ bụla nke ike ọchịchịrị zipuru megide isi m, ka e hichapụ gị, n'aha Jisọs

15. Miri ozuzo nke amamihe, nghọta na iruọma zokwasi isi m, n'aha Jisọs.

16. Olu nke onye ọbia, nke na-abụ isi m ọnụ, nwụa, n'aha Jisọs.

17. Ọbara Jisọs, mmiri nke ndụ, ọkụ Chineke, saa isi m, n'aha Jisọs.

18. Ayọchapụ m, mgbọ ọchịchịrị n'isi m, n'aha Jisọs.

19. Ịke ọ bụla nke na-eji ntụtụ m, emegide m, nwụa, n'aha Jisọs.

20. Ibu ọchịchịrị ọ bụla nke zoro ezo, nke dị n'isi m, gbaa ọkụ, n'aha Jisọs.

21. Ịsi m, ịsị m, nara mmetu aka nke ike nke mbilite n'ọnwụ nke Onyenweanyị Jisọs Kraist.

Nkebi 4Ụbọchị2 (03-09-2015)

NKWUPUTA: Abu Ọma: 92:10 - Ma Ị mewo ka mpi m di elu dika mpi atụ; e jiwo manu ọhụ wụsa m

Luk 10:19 - Lee, enyewo m unu ike izọkwasi agwọ na akpị ụkwụ, na imegide ike onye iro unu nile; ọ dịghị kwa ihe ọ bụla ga-emeru unu arụ ma ọlị

Abu Ọma144:1: Onye agọziri agọzi ka Jehova, bú oké nkumem, bu,Onye nēzí akam abua ilu ògù:Onye nēzí nkpisi-akam ibu agha:

Abụ

Abụ Otuto na Ofufe

Ekpere Otuto na Ekele

22. Akụ ụta ọ bụla nke agbanyere n'isi m, gbaghachi azu, n'aha Jisọs.

23. Ekwubie m na isi mgbaka abụghị oke m, ya mere akụ-ụta isi mgbaka ọ bụla, laghachiri onye gbara gị, n'aha Jisọs.

24. Ịsị m ka e bulie gị elu karia ndị iro m gbara m gburu gburu, n'aha Jisọs.

25. Ịsị m, ka e bulie gị elu karịa nke ndi n'ekweghị ekwe no okirikiri m, n'aha Jisọs.

26. Isi m nụrụ okwu Chineke, bilie keta oke gị, keta akara aka gị, n'aha Jisọs.

27. Ihe ọ bụla nke aka ọchịchịrị dere nke na-emegide isi m, laghachi azu, n'aha Jisọs.

28. Akwụnye m isi m n'ime mbilite na ọnwụ nke Onyenweanyị Jisọs Krasịt.

29. Akwụnye m aka m n'ime mbilite n'ọnwụ Onyenweanyị Jisọs Kraịst.

30. Akwụnye m ukwu m n'ime ike nke mbilite n'ọnwụ Onyenweanyị Jisọs Kraịst.

31. Akwụnye m isi m n'ọkụ nke iruọma dị nsọ, n'aha Jisọs.
32. Akwụnye m aka m n'ọkụ nke iruọma Chineke dị nsọ, n'aha Jisọs.
33. Akwụnye m ukwu m n'ọkụ nke iruọma Chineke dị nsọ, n'aha Jisọs.
34. Abụmọnụ ọ bụla nke e dere megide isi m fue, n'aha Jisọs.
35. Okpu ojọ ọ bụla nke nne m na nna m agaghị aba n'isi, n'aha Jisọs.
36. Aka m, nara ọkụ ma ga n'iru, n'aha Jisọs.
37. Aka m jụụ nmeru ọ bụla, n'aha Jisọs.
38. Akụ ụta ọ bụla nke a gbapuru iji bụtụo aka m ala, agbaghachi m gị nye onye zitere gị, n'aha Jisọs.
39. Ikikere ochịchịrị ọ bụla, e zipuru ịkpọnwụ aka m, nwụa, n'aha Jisọs.
40. Aka m jụụ akụ ụta ike ọgwụgwụ, nakwa akụ ụta iwe, n'aha Jisọs.
41. Aka m bụrụ ngwa agha e ji eje agha, n'aha Jisọs.
42. Chineke, bilie, tụgharịa aka m ka ọ bụrụ anya ike agha Gị, n'aha Jisọs.

Nkebi 4 Ụbọchị 3 (04-09-2015)

NKWUPUTA: Abu Ọma: 92:10 - Ma Ị mewo ka mpi m di elu dika mpi atụ; e jiwo manu ọhụ wụsa m

Luk 10:19 - Lee, enyewo m unu ike izọkwasi agwọ na akpị ụkwụ, na imegide ike onye iro unu nile; ọ dịghị kwa ihe ọ bụla ga-emeru unu arụ ma ọlị

Abu Ọma144:1: Onye agọziri agọzi ka Jehova, bú oké nkumem, bu, Onye nēzí akam abua ilu ògù: Onye nēzí nkpisi-akam ibu agha:

Abụ

Abụ Otuto na Ofufe

Ekpere Otuto na Ekele

43. Chineke, bilie, tụgharịa aka m ka ọ bụrụ ngwa agha Gị, n'aha Jisọs.
44. Nna m, e kwubie m na ezi ihe ọ bụla nke m tinyere aka, ga-aganiru site n'ike dị n'obara Jisọs.
45. Ume ngwu ọ bụla dị n'aka m, ayọchapụ m gị site n'ike dị n'ọbara Jisọs.
46. Ụkwụ m, nara ike nke ọchịchị isi, n'aha Jisọs.
47. Ụkwụ m, duba m n'ebe ọganiru m, site n'ike dị n'ọbara Jisọs.
48. Ụkwụ m, duba m n'ebe ije ozi m dị nsọ dị site n'ike dị n'obara Jisọs.
49. Akụ ụta akara aka ojọ, nke a gbanyere n'ụkwụ m, laghachịrị onye gbara gị, n'aha Jisọs.
50. Ebe ọ bụla obiụkwụ m ga-azọ, eluigwe ga-enwere ọchịchị ịsi, n'aha Jisọs.
51. Ebe ọ bụla m batara, ọchịchịrị ga apụ, site n'ike dị n'obara Jisọs.
52. Anara m ike ịtinye ihe ọ bụla ga-emeru ukwu m n'ihere, n'aha Jisọs.

53. Nna, tee ukwu m manu ịgbasị ọsọ ike pụrụ ịche, n'aha Jisọs.
54. Nna tee ụkwụ m manụ maka ọganịrụ pụrụ ịche, n'aha Jisọs.
55. Site na mụọ nke onye amụma, aga m n'iru n'ọkụ, n'aha Jisọs.
56. Site na mụọ nke onye amụma, enwere m ọchịchị isi megide ajọ omume nile, n'aha Jisọs.
57. Mụọ Nsọ, tee ukwu m manu maka agamnịrụ pụrụ ịche, n'aha Jisọs.
58. Mụọ Nsọ, tee isi m, aka m, na ụkwụ m manu maka akịkọ ọgbụgba ama pụrụ ịche, n'aha Jisọs.
59. Nna m, agbaghachi m akụ ụta nke ndọghachi azụ nke a gbara megide m, n'aha Jisọs.
60. Ebe ọ bụla m jere, ịrụọma ga-esọ ụkwụ m, n'aha Jisọs.
61. Onyenweanyị, ka ụkwụ m mma mma, ma nwetakwa akụkọ ọma ebe ọ bụla m ga-eje, n'aha Jisọs.
62. Mụọ nke ụkwụ ọjọ laghachi azụ, n'aha Jisọs.
63. Mụọ nke ụkwụ merụrụ emerụ laghachi azụ, n'aha Jisọs.

Nkebi 4 Ụbọchị 4 (05-09-2015)

NKWUPUTA: Abu Ọma: 92:10 - Ma Ị mewo ka mpi m di elu dika mpi atụ; e jiwo manu ọhụ wụsa m

Luk 10:19 - Lee, enyewo m unu ike izọkwasi agwọ na akpị ụkwụ, na imegide ike onye iro unu nile; ọ dịghị kwa ihe ọ bụla ga-emeru unu arụ ma ọlị

Abu Ọma 144:1: Onye agọziri agọzi ka Jehova, bú oké nkumem, bu, Onye nēzí akam abua ilu ògù: Onye nēzí nkpisi-akam ibu agha:

Abụ

Abụ Otuto na Ofufe

Ekpere Otuto na Ekele

64. Abụmọnụ ọ bụla nke dị n'ụkwụ m, tijie, n'aha Jisọs.
65. Ebumnobi ọchịchịrị ọ bụla, e debere iji tinye ụkwụ m n'egwu, gbaghachi azụ, n'aha Jisọs.
66. Mụọ Nsọ, kpuchite isi m, n'aha Jisọs.
67. Mụọ Nsọ, kpuchite ụkwụ m, n'aha Jisọs.
68. Mụọ Nsọ, kpuchite aka m, n'aha Jisọs.
69. Mụọ Nsọ kuchite akụkụ arụ m nile, n'aha Jisọs.
70. Nna site n'ike na-etiji agbụ, ka e tijie agbụ nile, n'aha Jisọs.
71. Nna site n'ike na-etiji agbụ, ka agbụ nile dị n'aka m tijie, n'aha Jisọs.
72. Nna site n'ike na etiji Iyagba ka Iyagba dị n'ụkwụ m tijie, n'aha Jisọs.

73. Edemede ọchịchịrị ọ bụla, dị n'isi m, ehichapụ m gị site n'ike dị n'obara Jisọs.
74. Edemede ọchịchịrị ọ bụla dị n'aka m, ehịchapu m gị site n'ike dị n'ọbara Jisọs.
75. Edemede ọchịchịrị ọ bụla dị n'ụkwụ m, ka e hichapụ gị site n'ike dị n'obara Jisọs.
76. Ọkụ Mụọ Nsọ chua ihe egwu ọ bụla n'isi m, n'aha Jisọs.
77. Ọkụ Mụọ Nsọ, chupu nsị ọ bụla n'isi m, n'aha Jisọs.
78. Ọkụ Mụọ Nsọ, chupu nsị ọ bụla n'ụkwụ m, n'aha Jisọs.
79. Ọkụ Mụọ Nsọ, chupu nsị ọ bụla n'aka m, n'aha Jisọs.
80. Abanye m isi m, abanye m aka m, abanye m ụkwụ n'ọbara Jisọs.
81. Nsogbu ọ bụla nke batara na ndụ m site na mgba a na-agba isi m, nwụa, n'aha Jisọs.
82. Ike nke ezi na ụlọ nna m, tọpu isi m n'ọkụ, n'aha Jisọs.
83. Agwọ na akpị ọ bụla, nke edere megide isi m, nwụa, n'aha Jisọs.
84. Ajụ m mụọ nke ọdụ, akụrụ m mụọ nke isi, n'aha Jisọs.

Nkebi 4Ụbọchị5 (06-09-2015)
NKWUPUTA: Abu Ọma: 92:10 - Ma Ị mewo ka mpi m di elu dika mpi atụ; e jiwo manu ọhụ wụsa m

Luk 10:19 - Lee, enyewo m unu ike izọkwasi agwọ na akpị ụkwụ, na imegide ike onye iro unu nile; ọ dịghị kwa ihe ọ bụla ga-emeru unu arụ ma ọlị

Abu Ọma144:1: Onye agọziri agọzi ka Jehova, bú oké nkumem, bu,Onye nēzí akam abua ilu ògù:Onye nēzí nkpisi-akam ibu agha:

Abụ

Abụ Otuto na Ofufe

Ekpere Otuto na Ekele

85. Akagbue m, ike nke abụmọnụ nile n'isi m, n'aha Jisọs.
86. Aha amusu ọ bụla, ka agbaze gị n'egedege isi na utubo m, n'aha Jisọs.
87. Ụsụ amusu na ngwere amụsụ ọ bụla nke ha kụnyeworo n'isi m, nara ọkụ Chineke, n'aha Jisọs.
88. Isi m jụ ọgbụgba ndụ ọdịda, n'aha Jisọs.
89. Isi m (tụkwasi aka n'egede isi gị) site ugbu a, gawa, ndụ ga-adịrị gị mfé, Ị gabụ onye a chọrọ, onye a ga-akwu ugwọ olu, n'aha Jisọs.
90. Onweghị onye ga-aghọpụ kpakpando m n'isi m, n'aha Jisọs.
91. Ewere m ọkụ Chineke maa ntutu mụọ mmiri dị n'isi m aka n'iru, ma nye ya iwu ka ọgba ọkụ, n'aha Jisọs.

92. Isi m, jụ mmegheri anya, nakwa ọtịta amusu nke ọnwụ ike, n'aha Jisọs.

93. Mụọ Nsọ nyikwasi isi m, ndụ n'ebube dị nsọ, n'aha Jisọs.

94. Chineke, bụrụ m ebube na onye na-ebuli isi m elu, n'aha Jisọs.

95. Ugbu a, ka a ga ebuli isi m elu karia ndị irọ gbara m okirikiri, n'aha Jisọs.

96. Atọpụ m isi m pua na ajọ ọgbụgba ndụ nke ọbara, n'aha Jisọs.

97. Ike ọ bụla nke na-achikọta urukpu ọjọ megide m gbasaa, n'aha Jisọs.

98. Nche anwụ ọjọ ọ bụla, nke na-ekpuchi isi m, ghasaa, n'aha Jisọs.

99. Mụọ Nsọ tinye isi m n'akara aka m dị nsọ, n'aha Jisọs.

100. Ọkụ Chineke, gbapia akụrụ ngwa ekwensu ọ bụla n'isi m, n'aha Jisọs.

101. Onyenweanyị, tee ísi m manụ Gị, gọzie miri m na ihe oriri m na ihe mara abụba nke ala a, n'aha Jisọs.

102. Isi ọjọ ọ bụla, nke e buliri iji kwada m, a kwada gị site n'ike nke Chineke nke Elija, n'aha Jisọs.

103. Ọbara Jisọs, kwụọ okwu ndụ, nye isi m, obi m, imeju m, akpa mamiri m, akpa nwa m, na ihe ndị ọzọ dị m n'aru, n'aha Jisọs.

104. Ike ọ bụla, nke na-akpọ isi m n'ugegbe ọjọ ọ bụla, gị na ugegbe gị nwụa, n'aha Jisọs.

105. Ebube m, isi m, bilie ma chakee, n'aha Jisọs.

Nkebi 4 Ụbọchị 6 (07-09-2015)

NKWUPUTA: Abu Ọma: 92:10 - Ma Ị mewo ka mpi m di elu dika mpi atụ; e jiwo manu ọhụ wụsa m

Luk 10:19 - Lee, enyewo m unu ike izọkwasi agwọ na akpị ụkwụ, na imegide ike onye iro unu nile; ọ dịghị kwa ihe ọ bụla ga-emeru unu aru ma ọlị

Abu Ọma144:1: Onye agọziri agọzi ka Jehova, bú oké nkumem, bu,Onye nēzí akam abua ilu ògù:Onye nēzí nkpisi-akam ibu agha:

Abụ

Abụ Otuto na Ofufe

Ekpere Otuto na Ekele

106. Ike ọ bụla nke n'akpọ isi m n'ihe ọjọ gbasaa, n'aha Jisọs.

107. Agbaghachi m akụ ụta nke amusu dị n'isi m, n'aha Jisọs.

108. Aka ọjọ ọ bụla, nke bikwasịrị isi m na nwata, nwụa, n'aha Jisọs.

109. Isi m, jụụ ọtita amusu ọ bụla, n'aha Jisọs.

110. Akụ ụta ọchịchịrị ọ bụla nke a gbanyere n'ụbụrụ m, nwụa, n'aha Jisọs.

111. Ike nke amusu ezi na ụlọ ndị dị n'ụbụrụ m, nwụa, n'aha Jisọs.

112. Isi m, jụụ ọtita amusu ọ bụla, n'aha Jisọs.

113. Ụbụrụ m, tete n'ọkụ, n'aha Jisọs.

114. Ike ọ bụla nke n'akpọ isi m ime ya ihe ọjọ, ghasaa, n'aha Jisọss.

115. Agbaghachi m akụ ụta nke amusu dị n'isi m, n'aha Jisọs.

116. Ọkụ Mụọ Nsọ, kpuchite ụbụrụ m, n'aha Jisọs.

117. Gị ike Chineke nke e ji emeputa ihe, dakwasi ụbụrụ m, n'aha Jisọs.

118. Ihe ọ bụla nke e zunariri ụbụrụ m mgbe m di na nwata, eweghachi m gị, n'aha Jisọs.

119. Gị ili, nke jị isi m na oganiru m na-agbụ, meghee ma gbọputa ya n'ọkụ, n'aha Jisọs.

120. Gị isi nwụrụ anwụ ma ree ere, bilie n'ọnwụ, ma nwechasiri onwe gị, ka a gwọ gị ma mee ka ịga n'iru, n'aha Jisọs.

121. Gị isi m, nke e mere ka ọ ghara ịba uru, ga n'iru, n'aha Jisọs.

122. Gị akpị nke e dunyere imegide isi m, tọpụ m ma nwụa n'ọkụ, n'aha Jisọs.

123. Gị akụ ụta ọjọ nke na-emegide isi m, ana m enye gị ịwu ka ịlaghachiri onye gbara gị, n'aha Jisọs.

124. Gị nje nke ime mụọ nke e dunyere iripia isi m pụta, nwụa, n'aha Jisọs.

125. Gị ihe nripia nke ime mụọ, nke dere iripia isi m ma mee ya ọ dara ada di ndụ m, pụta, nwụa, n'aha Jisọs.

126. Gị ihe ọjọ ọ bụla nke e liri iji me ka isi m ghara imị mkpụrụ, ka e ropu ma ghasaa gị, n'aha Jisọs.

Nkebi 4 Ụbọchị 7 (08-09-2015)

NKWUPUTA: Abu Ọma: 92:10 - Ma Ị mewo ka mpi m di elu dika mpi atụ; e jiwo manu ọhụ wụsa m

Luk 10:19 - Lee, enyewo m unu ike izọkwasi agwọ na akpị ụkwụ, na imegide ike onye iro unu nile; ọ dighị kwa ihe ọ bụla ga-emeru unu arụ ma ọli

Abu Ọma144:1: Onye agọziri agọzi ka Jehova, bú oké nkumem, bu,Onye nēzí akam abua ilu ògù:Onye nēzí nkpisi-akam ibu agha:

Abụ

Abụ Otuto na Ofufe

Ekpere Otuto na Ekele

127. Gị madụ ọjọ ọ bụla nke zoro n'isi m, ma na-eme ka ọ da pụta ma nwụa, n'aha Jisọs.

128. Olulu ọjọ ọ bụla nke na-echekwa ndị iro zoro ezo megide isi m, lie ndị iro m na ndụ, n'aha Jisọs.

129. Ndị olu ọjọ, e goro imegide isi m, ebibie m olu unu site n'ebe o si bia, nwụa, n'aha Jisọs.

130. Gị mụọ nke mgbochi, nke na-egbochi isi m ka ọ ghara ịkpu okpu eze, tọpụ ya ma nwụa, n'aha Jisọs.

131. Gị mụọ nke mgbochi, nke na-eghochi isi m ka ọ ghara ịbụ onye a mara aha ya nakwa onye buliri elu, tọpụ ya ma nwụa, n'aha Jisọs.

132. Gị mụọ nke mgbochi nke achọghi ka isi m nweta ọnọdụ ọkpara ya, tọpụ ya ma nwụa, n'aha Jisọs.

133. Amusu mba ọzọ nke ya na amusu ezi na ụlọ nna m na-ekwekọrita imegide isi m, ghasaa ma nwụa, n'aha Jisọs.

134. Amusu ezi na ụlọ m nke na-agbakọ imegide isi m, ghasaa ma nwụa, n'aha Jisọs.

135. Mkpebi nke amusu ezi na ụlọ na iwu ha, megide isi m, ka e bibie gi n'ọkụ, n'aha Jisọs.

136. Okwu amusu ọ bụla nke gbakwunyere na nsogbu isi m, gbaa ọkụ ma ghasaa, n'aha Jisọs.

137. Gị ihe ọjọ nke e ji enyocha isi m ka ewe mee ya ihe ọjọ ka a ghasaa ma mee ka ị ghara ịba uru ọzọ, n'aha Jisọs.

138. Gị onye nchụ aja ọjọ nke na-eje ozi ọjọ n'ebe nchụ aja ọjọ megide isi m, daa ma nwụa, n'aha Jisọs.

139. Gị ebe nchụ aja ọjọ nke e wuru megide ịdị ukwu na mbuli elu nke isi m, ka e ropu ma ghasaa gị, n'aha Jisọs.

140. Achụa m, agabiga m ma nweghachi site n'ọkụ, ihe ọ bụla nke onye iro zuworo n'isi m, n'aha Jisọs.

141. Isi m, karịa ọkpụkpọ oku nke mụọ nye onwụ na ọdida, n'aha Jisọs.

142. Isi m, juụ iso ndị iro m, ilu olu megide ndụ m, n'aha Jisọs.

143. Isi m, bụrụ onye na-agabiga ma na-emeri mgbe nile, n'aha Jisọs.

144. Unu ike nke ndị na-emeghari isi m anya, ghasaa ma nwụa n'ọkụ, n'aha Jisọs.

145. Unu ike nke amusu ezi na ụlọ, daa ma nwụa, n'aha Jisọs.

146. Gị onye na-ala ohere m n'iyi, daa mba, n'aha Jisọs.

147. Gị onye na-eme ihe ike nke m ma na nke m amaghị, na-emegide nkasi obi m, kpọnwụa, n'aha Jisọs.

Nkebi 4 Ụbọchị 8 (09-09-2015)

NKWUPUTA: Abu Ọma: 92:10 - Ma Ị mewo ka mpi m di elu dika mpi atụ; e jiwo manu ọhụ wụsa m

Luk 10:19 - Lee, enyewo m unu ike izọkwasi agwọ na akpị ụkwụ, na imegide ike onye iro unu nile; ọ dịghị kwa ihe ọ bụla ga-emeru unu arụ ma ọlị

Abu Ọma144:1: Onye agọziri agọzi ka Jehova, bú oké nkumem, bu,Onye nēzí akam abua ilu ògù:Onye nēzí nkpisi-akam ibu agha:

Abụ

Abụ Otuto na Ofufe

Ekpere Otuto na Ekele

148. Ịhe ọ bụla nke a kụnyere n'ime ndụ m, ka e we mee m ihere, pụta na mgborogwu gị nile, n'aha Jisọs.

149. Ajụ m, mụọ ojọ Ị dọghachi ngọzi m azụ, n'aha Jisọs.

150. Ajụ m, ọganiru ego adịghị ịke, a kụrụ m ọganiru ego di ukwu, n'aha Jisọs.

151. Ịhe nripia zọrọ ezọ na-eme ngwa ngwa, ka e kee gị agbụ, n'aha Jisọs.

152. A tọpụ m onwe m pụa n'ajọ ụkpụrụ ogbenye nke ezi na ụlọ m, n'aha Jisọs.

153. Ajụ m akụ na ụba m ịnwụ n'ebe nchụ aja ọjọ, n'aha Jisọs.

154. Ajụ m ihe ọ bụla na-akpọnwụ akụ na ụba, n'aha Jisọs.

155. Akụrụ m ihe nweta mba ofesi m nile, n'aha Jisọs.

156. Etipia m nrọ ogbenye nile n'aha Jisọs.

157. Aka m amalitewo olụ, ọ ga-aluzu ya, n'aha Jisọs.

158. Ajụ m ịbụ ihe mgbokwasị ụkwụ nye ndị na-egbubi ndụ m, n'aha Jisọs.

159. Chineke nke na-akwado ọganịrụ, weputara m ego m ga-eji zuo áhá, n'aha Jisọs.

160. Abanye m n'ọnọdụ rụrụ m, n'aha Jisọs.

161. Ọganiru ọ bụla nke nọworo ọdu a napuru m, pụta ịhè n'ọkụ, n'aha Jisọs.

162. Ọba ego a tara amusu, nara nnapụta, n'aha Jisọs.

163. Otite manụ ejụle ọ bụla nke dị na ngọzi m, daa nwụa, n'aha Jisọs.

164. Ike ọ bụla nke na-ekwusa ọdimma m, ime ya ihe ọjọ dere dụụ, n'aha Jisọs.

165. Ajụ m ịkpọchi ụzọ ngọzị nye onwe m, n'aha Jisọs.

166. Atọpụ m onwe m, na mụọ nke ogbenye, n'aha Jisọs.

167. A bụa m mụọ ogbenye ọnụ, n'aha Jisọs.

168. A tọpụ m onwe m n'agbụ nke ogbenye, n'aha Jisọs.

Nkebi 4Ụbọchị9 (10-09-2015)

NKWUPUTA: Abu Ọma: 92:10 - Ma Ị mewo ka mpi m di elu dika mpi atụ; e jiwo manu ọhụ wụsa m

Luk 10:19 - Lee, enyewo m unu ike izọkwasi agwọ na akpị ụkwụ, na imegide ike onye iro unu nile; ọ dịghị kwa ihe ọ bụla ga-emeru unu arụ ma ọlị

Abu Ọma144:1: Onye agọziri agọzi ka Jehova, bú oké nkumem, bu,Onye nēzí akam abua ilu ògù:Onye nēzí nkpisi-akam ibu agha:

Abụ

Abụ Otuto na Ofufe

Ekpere Otuto na Ekele

169. A napụta m akpa ego m n'aka Judas, n'aha Jisọs.

170. E weghara m akụ na ụba nke ndị mmehie, n'aha Jisọs.

171. Anapụ m ndị ọjọ ọganịru nke akụ na ụba m, n'aha Jisọs.

172. Ọkụ Mụọ Nsọ, tụte ngọzi m, n'aha Jisọs.

173. Ọkụ Mụọ Nsọ, weghachiri m ngọzi m e zuru ezu, n'aha Jisọs.

174. Onyenweanyị, zipu ndi mụọ ozi chukwu ka ha wetara m ngọzi, n'aha Jisọs.

175. Ihe ọ bụla kwesiri mgbanwe n'ndụ m, ka ngọzi m wee bata, ka a gbanwee gị, n'aha Jisọs.

176. Nna, kpughere m, ugodi nke ọganịrụ, n'aha Jisọs.

177. Ike ọ bụla nke nọdụrụ akụ na ụba m ọdụ, daa nwụa, n'aha Jisọs.

178. Ike nke ọdịda n'oge mbuli elu m, nwụa, n'aha Jisọs.

179. Gị, ike akwusighi nke ọma, nwụa, n'aha Jisọs.

180. Ọkụ eluigwe, buo agha megide ịke nke ọgbenye na ndụ m, n'aha Jisọs.

181. Emerie m nwoke ike ọ bụla nke nyere m nsogbu n'afo a, n'aha Jisọs.

182. Ebe obibi nke ajọ omume nke dị gburugburu m, bụru ebe tọgbọrọ n'efu, n'aha Jisọs.

183. Ihe nyocha na ugegbe ọchịchịrị nke na-alụ ọlụ megide m, tijie, n'aha Jisọs.

184. Ngọzi n'aka nri n'aka ekpe, chụa ma chọta m, n'aha Jisọs.

185. Nna m na Chineke m, mee ndụ m ka ọ bụru akịkọ ọganịru, n'aha Jisọs.

186. Nkwubi okwu ekwensu ọ bụla, megide ndụ m, nwụa, n'aha Jisọs.

187. A tụnye m mgbagwoju anya n'etiti ndị iro m, n'aha Jisọs.

188. Ejeruo m n'ebe akara aka m dị, n'oge àkarà àkà, n'aha Jisọs.

189. Ajụ m ịgaghari ma na agbaghari otu ebe, n'aha Jisọs.

Nkebi 4Ụbọchị10 (11-09-2015)

NKWUPUTA: Abu Ọma: 92:10 - Ma Ị mewo ka mpi m di elu dika mpi atụ; e jiwo manu ọhụ wụsa m

Luk 10:19 - Lee, enyewo m unu ike izọkwasi agwọ na akpị ụkwụ, na imegide ike onye iro unu nile; ọ dịghị kwa ihe ọ bụla ga-emeru unu arụ ma ọlị

Abu Ọma144:1: Onye agọziri agọzi ka Jehova, bú oké nkumem, bu,Onye nēzí akam abua ilu ògù:Onye nēzí nkpisi-akam ibu agha:

Abụ

Abụ Otuto na Ofufe

Ekpere Otuto na Ekele

190. E weghara m aha m pụa n'akwụkwọ nke mgbagwọjụ anya, n'aha Jisọs.

191. Ebuo m amụma nye gị ụkwụ ime mụọ m, duru m ga n'iru, n'aha Jisọs.

192. Anata m ike okpukpu atọ, aga m a ga ije, aga m agba ọsọ, aga m efe efe dịka ugo, n'aha Jisọs.

193. Onyenweanyị, bulie m n'ebe dị elu, n'aha Jisọs.

194. Abụ m onye agaghị akwụsi akwụsi dịka ugo, n'aha Jisọs.

195. Site taa, aha etiti m ga-abụzi ime nke ọma na mbuli elu, n'aha Jisọs.

196. Ọlu ọ bụla kwụsịri n'ụzọ na ndụ m, nara mmetu aka Chineke, n'aha Jisọs.

197. Akwatue m ma merie, ndị iro ọganirụ m, n'aha Jisọs.

198. Ndị ọbia ọjọ, gbafuenu, apụtakwala ọzọ, n'aha Jisọs.

199. Ndụmọdụ ajọ omume, megide ndụ m, nara mgbagwọjụ anya, n'aha Jisọs.

200. Uwe ihere ọ bụla, a dọkasia m gị, n'aha Jisọs.

201. Chineke nke tinyere Ahịtofel na ihere, weta ndụmọdụ ndị iro m n'ihe efu, n'aha Jisọs.

202. Gị bụ Chineke nke na-eme ihe, mee ihe di egwu na ndụ m, n'aha Jisọs.

203. Onyenweanyị, mee m ihe egwu dị mma, n'aha Jisọs.

204. Site n'ike Chineke, ebe ọchịchịrị agaghị emekpa m ahụ, n'aha Jisọs.

205. Akagbue m, oge akara aka ekwensu nile nke ọnwụ, n'aha Jisọs.

206. Elie m, okwu arusi nile nke na-eme ụdansị n'onyinyo m, n'aha Jisọs.

207. Abụ m ịcheku ọkụ, ya mere dịbịa amusu ọ bụla nke ga-emetu akara aka m aka ga-erepia, n'aha Jisọs.

208. Ike amusu ọ bụla nke ga-emetu ndụ m aka, nwụa, n'aha Jisọs.

209. Ajụ m ndụ m ịbụ ihe ịchụ aja enye ekwensu, n'aha Jisọs.

210. Ọgbụgba ndụ ọjọ ọ bụla dị na ndụ m, tijie, n'aha Jisọs.

NKEBI NCHE ABALI

Azọ m, ma bibie kpam kpam ebe ihe isi ike nile na ogbachi nke onye iro ji n'emegide m nọ, n'aha Jisọs.

Azọpia m ha na-akpụkpọ ụkwụ nke ije ozi ọma nke Onyenweanyị bụ Jisọs Kraist, Ana m emebisi ha nile na okè ha nile, ala-eze, oche-eze, ọchịchị, obi eze na ihe nile di n'ime ya, n'aha Jisọs. Akagbuo m ha nile ma mee ha nile mkpọ mkpọ ebe, n'aha Jisọs. Ike m dị n'ike nke Onyenweanyị Jisọs Kraist, Jisọs bụ ike m, anatawo m ike n'aka Onyenweanyị, n'aha Jisọs. Okwu Chineke si na Ọ ga enyeghachi m afọ nile nke ịgurube na ụkpala na ọbubu na palmer-worm riworo, n'aha Jisọs. Na ọbara Jisọs, ka Onyenweanyị ga awụchapu ala m ma sacha aka m na oke m, n'aha Jisọs. Ụwa nile nwere ike kpebie jiri ihe ọjọ na-agba ka miri na-agagharị, onye iro, n'ime echiche ọjọ ya, nwere ike kpebie imegide m. Ala nwere ike ihoro jụ na ọ gaghị ama jijiji, ihe ọ sọrọ ya ma ọ bụ mee, ajụ m ịtụ ụjọ ahu, n'aha Jisọs.

Atụkwasiri m obi n'okwu Chineke, Okwu Ya guzosiri ike mgbe m kwupuru ya, ọ ga-abia na mmezu ihe m kwe kwuo ya, n'aha Jisọs. Abụ m mputa ihè, aka ọrụ na mpụta nke okwu Chineke. Chineke ekwuwo okwu n'ime ndụ m, Abụ kwara m mpụta ihe nke iru Jehova Chineke n'elu ụwa, ana m egosipụta ihe nile nke okwu Chineke kwuru sị na m bụ. E juputara m na okwu nke ndụ, n'ihi na Onyenweanyị na-emebi echiche nile nke ndị aghụghọ, aka ha agaghị emezu ihe ha zubere. Ọlụ nile nke ndị ike, ndị ọjọ na ndị iro imegide ndụ m, agaghị adi ire, n'aha Jisọs. N'aha Jisọs, e ji m ike nke Onyenweanyị na-emeri ndị agha nke onye iro nile. N'aha Jisọs Kraist, site n'ihè nke Chineke na ndụ m, enye m iwu ka ndị ọjọ nwụọ n'iru m, ma gbazee dịka mgba dị n'ọkụ. Abụ m nwa Chineke, ebi m n'ebe nzuzo kachasị ihe nile elu bụ nke Chineke. A na-echedo m ma kpuchie m n'okpuru ndo nku nke Jehova, n'aha Jisọs.

NKEBI NCHE ABALI

(Aga eme nke nabali nagbata elekele ịrị na abụa na elekere abua)

1. Onyenweanyị, ka e meruọ ihe a na-atule n'uche nke ndị ọjọ obodo a, n'aha Jisọs.

2. Ihe nzuzo ọ bụla nke m kwesiri ịma banyere agbụrụ nne m, ka e kpughee gị, n'aha Jisọs.

3. Ihe nzuzo ọ bụla nke m kwesiri ịma banyere obodo nna m, ka e kpughee gi n'aha Jisọs.

4. Ihe nzuzo ọ bụla nke m kwesiri ịma banyere ọrụ m na-arụ, ka e kpughee gị n'aha Jisọs.

5. Onyenweanyị, nye m mụọ nke mkpughee na amamihe n'ịmata Gị, n'aha Jisọs.

6. Onyenweanyị, mee ka m mata uche Gị banyere ihe a, n'aha Jisọs.

7. Onyenweanyị, wepu nje anyị n'anya m, n'aha Jisọs.

8. Onye ọrụ ajọ omume nke a kwadoro, akwado, si n'ebe m nọ wezuga onwe gị, n'aha Jisọs.

9. Onyenweanyị, ka e mee ndị iro m ihere n'oke mkpasu iwe, n'aha Jisọs.

10. Nna m, ka ihere na ihe mberede bụrụ oke ndị nile na-akpagbu m, n'aha Jisọs.

11. Ike ọ bụla nke na-ezube ịdọri mkpụrụ obi m dịka ọdụ m na-adọri atụrụ, ka a ghasaa gi, n'aha Jisọs.

12. Chineke ga-ebibi ọmụma ụlọ ikwu onye iro, a gaghị ewukwa ọmụma ụlọ ikwu ha ọzọ, n'aha Jisọs.

13. Onyenweanyị, nye ndị ajọ omume ọrụ nke aka ha dịka o si dị, n'aha Jisọs.

14. Onyenweanyị, yipu m uwe ntụ ma gbokwasị uwe ọñụ, n'aha Jisọs.

15. Onyenweanyị, chụpụ ndị iro m n'ọtụtụ mmehie ha, n'aha Jisọs.

16. Ndị na-arụ ọrụ ajọ omume, sinu n'ebe m nọ wezuga onwe unu, n'aha Jisọs.

17. Onyenweanyị, ka e mee ndị iro ihere n'oke mkpasu iwe, n'aha Jisọs.

18. Nna m, ka ihere na mberede bụrụ oke ndị nile na-akpagbu m, n'aha Jisọs.

19. Ike ọ bụla na-akwado ịdọri mkpụrụ obi m dịka ọdụ m na-adọrri atụrụ, ka a ghasaa gi, n'aha Jisọs.

20. Chineke ga-ebibi ọmụma ụlọ ikwu ndị iro, a gaghị ewugharịkwa ụlọ ikwu ha ọzọ, n'aha Jisọs.

21. Onyenweanyị, dịka ọrụ nile nke ndị ajọ omume si dị, nye ha ọrụ nile nke aka ha, n'aha Jisọs.

NKEBI 5 - ITIRISI ERIRI NGAKỌ ARỤSỊ NILE

Ịgụ Akwukwo Nsọ; Ọpụpụ 20

NKWUPUTA: Ezikiel 37:23 - Ha agaghi eji kwa arụsị nile ha, ma ọ bụ ihe árụ́ nile ha, ma ọ bụ mmehie nile ha, meru onwe ha ọzọ; kama M ga-azọpụta ha n'ebe obibi nile ha, ebe ha mehieworo, M ga-emekwa ka ha dị ọcha; ha ewe ghọrọ m otù ndị, Mụ onwe m ga-abụkwara ha Chineke.

Nkebi 5 Ụbọchị 1 (12-09-2015)

NKWUPUTA: Ezikiel 37:23 - Ha agaghi eji kwa arụsị nile ha, ma ọ bụ ihe árụ́ nile ha, ma ọ bụ mmehie nile ha, meru onwe ha ọzọ; kama M ga-azọpụta ha n'ebe obibi nile ha, ebe ha mehieworo, M ga-emekwa ka ha dị ọcha; ha ewe ghọrọ m otù ndị, Mụ onwe m ga-abụkwara ha Chineke.

Abụ

Abụ Otuto na Ofufe

Ekpere Otuto na Ekele

1. Ụdọ arụsị nile nke ji m n'ala, tijie, n'aha Jisọs.
2. Otite mmanụ ezighi ezi nke arụsị ezi na ụlọ nna m, hichapụ n'ọbara m, n'aha Jisọs.
3. Arụsị nile nke ezi na ụlọ nna m, nke na ebe akwa megide akara aka m, dere jụụ, n'aha Jisọs.
4. Ike arụsị nile, nke na-agbọ uja megide ọnụ m zuru oke, mechie ọnụ gị ma nwụọ, n'aha Jisọs.
5. Agha ọ bụla nke akpasuru megide ndụ m, nke sitere n'aka arụsị nke ezi na ụlọ, gbasasia ma tikpo, n'aha Jisọs.
6. Atụmatụ Ike arụsị nile, ime ka ọganirụ m nile daa ngwụrọ, nwụọ, n'aha Jisọs.
7. Ike mkpagbu nile, ezubere megide m, nke sitere n'ike arụsị nile, hapụ m ma nwụọ, n'aha Jisọs.
8. Ndị ila n'iyi na ndị nkụchasị aka nke ike arụsị nile hanyere ka ọlaa ndụ m n'iyi, nwụọ, n'ọkụ, n'aha Jisọs.
9. Ọgbụgba ndụ ọ bụla nke mụ na arụsị ọ bụla nwere, nke m mere namaghi ama, tijie n'ọkụ, n'aha Jisọs.
10. Ihe nile na-emepụta agbụ, nke sitere n'arụsị nke ezi na ụlọ nna m, e bibie m ike gị, n'aha Jisọs.
11. Akụ nile agbanyere n'akara aka m, sitere n'arụsị nile nke dị na ntọala m, nwụọ, n'aha Jisọs.

12. Iwe nke sitere n'eligwe nke arụsị nke ezi na ụlọ m kpasuru, ka akagbụọ gị site n'ọbara Jisọs, n'aha Jisọs.

13. Nnyefe ọjọọ nile, nke na-ekwubi okwu megide ọganirụ m, akurisie m gị, n'aha Jisọs.

14. Ike nile, na-akpọ aha m n'ebe nchụ aja ọjọọ nile, dere jụụ ma nwụọ, n'aha Jisọs.

15. Ukpuru nile gbagọrọ agbago, edere megide nje m mụ, sitere n'ike arụsị, ka ehichapụ gị site n'ọbara Jisọs, n'aha Jisọs.

16. Mmeri nke agbụrụ ọbụla, nke arụsị ezi na ụlọ m kwadoro, hichapụ site n'ike dị n'ọbara nke Jisọs, n'aha Jisọs.

17. Nsogbu nile nke ike arụsị hanyere megide ndụ m, hichapụ site n'ike dị n'ọbara Jisọs, n'aha Jisọs.

18. Ụlọ arụsị ọbụla na-akpọ aha m, hichapụnụ site n'ike dị n'ọbara Jisọs, n'aha Jisọs.

19. Akara aka nile nke anagbakọghị nke ọma, nke ike arụsị nile kpasụrụ ka ezighachi gị, n'aha Jisọs.

20. Ike nchụso nile, nke ụlọ nna m, laghachi azụ ma gbaa ọkụ, n'aha Jisọs.

21. Eweghachi m, ohere ọma m nile nke arụsị nile nke ezi na ụlọ lara n'iyi, n'aha Jisọs.

Nkebi 5 Ụbọchị 2 (13-09-2015)

NKWUPUTA: Ezikiel 37:23 - Ha agaghi eji kwa arụsị nile ha, ma ọ bụ ihe árụ́ nile ha, ma ọ bụ mmehie nile ha, meru onwe ha ọzọ; kama M ga-azọpụta ha n'ebe obibi nile ha, ebe ha mehieworo, M ga-emekwa ka ha dị ọcha; ha ewe ghọrọ m otù ndị, Mụ onwe m ga-abụkwara ha Chineke.

Abụ

Abụ Otuto na Ofufe

Ekpere Otuto na Ekele

22. Otite mmanụ nke nwagharị na ndụ, nke arụsị nile ntọala m tụpụtara, na ndụ ka ehichapu unu, n'aha Jisọs.

23. Mmanụ ọjọọ ọbụla, nke arụsị ezi na ụlọ nna m wukwasịrị n'isi m, hichapụ, n'aha Jisọs.

24. Ike ụzọ gbara anọ nile, na ike aja ọjọọ nile tọhapụnụ ike ụnụ, n'aha Jisọs.

25. Ebe adịghị laari nile, nke arụsị ezi na ụlọ nile kwadoro maka nje m nke ndụ m, gbajie n'ibe n'ibe, n'aha Jisọs.

26. Aha nzuzo nile, ma ọ bụ nke pụtara ihe, nke na-arụ ọrụ dika ibube nke nrịanrịa, ka akagbụọ gị site n'ọbara Jisọs, n'aha Jisọs.

27. Agbopu m site n'oku, ihe obula nke m riri site na tebulu nke ochichiri, n'aha Jisos.

28. Ihe nile ekwensu ji akwaghari ndu m, nke ji ntoala arusi dika ibube iji megide m, nwuo, n'aha Jisos.

29. Oruru ojoo obula, n'ime ndu m sitere na ntoala okpukpe arusi, takpoo site n'obara Jisos, n'aha Jisos.

30. Agaghi n'iru obula, banyere n'ime nje mu, site n'ike ntoala arusi, repia, n'aha Jisos.

31. Eweghachi m ngozi m nile, nke ulo arusi na ebe nchu aja jisiri aka ike, n'aha Jisos.

32. Awuputa m na ndagwurugwu nke onwu, nke ike nile nke arusi kwadoro, n'aha Jisos.

33. Ihe njikota obula di n'etiti ndu nro m na ikpere arusi, tijie n'oku, n'aha Jisos.

34. Ike arusi obula n'akpo m ichuru ya aja ka efee ya ofufe, nwuo, n'aha Jisos.

35. Agwo na akpi nile, nke ulo nna m, tohapunu ike unu, n'aha Jisos.

36. Ahia ochichiri nke ike arusi nile kwadoro, iji ree akara aka m, mechie, n'aha Jisos.

37. Onyenwem, kwatuo arusi nile nke ulo nna m, n'aha Jisos.

38. Onyenwe m, ka arusi nke ulo nna m juputa na ihe ihere ya na ike ha nile na akpuru akpu, ha nile buru ihe akurisiri, n'aha Jisos.

39. Ajum, ikpere arusi nile di n'ahiri obara m, n'aha Jisos.

40. Akuwasia m, abumonu nile nke ikpere arusi di na ukpuru obara m, n'aha Jisos.

41. Onyenwe m, fesa m mmiri gi ma sacha m ka m di ocha n'ebe mmeru nke ikpere arusi di, n'aha Jisos.

42. Iyagba nke ikpere arusi obula, kechiri akara aka m, tijisie n'ibe n'ibe, n'aha Jisos.

Nkebi 5Ubochi3 (14-09-2015)

NKWUPUTA: Ezikiel 37:23 - Ha agaghi eji kwa arusi nile ha, ma o bu ihe áru nile ha, ma o bu mmehie nile ha, meru onwe ha ozo; kama M ga-azoputa ha n'ebe obibi nile ha, ebe ha mehieworo, M ga-emekwa ka ha di ocha; ha ewe ghoro m otu ndi, Mu onwe m ga-abukwara ha Chineke.

Abu

Abu Otuto na Ofufe

43. Nnyefe nile, nke ndị nnanna m ha mere n'iru arụsị ọbụla iji wee tinye ọdiniru m, n'agbu gị, etijie m gị site n'ike dị n'ọbara Jisọs.

44. Anapụta m onwe m, anapụta m akara aka m, site n'agbụ na ikike ọchịchị ikpere arụsị, n'aha Jisọs.

45. Abụmọnụ nke ikpere arụsị ọbụla, nesogbu ụkpụrụ agbụrụ m, kuwasia n'aha Jisọs.

46. Osimiri ọjọọ ọbụla, n'rubanye n'ime ndụ m n'ụdị ikpere arụsị ọbụla, takpọọ, n'aha Jisọs.

47. Iñụ iyi ọbụla, Ikwe nkwa ọbụla, ọgbụgba ndụ ọbụla, nke ndị nnanna m ha mere iru arụsị ọbụla, tijie ugbua, n'aha Jisọs.

48. Ọku Mụọ Nsọ, tijie iyagba ikpere arụsị nke nnanna m ha na ndụ m, n'aha Jisọs.

49. Nna m, Nna m, Nna m, ka Goliat dị n'agbụrụ m, daa n'ala nwụọ, n'aha Jisọs.

50. Nna m, Nna m, Nna m, ka Fero ọbụla dị nagbụrụ m, daa n'ala nwụọ, n'aha Jisọs.

51. Nna m, Nna m, Nna m, ka Herod ọbụla dị n'agbụrụ m, daa n'ala ma nwụọ n'aha Jisọs.

52. Nna m, Nna m, Nna m, ka Sennacherib dị n'agbụrụ m, daa n'ala ma nwụọ, n'aha Jisọs.

53. Nna m, Nna m, Nna m, jigide m, weghachi ebube m n'aka Iyagba nile nke ikpere arụsị.

54. Nna m, Nna m, Nna m, banye ndụ m nile n'ime ọbara Jisọs ma mee ka m nwere onwe m n'ebe Iyagba nile na nkirika nke ikpere arụsị dị, n'aha Jisọs.

55. Atụmatụ ọbụla nke ndị n'ekpere arụsị, banyere ndụ m, bụrụ ihe akagburu, n'aha Jisọs.

56. Agbụ nke ikpere arụsị ọbụla, na-esogbu akara aka m ka akagbuo gị, n'aha Jisọs.

57. Nna m, bilie n'ike na ebube gị, napụta ezi na ụlọ m na agbụ jikọtara ọnụ, n'aha Jisọs.

58. Nna m, Nna m, Nna m, jigide m ma napụta m n'isi na ikuku ikpere arụsị gbara m gburugburu, n'aha Jisọs.

59. Akwụkwọ nkwa ọbụla nke ndị nnanna m ha deturu n'ihu arụsị ọbụla, adọwaa m ha, n'aha Jisọs.

60. Nkwekọrịta ọbụla dị n'etiti ndị nnanna m ha, na-arụsị ọbụla, etijie m nkwa a, n'aha Jisọs.

61. Aju m aha muo ojoo obula tapara n'ime m na ezi na ulo m, n'aha Jisos.

62. Ekewapu m ndu m, na-aha obula enyere m site n'otite mmanu nke ekwensu, n'aha Jisos.

63. Etijie m oruru osimiri ojoo nke na erubata na ndu m nke sitere na ahaa nabaghi uru, n'aha Jisos.

Nkebi 5 Ubochi 4 (15-09-2015)

NKWUPUTA: Ezikiel 37:23 - Ha agaghi eji kwa arusi nile ha, ma o bu ihe árú nile ha, ma o bu mmehie nile ha, meru onwe ha ozo; kama M ga-azoputa ha n'ebe obibi nile ha, ebe ha mehieworo, M ga-emekwa ka ha di ocha; ha ewe ghoro m otù ndi, Mu onwe m ga-abukwara ha Chineke.

Abu

Abu Otuto na Ofufe

Ekpere Otuto na Ekele

64. Aju m ino n'okpuru nke aha ojoo, n'aha Jisos.

65. Aha amusu obula, si n'egedege ihu m na otubo m, gbazee, n'aha Jisos.

66. Anata m akara nke muo nso na ndu m, n'aha Jisos.

67. Aha nzuzo, ma o bu nke naputaghi ihè enyere m, iji wee laa akara aka m n'iyi n'ubochi aguru m aha, igaghi adi irè, n'aha Jisos.

68. Eweghachi m, ebe nile ndi nnanna m ha nyere ekwensu, n'aha Jisos.

69. Ewere m obara Jisos, iji wee tijie ntara m ahuhu obula nke mmehie ndi muru m butere m, n'aha Jisos.

70. Anaputa m onwe m, na nchanwu obula nke agbu jikotara onu, n'aha Jisos.

71. Anaputa m onwe m, n'agbu obula nketara, n'aha Jisos.

72. Onyenwe m, zite anyike gi di oku na ntoala nke ndu m, ma mebie ihe ojoo obula akunyere ojoo nile, n'aha Jisos.

73. Obara Jisos, sapu n'ukpuru ndu m, ihe nketa obula nke ekwensu tinyere na ndu m, n'aha Jisos.

74. Anaputa m onwe m, n'aka nsogbu obula etinyere na ndu m site n'afo nne m, n'aha Jisos.

75. Etijie m ma topu onwe m na-ogbugba ndu ojoo obula nke agbu ekekotara onu, n'aha Jisos.

76. Agbopu m, ihe ojoo obula, nke m riri dika nwata, n'aha Jisos.

77. Enye m nwoke ike ntoala m obula, iwu ka okponwuo, n'aha Jisos.

78. Okporo igwè ndi ojoo obula, na-ebili imegide ukpuru ezi na ulo m, buru ihe na abaghi n'ihim, n'aha Jisos.

79. Akagbuo m, ụgwọ ọrụ ọjọọ ọbụla nke tapara n'aha agụrụ m, n'aha Jisọs.

80. Ajụ m, ịñụ site n'ọdọ mmiri nke iru uju, n'aha Jisọs.

81. Anapụta m onwe m, n'agbụ ọjọọ nke ebe ewusirike nke ebe nchụ aja ọjọọ kwuo nkea ọzọ ma kwuo napụta mụ onwe m, n'aha Jisọs "gbuo obere oge na nkea".

82. Akagbuo m, nnyefe ajọ n'aka mụọ ọbụla n'aha Jisọs, Na-ekwugharị akagbuo m gị, n'aha Jisọs.

83. Ebe ewusiri ike ọjọọ ọbụla, ewuliri megide m, ka ihere mee unu, n'aha Jisọs.

84. Ihe ọbụla emere megide ndụ m, n'ụdị otite mmanụ ajọọ mụọ, igaghị adị ìrè n'aha Jisọs.

Nkebi 5Ụbọchị5 (16-09-2015)

NKWUPỤTA: Ezikiel 37:23 - Ha agaghị eji kwa arụsị nile ha, ma ọ bụ ihe árụ́ nile ha, ma ọ bụ mmehie nile ha, meru onwe ha ọzọ; kama M ga-azọpụta ha n'ebe obibi nile ha, ebe ha mehieworo, M ga-emekwa ka ha dị ọcha; ha ewe ghọrọ m otù ndị, Mụ onwe m ga-abụkwara ha Chineke.

Abụ

Abụ Otuto na Ofufe

Ekpere Otuto na Ekele

85. Abụghọ m ọnụ, nye ebe nchụ aja nke eguzorobere megide m, n'aha Jisọs.

86. Onye nchụ aja ọjọọ ọbụla, na achụ aja megide m n'ebe nchụ aja ọjọọ ọbụla, nara nma agha nke Chineke, n'aha Jisọs.

87. Onye nchụ aja nkpochi nti, nke ebe ichụ aja, ñụa ọbara gị, n'aha Jisọs.

88. Ekewapụ m onwe m site na ọgbụgba ndụ ọbụla nke ekwensu, n'aha Jisọs.

89. Igodo na iyegba ajọ mụọ ọbụla, nke eji megide m n'uwa ọchịchịrị, **gbaa ọkụ** ma tirisie n'ibe n'ibe, n'aha Jisọs.

90. Ekewapụ m onwe m site na nweda-ala ọjọọ ọbụla nye ihe ọbụla ma ọ bụ mmadụ ọbụla, n'aha Jisọs.

91. Eriri nkekọ ọjọọ ọbụla, njikọ na nkwekọrịta ọbụla nke ezipụrụ iji kwagharịa ndụ m, nwuru ọkụ, n'aha Jisọs.

92. Echegharịa m site n'ofufe arụsị nke nnanna m ha, n'aha Jisọs.

93. Ndi irọ m agaghị añụrị ọñụ n'isi m, n'aha Jisọs.

94. Onyenwe m, debe m dika otu mkpụrụ anya ji`ịsị ụgwọ, zobe m n'okpuru ǹdò ǹkù aka gị, n'aha Jisọs.

95. Onyenwe m, kpuchie m site n'aka ndị ọjọọ ndị na kpagbu m na site n'aka ajọọ ndị gbara m gburugburu, n'aha Jisọs.

96. Onyenwe m, bilie, gharịpụ ndị na kpagbu m, n'aha Jisọs.

97. Onyenwe m, were nma agha gị napụta m n'aka ndị ọjọọ, n'aha Jisọs.

98. Aga m akpọkụ Jehova onye kwesiri inye ekele, otua ka agesi napụta m n'aka ndị irọ m, n'aha Jisọs.

99. Chineke m, gbapụ akụ ụta gị ma tisaa ndị n'akpagbu m, n'aha Jisọs.

100. Chineke m, gbapụ àmùmà gị dịka ụta ma mee ka ha tụa ụjọ, n'aha Jisọs.

101. Onyenwe m, mee ka anwụrụ si n'imi gị pụọ, ka ọkụ sị n'ọnụ gị pụọ, ma ripịa ihe ọkụkụ ọjọọ nke ọchịchịrị nke nọ n'ime ndụ m, n'aha Jisọs.

102. Onyenwe m, si n'eligwe gbaa dịka egbe eluigwe megide ndị na-akpagbu m, n'aha Jisọs.

103. Onyenwe m, site na nkupụ ume gị, mee ka ihere mee agbụ ntọala ọbụla, n'aha Jisọs.

104. Chineke m, napụta m n'aka ndị irọ m kam ike, ndị kpọrọ m asị n'ihi na ha kam ike, n'aha Jisọs.

105. Chineke m, wetuo anya ọjọọ ọbụla, nke n'eleli ihe m pụrụ ime anya, n'aha Jisọs.

Nkebi 5Ụbọchị6 (17-09-2015)

NKWUPUTA: Ezikiel 37:23 - Ha agaghi eji kwa arụsị nile ha, ma ọ bụ ihe árụ nile ha, ma ọ bụ mmehie nile ha, meru onwe ha ọzọ; kama M ga-azọpụta ha n'ebe obibi nile ha, ebe ha mehieworo, M ga-emekwa ka ha dị ọcha; ha ewe ghọrọ m otù ndị, Mụ onwe m ga-abụkwara ha Chineke.

Abụ

Abụ Otuto na Ofufe

Ekpere Otuto na Ekele

106. Anata m ike igba oso n'etiti igwe agha ekwensu, n'aha Jisọs.

107. Anata m ike iwufe mgbidi mkpọchi ọjọọ ọbụla, n'aha Jisọs.

108. Onyenwe m, kuziere aka m ibụ agha, n'aha Jisọs.

109. Ihe ịghọta ụta nke onye irọ kwadoro m, tijie n'aka m n'aha Jisọs.

110. Ọgbụgba ndụ ọbụla nke sitere n'ala, megide ndụ m tijie, n'aha Jisọs.

111. Ọgbụgba ndụ ọbụla nke anyanwụ, ọnwa na kpakpandọ, megide ndụ m, tijie, n'aha Jisọs.

112. Ọgbụgba ndụ nke mmiri ọbụla megide ndụ m, tijie, n'aha Jisọs.

113. Ana mete ọbara Jisọs iji tijie ike arụsị megide ndụ m, kwee ukwea:- "Ike dị uku dị n'ọbara (2ce) ike dị uku dị nime ọbara Jisọs Kraịst, ike dị uku dị n'ọbara.

114. Onyenwe m, tụgharịa ihe ọjọọ nile ezitere m, ka ha bụrụ ihe ọma nye m, n'aha Jisọs.

115. Ana m enye iwu ka ike ọjọọ ezitere m, laghachikwuru onye zitere ya, n'aha Jisọs.

116. Chineke, mee ka ihe nile onye iro kwuru na ọgaghị ekwe omume na ndụ m, ka ọ di ire, n'aha Jisọs.

117. Atọpụ m onwe m site na nchanwụ nke ndọta n'agha achụkọtara ọnụ, n'aha Jisọs.

118. Atọpụ m onwe m site n'ike agbụ nke agbụrụ m, n'aha Jisọs.

119. Ọbara Jisọs, sụchapụ ihe nkunye nke ekwensu tinyere n'ime ndụ m, n'aha Jisọs.

120. Atọpụ m onwe m site na nsogbu banyere na ndụ m site n'afọ nne m, n'aha Jisọs.

121. Ọbara Jisọs na ọkụ mụọ nsọ, sachaa akụkụ ahụ m ọbụla, n'aha Jisọs.

122. Etijie m ma tọpụ onwe m, site na ọgbụgba ndụ ọjọọ, n'aha Jisọs.

123. Etijie m ma tọpụ onwe m site na ọtụtụ abụm ọnụ, n'aha Jisọs.

124. Ana m agbọpụ ihe nile m riworo dịka nwata, n'aha Jisọs.

125. Enye m iwu, ka nwoke ike ntọala ọbụla nke ekedoro na ndụ m ka ọkpọnwụ, n'aha Jisọs.

126. Mkpa n'aka ụrú ọbụla, nke n'ebili megide ezi na ụlọ m, ka eme ka ịghara ịnwe ike zuru oke n'ihi m, n'aha Jisọs.

Nkebi 5 Ụbọchị 7 (18-09-2015)

NKWUPUTA: Ezikiel 37:23 - Ha agaghi eji kwa arụsị nile ha, ma ọ bụ ihe árụ nile ha, ma ọ bụ mmehie nile ha, meru onwe ha ọzọ; kama M ga-azọpụta ha n'ebe obibi nile ha, ebe ha mehieworo, M ga-emekwa ka ha dị ọcha; ha ewe ghọrọ m otù ndị, Mụ onwe m ga-abụkwara ha Chineke.

Abụ

Abụ Otuto na Ofufe

Ekpere Otuto na Ekele

127. Ana m akagbu, ihe kpatara ihe nke aha ọjọọ ọbụla nke ekedoro na mmadụ m bụ, n'aha Jisọs.

128. Kpesie ekpere ike megide ọtụtụ mgbọrọgwụ ndọta n'agha kpee otua:- Ihe ndaputa ọbụla nke ...... (họrọ n'otu n'otu site na ndịa) n'ime ndụ m, chịrị mgbọrọgwụ gị nile pụta, n'aha Jisọs.

- Ihe nchepụta ọjọọ ọbụla anahụ anya
- Ajọ nnyefee
- Abụm ọnụ nne na nna
- Ajọ alụm dị na nwunye
- Onye ntaji anya ọkacha mara
- Ịchụ aja ọjọọ
- Akara ọjọọ
- Ọria agbụru
- Nro emerurụ emerụ
- Mbịkwasị aka ọjọọ
- Ajọ nnabata n'òtù
- Ajọ mkpuhe n'ebe akwamịkọ dị
- Mgbanye ọbara
- Nkpuhe ọjọọ nke ndị n'agba áfá
- Ajọ irụ ụka nke akara aka
- Nnọkọ nke mpịampịa arụsị
- Nnọkọ nke arụsị ezi na ụlọ
- Alụm dị na nwunye nke ọtụtụ nwunye nke n'emebi ihe
- Nnọkọ nke ndị ajọ ndụmọdụ
- Mmeko n'adanyeghị n'ihe edere n'akwụkwọ nsọ

129. Arụsị nke mkpụrụ oji, nụrụ okwu Onyenweanyị, hichapụ n'aha Jisọs.

130. Arụsị nke ego ayọrọ, nụrụ okwu Onyenweanyị, hịchapụ, n'aha Jisọs.

131. Arụsị nke okporo ụzọ, nụrụ okwu Onyenweanyị, hịchapụ, n'aha Jisọs.

132. Arụsị nke mmanwụ, nụrụ okwu Onyenweanyị, hịchapụ n'aha Jisọs.

133. Arụsị alụm dị na nwunye, nụrụ okwu Onyenweanyị, hịchapụ n'aha Jisọs.

134. Arụsị ọbà, nụrụ okwu Onyenweanyị, hịchapụ, n'aha Jisọs.

135. Nsi nke arụsị, nụrụ okwu Onyenweanyị, hịchapụ, n'aha Jisọs.

136. Nkịta ọbụla nke arụsị ezi na ụlọ m, nke nagbọ ụja megide oganirụ m, nwụọ, n'aha Jisọs.

137. Ike arụsị nke akwadoro imemila akara aka m, nwụọ, n'aha Jisọs

138. Ike arụsị nke nebutere m nsogbu, nwụọ n'aha Jisọs.

139. Nnyefe ọjọọ ọbụla, nke n'ekwu okwu megide akara aka m, nwụọ, n'aha Jisọs.

140. Nna, achọrọ m enyemaka, nyere m aka, n'aha Jisọs.

141. Ajọ nne na nna nke mụọ, eke m gị agbụ taa, n'aha Jisọs.

142. Ajọ owuwe ihe n'ubi ọbụla, gbasaa n'ọkụ, n'aha Jisọs.

143. Ajọ mbibi nke nkwa nnanna ochie, nke emere n'ihi m, nwụọ n'aha Jisọs.

144. Ọbara Jisọs, bilie n'ike gị, suchasia mgbọrọgwụ m, n'aha Jisọs.

145. Iga leta mmadụ nke ọchịchịrị, gbazee site na-egbe eluigwe nke Chineke, n'aha Jisọs.

146. Owuwe nke ọjọọ, nke ụlọ nna m, nwụọ, n'aha Jisọs.

147. Owuwe nke ihe ojọọ nke ụlọ nne m, nwụọ, n'aha Jisọs.

Nkebi 5Ụbọchị8 (19-09-2015)

NKWUPUTA: Ezikiel 37:23 - Ha agaghi eji kwa arụsị nile ha, ma ọ bụ ihe árụ́ nile ha, ma ọ bụ mmehie nile ha, meru onwe ha ọzọ; kama M ga-azọpụta ha n'ebe obibi nile ha, ebe ha mehieworo, M ga-emekwa ka ha dị ọcha; ha ewe ghọrọ m otù ndị, Mụ onwe m ga-abụkwara ha Chineke.

Abụ

Abụ Otuto na Ofufe

Ekpere Otuto na Ekele

148. Ike agbụ ala ọbụla megide akara aka m, nwụọ, n'aha Jisọs.

149. Ike ntọala ọbụla, megide akara aka m, nwụọ, n'aha Jisọs.

150. Ọdụ m ebo Juda, bilie ma mebie ntọala agwọ na akpị ọbụla, n'aha Jisọs.

151. Ntọala agbụ nke ụbịam, tijie, n'aha Jisọs.

152. Ntọala agbụ amusu, nwụọ, n'aha Jisọs.

153. Gi ike nke na-adọla mmadụ azụ, nwụọ, n'aha Jisọs.

154. Uwe nke ịmata iru ọma na ọganiru, dakwasị m, n'aha Jisọs.

155. Ike ntọala ọbụla nke n'ama akara aka m aka n'iru, nwụọ, n'aha Jisọs.

156. Ike ọbụla nke arụsị ụlọ nna m, nwụọ, n'aha Jisọs.

157. Arụsị obụla nke ụlọ nna m, hapụ ndụ m aka, n'aha Jisọs.

158. Akụ ụta nke nrianria, nke sitere n'ife arụsị, hapụ m aka, n'aha Jisọs.

159. Nna m, zite ndị mụọ ozi gị ka ha kpọpụta ndị ezi na ụlọ m site n'ọchịchịrị baa n'ihe, n'aha Jisọs.

160. Gi ike nke arụsị ezi na ụlọ m, nwụọ, n'aha Jisọs.

161. Ebe ichụ aja nke iwe ọbụla, nke ụlọ nna m, nke n'ebe akwa megide ọganiru m, nwụọ, n'aha Jisọs.

162. Arụsị ọbụla nke na-achọ ọdịda akara aka m, nwụọ, n'aha Jisọs.

163. Ngiga ezi na ụlọ ọbụla, nke na-akwado arụsị, tijie, n'aha Jisọs.

164. Iyagba ọjọọ ọbụla nke na ejiko mụ na arụsị ezi na ụlọ tijie, n'aha Jisọs.

165. Aha m, nụrụ okwu Onyenweanyị, si n'ebe ịchụ ajaa ọjọọ ọbụla pụọ, n'aha Jisọs.

166. Ike ọjọọ ọbụla nke arụsị ezi na ụlọ m, nwụọ, n'aha Jisọs.

167. Ewepu m aha m site n'ebe ịchụ aja ọjọọ ọbụla, n'aha Jisọs.

168. Ndụ m, nara nnapụta site na agbụ nke ite arụsị, n'aha Jisọs.

Nkebi 5Ụbọchị9 (20-09-2015)

NKWUPUTA: Ezikiel 37:23 - Ha agaghi eji kwa arụsị nile ha, ma ọ bụ ihe árụ nile ha, ma ọ bụ mmehie nile ha, meru onwe ha ọzọ; kama M ga-azọpụta ha n'ebe obibi nile ha, ebe ha mehieworo, M ga-emekwa ka ha dị ọcha; ha ewe ghọrọ m otù ndị, Mụ onwe m ga-abụkwara ha Chineke.

Abụ

Abụ Otuto na Ofufe

Ekpere Otuto na Ekele

169. Gị bụ ike nke Chineke, tisasia atụmatụ nile nke ntọala ikpere arụsị, nke emere megide ndụ m, n'aha Jisọs.

170. Alaa m n'iyi n'ọkụ, gị bụ onye nchụ aja nke òtù ọjọọ nke n'agba afa megide m, n'aha Jisọs.

171. Ọkụ anamaghị ama, nke arụsị nile nke ezi na ụlọ kwadoro, nwụọ, n'aha Jisọs.

172. Site n'ike dị n'ọbara Jisọs, ajụ m Chi nke nnanna m ha na nke mụ onwe m feworo, nke kpọbatara m n'ime ọtụtụ ndọta n'agha, n'aha Jisọs.

173. Mkpụrụ nile nke ife arụsị, nke nọ na ntọala m, nwụọ n'aha Jisọs.

174. Ụda olu nke arụsị ezi na ụlọ m agaghị emeri megide akara aka m, n'aha Jisọs.

175. Njidesi ike ajọ nile ihe nke emetara ihe nke ofufe ndi ichie nke chi nnanna m ha, megide ndụ m na ọrụ nlekọta m, tijie n'ọkụ, n'aha Jisọs.

176. Ogbụgba ndụ nke ajọ obi nile ekedoro n'amaghị ama na mụọ nke nnanna m, nnenne m, nwannenna nile nọ n'ótú nzuzo, nwanne nne nile, ndị omenala nile nke arụsị ezi na ụlọ, ihu arụsị, ụlọ arụsị, tijie site n'ọbara Jisọs.

177. Mkpebi ọbụla, nkwa ma ọ bụ ikwe nkwa nke nnanna m ha mere megide akara aka m, tọọ nke iji n'ọkụ n'aha Jisọs.

178. Abụm ọnụ Chineke nile nke agbụrụ, nke mmehie nke ife arụsị nnanna m ha kpatara, tọhapu nke iji, n'aha Jisọs.

179. Ebe ịchụ aja nile nke ndị ichie, nke n'atu atụmatụ ọjọọ megide m, ka etipịasịa gị n'elu nkume mgbe ebighiebi, n'aha Jisọs.

180. Ajọ ihe ọbụla nke ndị ịchie mere meghari eriri nwa nke ndụ m, ka atụgharịa gị, n'aha Jisọs.

181. Ibi ndụ nke ndị ichie nile nke akwadoro m site na nkwa nile, ikwe nkwa nile na ọgbụgba ndụ nile, ka atụgharịa gị, n'aha Jisọs.

182. Ọnụ ụzọ ama nke ebe amụrụ m, nke kpọchiri ọganiru m nụrụ okwu Onyenweanyị, bilie isi unu na mepe, n'aha Jisọs.

183. Ike ojọọ ọbụla nke sitere ebe amụrụ m, nwụọ, n'aha Jisọs.

184. Agbaghachi m, akụ ụta ọbụla nke arụsị nile nke ezi na ụlọ, n'aha Jisọs.

185. Ogbụgba ndụ ọbụla nke arụsị ezi na ụlọ mere n'aha m, tijie, n'aha Jisọs.

186. Etijie m ma kagbụọ ogbụgba ndụ ọbụla nke arụsị na agbụ ekedoro na ya, n'aha Jisọs.

187. Mụọ nile na-achị ala, nke n'enye akara aka m nsogbu, daa ngwụrọ, n'aha Jisọs.

188. Aha ezi na ụlọ ọjọọ, nke nagbapụta dika mmiri, nwụọ, n'aha Jisọs.

189. Eweghachi m, ihe nrita uru nile nke ike arụsị zuru n'ori, n'aha Jisọs.

Nkebi 5Ụbọchị10 (21-09-2015)

NKWUPUTA: Ezikiel 37:23 - Ha agaghi eji kwa arụsị nile ha, ma ọ bụ ihe árụ́ nile ha, ma ọ bụ mmehie nile ha, meru onwe ha ọzọ; kama M ga-azọpụta ha n'ebe obibi nile ha, ebe ha mehieworo, M ga-emekwa ka ha dị ọcha; ha ewe ghọrọ m otù ndị, Mụ onwe m ga-abụkwara ha Chineke.

Abụ

Abụ Otuto na Ofufe

Ekpere Otuto na Ekele

190. Olee Chineke nke Elija, bilie ma mee ka ihere mee arụsị ezi na ụlọ nile, n'aha Jisọs.

191. Onye isi nchụ aja ọbụla nke n'arụ ọrụ na-ahịrị ezi na ụlọ m ka achụọ gị n'ọrụ, n'aha Jisọs.

192. Akụ ụta nke nrianria, nke sitere n'ikpere arụsị tọpu ndị iji, n'aha Jisọs.

193. Mmetụta omume ọbụla nke îfé arụsị, nke dị n'ime ndụ m, nwụọ, n'aha Jisọs.

194. Njikota ike arusi nke ebe amụrụ m ya nke ike arụsị sitere n'ebe amụrụ m, gbasaa, n'aha Jisọs.

195. Ochiche iru ọjọọ ọbụla nke n'ekwu okwu megide m, ka egbụtụọ gị site n'ike dị n'ọbara Jisọs.

196. Ana m agbọpụ, nri nile nriworo, nke nwere mmetuta nke ikpere arụsị, n'aha Jisọs.

197. Amaghị onwe nile nke ebe ịchụ aja ọjọọ gbaa ọkụ, n'aha Jisọs.

198. Okwute mgbochi ọbụla, nke arụsị ezi na ụlọ wuru, ka egbupụ gị n'ùkwù, n'aha Jisọs.

199. Oke olu nke arụsị ntọala nile agaghị ekwu ọzọ, n'aha Jisọs.

200. Nwoke ike ọbụla, nke arụsị nke ụlọ nna m kenyere, imegide ndụ m, nwụọ, n'aha Jisọs.

201. Mpempe akwụkwọ ikwe nkwa ọjọọ ọbụla nke nnanna m ha nyere n'aha m, ka atugharịa gị, n'aha Jisọs.

202. Uwe nke mmegide, nke nnanna m ha cheputara gbaa ọkụ, n'aha Jisọs.

203. Urukpu ekwensu ọbụla, nke n'emegide ndụ m, gbasaa, n'aha Jisọs.

204. Ezi aha m na ùgwù m, nke arụsị ezi na ụlọ liri, pụta, dị ndụ n'ọkụ, n'aha Jisọs.

205. Ike nke Chi anamaghi, nke n'etinye iwu megide akara aka m, gbasaa, n'aha Jisọs.

206. Arụsi nile nke ebe amụrụ m, etijie m Iyagba gị, n'aha Jisọs.

207. Ike nke anọghị otu ebe, nke ekenyere imegide m, nwụọ, n'aha Jisọs.

208. Adụpuo m echiche mmegbu nke akwadoro m, n'aha Jisọs.

209. Ọbụru na ọmụma ụlọ ikwu ndi-agha amaa ụlọ-ikwu ha imegide m, obi m, agaghị atụ egwu, n'aha Jisọs. Anatawo m ike, ịchụ ma gbafe ndị ịro m nile, n'aha Jisọs.

210. Emerụwo ndị ịro m arụ, ha enweghịkwa ike Ịbilite, ha adawo n'okpuru ukwu m, n'aha Jisọs.

NKEBI NKWUPUTA

N'aha Jisọs Kraist, enyefewo m agha m nile n'aka Onyenweanyị Jisọs Kraist, Onyenweanyị na-eburu m agha ma m na-anọ n'udo m. Abụ m onye mmeri site n'aha Jisọs Kraist. Abụ m onye nwe mmeri n'ime ọnọdụ nile nke na-emegide m, n'aha Jisọs. Jisọs Kraist emeriwo ndị iro m nile, ewetuwo ha n'ala, ha dakwara n'okpụrụ ụkwụ m, n'aha Jisọs. Agbarịa m ha nile n'ala ma enye ha iwu ka ha bido na-ata aja nke elu ala na okpụrụ ụkwụ m, site n'aha Jisọs, ikpere nile ga-egbu na-ala, n'aha Jisọs. Mgbe m kpọrọ aha Onyenweanyị, Ọ ga esetipu aka ike Ya ma bulie m elu karịsịa ndị iro m nile ma napụta m n'aka ha nile, n'aha Jisọs.

Ka Onyenweanyị Chineke bụ onye nwe ibọọ ọbọ jiri okwute ọkụ Yalụso ogogo ha na ebe e wusiri ike ọgụ, n'aha Jisọs. E bulie m ọkọlọtọ nke miri dị n'ọbara Jisọs nke dị oke elu megide ihe na-agba ha ume nke ha ji na-agbakota, e nyekwa m iwu ka ndị nile nọ n'ime ọmụma ụlọ ikwu na ndị iro na-abịa ịbụ m agha, gbaa ọkụ, n'aha Jisọs. E weghara m ọnụ ụzọ ama ndị iro, ejikwa ọbara Jisọs eme ka ebe obibi ha ghọ ebe tọgbọrọ n'efu, n'aha ukwu Jisọs.

NKEBI NCHE ABALI(Aga-
eme nke a n'etiti elekere iri na abụọ na elekere abụọ nke ụtụtụ)

1. Nna, buso ha agha bụ ndị na-ebuso m agha, n'aha Jisọs.
2. Nna, jide ọta na ọta ukwu ma bilie inyere m aka, n'aha Jisọs.
3. Chineke, kwado ngwa ọnwụ, megide ndị iro m, n'aha Jisọs.
4. Chineke, kwado akụ ụta Gị megide ndị na-emegbu m, n'aha Jisọs.
5. Onyenweanyị, ka olulu ọ bụla nke onye iro gwuru, bụru ili onye iro, n'aha Jisọs.
6. Unu ndị iro nke obodo a, gwuonu olulu unu ma gwuonu ya nke ọma, n'ihi na unu ga-adaba nime ya, n'aha Jisọs.
7. Nkume ekpere na-eripịa eripịa, chọta egedege isi Goloyat nke obodo a, n'aha Jisọs.
8. Oriọna nke ndị ajọ omume, emenyụọ m gị, nyụọ, n'aha Jisọs.
9. Ozi nile e tinyere n'ite amusu megide m, gbaa ọkụ, n'aha Jisọs.
10. Ezipu m ụjọ na nsogbu n'ọgbakọ ọ bụla a kpọrọ imenye m ihere n'iru, n'aha Jisọs.
11. Ezipu m, mgbagwoju anya na ndaghachi azụ nye onye ọ bụla nke na-etinye agha na kpakpando, n'aha Jisọs.
12. Akwụ ọ bụla nke a kpara iji tinye kpakpando m na mkpọrọ, apịarie m gị, n'aha Jisọs.
13. Ezipu m ahụhụ iri Ijiptu nye ọgbakọ amusu nke na-emekpa mpụta ihe m arụ, n'aha Jisọs.
14. Onyenweanyị, mee ka nzube nke ndị kpọrọ m asị bụrụ ihe efu, n'aha Jisọs.
15. Onyenweanyị, ka e yikwasị ha ihere dịka uwe ma kpụtọọ ha, bụ ndị na-eweli onwe ha elu megide m, n'aha Jisọs.
16. Nna, ka ụkwụ nke mpako ghara imegide m, n'aha Jisọs.
17. Gị, onye na-ebuli onwe gi elu dịka ugo imegide m, akụdaa m gị, n'aha Jisọs.
18. Ndị mgbe ochie na-agba ụgwọ, dere duu, n'aha Jisọs.
19. Ụlọ nkwasa ngwongwo na mgbachi ọ bụla nke ji ngọzi akụ na ụba m, gbaa ọkụ, n'aha Jisọs.
20. Mgbidi mgbochi nke, anya ahụghị nke kwụsara akara aka m otu ebe, tisasịa, n'aha Jisọs.
21. Ihe mgbachi anya ahụghị, nke kwụsara ebumnuche m otu ebe, tisasịa, n'aha Jisọs.

NKEBI NKE 6 - ITIJI AGBỤ NKE AKARA AKA ADỊGHỊ IKE

Ịgụ Akwụkwọ Nsọ; Jọn 17

NKWUPUTA: Aisaia 60:1-2: Bilie, nwue; n'ihi na ìhè gị abịawo, ebube Jehova awawo kwa n'arụ gị dịka anyanwụ. N'ihi na, lee, ọchịchịrị na-ekpuchi kwa ndị nile dị iche iche; ma n'arụ gị ka Jehova ga-awa dịka anyanwụ, ebube Ya ka a ga-ahụkwa n'arụ gị.

Nkebi 6 Ụbọchị 1 (22-09-2015)

Abụ

Abụ Otuto na Ofufe

Ekpere Otuto na Ekele

1. Enweghachi m akara aka m, pụọ n'aka ndị ohi na ndị na-ebipu akara aka, n'aha Jisọs.

2. Ndụ m, dị oke ọkụ ka onye iro ghara ijide gị, n'aha Jisọs.

3. Mpi ọ bụla, nke na-akwada ebube nke ndụ m, ghasaa, n'aha Jisọs.

4. Onyenweanyị ka ọbara Jisọs dị oke ọnụ ahịa, sachaa ndụ m na adịghị ọcha nke ndụ m gara aga, n'aha Jisọs.

5. Ajụ m, agwa nile na-emegide ọganirụ m, n'aha Jisọs.

6. Ndị dịbia eluigwe, lụọnụ ọlụ nile kwesiri na ndụ m ka ọganiru m we pụta ìhè, n'aha Jisọs.

7. Ebe ọ bụla e kechiri ebube m, egbe igwe Chineke, tọpụ ha nye m, n'aha Jisọs.

8. Ebe ka Chineke nke Elija nọ, bilie ma nye m ebe sara mbara n'ọkụ, n'aha Jisọs.

9. Mụọ ọ bụla, nke kpọchiri m, ma na-adọghachi ngọzị m azụ, achụpụ m gị na ndụ m, n'aha Jisọs.

10. Ọgbụgba ndụ ọbara na nke ndị ịchie, nke na-egbochi ọganiru m, tijie, n'aha Jisọs.

11. Ịhe nnyọcha ihe nke ndị mụọ ọjọ nke e dere megide ọganiru m, ghasaa, n'aha Jisọs.

12. Anya ọjọ ọ bụla, nke na- eyocha ọganirụ m ka ọ wee bibie ya, gba ọkụ, n'aha Jisọs.

13. Bilie, Onyenweanyị ka onye iro nke ọganirụ m gbasaa, n'aha Jisọs.

14. Agbụ nke ogbenye, tijie site n'ike dị n'ọbara Jisọs.

15. Akara aka m nụrụ okwu Chineke, oge anya miri gị agwụsịwo, weputa ebube n'ọkụ, n'aha Jisọs.

16. Mụọ miri ọ bụla, nke e dunyere ịmegide ọganiru m, ghasaa, n'aha Jisọs.

17. Mụọ agwọ ọ bụla, nke e dere megide ọganiru m, ghasaa, n'aha Jisọs.
18. Onye osi nri abalị ọ bụla, nke e dunyere megide ọganiru m, ghasaa, n'aha Jisọs.
19. Unu ndị ori anụ madụ, na ndị ọñụ ọbara, ndị ji akụ na ụba m azụ onwe unu, nwụanụ, n'aha Jisọs.
20. Nwoke ike ọ bụla, nke na-egbochi akụ na ụba m, daa, nwụa, n'aha Jisọs.
21. Ike ojọ ọ bụla, nke a gbabara na nrọ m, daa nwụa, n'aha Jisọs.

Nkebi 6Ụbọchị2 (23-09-2015)
NKWUPUTA: Aisaia 60:1-2: Bilie, nwue; n'ihi na ịhè gị abịawo, ebube Jehova awawo kwa n'aru gị dịka anyanwụ. N'ihi na, lee, ọchịchịrị na-ekpuchi kwa ndị nile dị iche iche; ma n'aru gị ka Jehova ga-awa dịka anyanwụ, ebube Ya ka a ga-ahụkwa n'aru gị.

Abụ

Abụ Otuto na Ofufe

Ekpere Otuto na Ekele

22. Ịhe ọ bụla sitere n'aru m, nke e ji e megide akụ na ụba m, gbaa ọkụ, n'aha Jisọs.
23. Ebibi m, akụ na ụba erughị eru na nke na -anwụ mgbe oge mpụta ịhé ya ruru, n'aha Jisọs.
24. Atọpụ m akara aka m n' agbụ amusu ọ bụla, n'aha Jisọs.
25. Atọpụ m akara aka m, n'igodo ojọ ọ bụla, n'aha Jisọs.
26. Atọpụ m akara aka m n'inyagba ojọ ọ bụla, n'aha Jisọs.
27. Akara aka m nụrụ okwu Chineke, bilie, chakee, n'aha Jisọs.
28. Gị ike nke ọdida mgbe oge ọganiru ruru, na ndụ m, tijie, n'aha Jisọs.
29. Mụọ nke ọdida mgbe oge ọganiru m ruru, tọpụ ike gị na ndụ m, n'aha Jisọs.
30. Nsị nke ekwensu na ndụ m, ka e bibie gị site n'ike di n'ọbara Jisọs.
31. Mụọ m, nara ike ịmupụta ebube, n'aha Jisọs.
32. Agbaghachi m akụ-ụta nke ọnwụ, n'aha Jisọs.
33. Ọgbụgba ndụ obara ọ bụla, nke na-ekwu okwu megide akara aka m, tijie, n'aha Jisọs.
34. Onyenweanyị, ọ bụru na ndụ m adighị alụ ọlụ nke ọma, were ọbara Jisọs dozie ya, n'aha Jisọs.
35. Enwepu m, ike ọ bụla nke n'alụpụta ogbenye na ndụ m, n'aha Jisọs.
36. Mụọ nke ọdida, na ndụ m, ka a la gị n'iyi, n'aha Jisọs.

37. Mụọ nke àgà ezi ihe na ndụ m, ka a la gị n'iyi ma were ezi ịhe bara ụba nọchi anya gị, n'aha Jisọs.

38. Mụọ nke ogbenye, ka a la gị n'iyi ma were mụọ ọganịru nọchie anya gị, n'aha Jisọs.

39. Ike ọ bụla, chọrọ ịtinye m n'ihere, ka a la gị n'iyi site n'ike dị n'ọbara Jisọs.

40. Ala m n'iyi, ike ọ bụla nke e nyere ike ibibi ezi ihe m, n'aha Jisọs.

41. Ike ọ bụla nke na-amịcha ngọzị m, tọpụ m, n'aha Jisọs.

42. Ọbara Jisọs, bilie, n'ike nke ngwepia Gị, ma sachaa akara aka m, n'aha Jisọs.

Nkebi 6 Ụbọchị 3 (24-09-2015)

NKWUPUTA: Aisaia 60:1-2: Bilie, nwue; n'ihi na ìhè gị abịawo, ebube Jehova awawo kwa n'arụ gị dịka anyanwụ. N'ihi na, lee, ọchịchịrị na-ekpuchi kwa ndị nile dị iche iche; ma n'arụ gị ka Jehova ga-awa dịka anyanwụ, ebube Ya ka a ga-ahụkwa n'arụ gị.

Abụ

Abụ Otuto na Ofufe

Ekpere Otuto na Ekele

43. Ọkụ Mụọ Nsọ, nuchaa ndụ m maka ọganịru m dị ebube, n'aha Jisọs.

44. Onyenweanyị site n'ike nke zara Jabez, zute ndụ m n'ọkụ, n'aha Jisọs.

45. Ike okike nke Chineke, mezie ihe ọjọ ọ bụla nke e mere n' arụ nke akara aka m, n'aha Jisọs.

46. Chineke, bilie, ma gosiputa ike nke okike Gị na ndụ m, n'aha Jisọs.

47. Akwatue m ebe e nwusiri ike nke àgà ezi ihe, n'aha Jisọs.

48. Ike amusu ọ bụla nke na-ata ndụ m ahụhụ, daa, nwụ, n'aha Jisọs.

49. Onyenweanyị, site n'ike gị nke amaghị ihe, ekweghị omume, ka ebube m pụta ìhè, n'aha Jisọs.

50. Ọnwa a, agaghi agabiga m, aga m amụpụtarịrị ebube, n'aha Jisọs.

51. Nna m weputa ihe ọlụ ebube na iriba ama na ndụ m, n'aha Jisọs.

52. Ana m akpọbata ike Chineke, n'ime akụkụ nile nke ndụ m, n'aha Jisọs.

53. Ike ogwụgwọ nsọ Chineke, bata n'ime mụọ m, n'aha Jisọs.

54. Ana m akpọpụta ebube m, n'aka enweghị onwe ọ bụla, n'aha Jisọs.

55. Amụma ụlọ ọgwụ ọ bụla nke na-ekpuchi ọnọdụ m, ka atụgharia gị, n'aha Jisọs.

56. Ebe ka Chineke nke Elija nọ, nye m ihe ịriba ama nke ọganịru pụrụ iche, n'aha Jisọs.

57. Nna m, kwunye ndụ na ịmepụta ihe nye ndụ m, n'aha Jisọs.
58. Aka ojọ ọ bụla nke bikwasịrị akara aka m gbaa ọkụ, n'aha Jisọs.
59. Chineke nke nnapụta, napụta m, n' ibụ alọ nke agbụrụ m, n'aha Jisọs.
60. Atọpụ m ọnwe m, n' agbụ nke mkpụrụ ọjọ, n'aha Jisọs.
61. Ajụ m, akụ ụta ọ bụla nke a kwadoro iji mekpa ndụ m aha, n'aha Jisọs.
62. Ịsi m, ndụ m, akara aka m na ọbara m, nara ọkụ nke nnapụta, n'aha Jisọs.
63. Osisi ọ bụla, nke onye iro kụnyere megide oganiru m, ka e ropu gị, n'aha Jisọs.

Nkebi 6Ụbọchị4 (25-09-2015)

NKWUPUTA: Aisaia 60:1-2: Bilie, nwue; n'ihi na ìhè gị abịawo, ebube Jehova awawo kwa n'arụ gị dịka anyanwụ. N'ihi na, lee, ọchịchịrị na-ekpuchi kwa ndị nile dị iche iche; ma n'arụ gị ka Jehova ga-awa dịka anyanwụ, ebube Ya ka a ga-ahụkwa n'arụ gị.

Abụ

Abụ Otuto na Ofufe

Ekpere Otuto na Ekele

64. Mkpebi amusu ọ bụla nye oganiru m, ka a kagbue gị n'ọkụ, n'aha Jisọs.
65. Chineke nke oganiru m, weputere m mmanụ añụ site na nkume/okwute, n'aha Jisọs.
66. Nsogbu ọ bụla nke batara na ndụ m site na nri nke m riri na ihe ndọba nri nke ekwensu na mgbe gara aga, nara usa, n'aha Jisọs.
67. Nsogbu ọ bụla nke batara na ndụ m n'ihi amaghị Chineke, nara usa, n'aha Jisọs.
68. Nsogbu ọ bụla nke batara na ndụ m site n'ihe dị miri ma ọ bụ nwunye miri gbanyere m n'ahụ, ka a gbaze gị n'ọkụ, n'aha Jisọs.
69. Nsogbu ọ bụla nke batara m n'ahụ n'ihi ịwa afọ nke mụọ ka a gbazee gị, n'aha Jisọs.
70. Ike ọ bụla nke e zipuru ịkpari alụm dị na nwunye m, egbue m gị ugbu a, n'aha Jisọs.
71. Nna m, kwe ka m hụta ebube ike nke Jehova, n'aha Jisọs.
72. Ọkụ Mụọ Nsọ, kpuchie isi m, ndụ m na akara aka m ma~ n'aha Jisọs.
73. Ike ọ bụla nke na-ezu anụ arụ m ori, gbaa ọkụ, n'
74. Ebube ọ bụla nke puworo na arụ m, laghachi n'ọ
75. Nna m, bilie ma gosịpụta ike Gị n'arụ m, n'aha Jis

93.
94. Ọ
n'a

76. Ebilie m n'ọkụ, ma nweta ịhe nweta nke oganiru m, n'aha Jisọs.

77. Nna m, were otite manu nke oganiru mejuputa m, n'aha Jisọs.

78. Ọkụ Mụọ Nsọ, bilie gbapia adighị ike nile nke oganiru, n'aha Jisọs.

79. Ekwue m mbibi, nye ugwu nile nke ngharipụ na ndụ m, n'aha Jisọs.

80. Ekwue m ọnwụ, nye ugwu ọ bụla nke ịhere na ndụ m, n'aha Jisọs.

81. Ekwue m mkpọnwụ nye ugwu nke mkpari, n'aha Jisọs.

82. Ekwubie m agha, megide ogbakọ ndị ọjọ, nke na-alụ ọlụ megide ndụ m, n'aha Jisọs.

83. Chineke, bilie ma topụ ala ọmajiji nke nnapụta we napụta m, n'aha Jisọs.

84. Akara aka m, nara nnapụta n'ọkụ, n'aha Jisọs.

Nkebi 6 Ụbọchị 5 (26-09-2015)

NKWUPUTA: Aisaia 60:1-2: Bilie, nwue; n'ihi na ìhè gị abịawo, ebube Jehova awawo kwa n'arụ gị dịka anyanwụ. N'ihi na, lee, ọchịchịrị na-ekpuchi kwa ndị nile dị iche iche; ma n'arụ gị ka Jehova ga-awa dịka anyanwụ, ebube Ya ka a ga-ahụkwa n'arụ gị.

Abụ

Abụ Otuto na Ofufe

Ekpere Otuto na Ekele

85. Ajụ m, ogbenye ogologo oge ma ọ bụ nke obere oge, n'aha Jisọs.

86. Ịhe ọ bụla ekwensu gbanyere na arụ m nke na-emegide oganiru m, nakwa ụkpụrụ ezi na ụlọ m, ka a saachapụ gị, n'aha Jisọs.

87. Ịgodo amusu ọ bụla, nke e ji emegide akara aka m, gbaa ọkụ n'aha Jisọs.

88. Ọkụ Mụọ Nsọ, gbazee, ihe mgbochi ọ bụla nke na-ebochi, oganiru m, n'aha Jisọs.

89. Nna m, chọta isi nsogbu m, ma ghasaa ya, n'aha Jisọs.

90. Site n'ọbara Jisọs, akagbue m ozi ọjọ ọ bụla megide oganiru m, n'aha Jisọs.

91. Mmebi ọ bụla nke e mere n' akara aka m, nara ogwụgwọ nsọ, n'aha Jisọs.

92. Nna, kpughee ihe nzuzo ọ bụla nke na-adọghachi oganiru m azu, n'aha Jisọs.

Onyenweanyị, were ọkụ gị kpuchie akara aka m, n'aha Jisọs.

Ọgbụgba ndụ ọjọ ọ bụla, nke na-alụ ọlụ megide oganiru m, ka e tinye gị ịdighị ike, n'aha Jisọs.

95. Ndị iro nke ụlọ nne m/nna m, ndị aka ha di na ndọghachi azu nke ngọzị m, nara ịkpe Chineke n'ọkụ, n'aha Jisọs.

96. Gị onye iro nke sitere n'ajọ enyi, nke aka ya di na ndọghachi ọganịrụ m azu, ka ama gị ikpe n'ọkụ, n'aha Jisọs.

97. Mmiri ojọ ọ bụla nke na-sachapụ ọganịrụ m, taa, n'aha Jisọs.

98. Abụmọnụ nke ubiam, nke di na agbụrụ m, e meruo m gị na ndụ m, n'aha Jisọs.

99. Ike ọ bụla nke kwesiri ịnwụ, ka m wee bụrụ ihe Chineke kwadoro m ka m bụrụ, daa, nwụa, n'aha Jisọs.

100. Chineke nke Hananiah, Mishel, na Azaria zute m n'ọkụ, n'aha Jisọs.

101. Akara aka, nata ịnye aka dị nsọ n'ọnwa a, n'aha Jisọs.

102. Ọnwa a agaghị agabiga m, anata m ike ịga n'ịrụ, n'aha Jisọs.

103. Ike nke kere eluigwe na ụwa, were ike dị ebube kee ebube m, n'aha Jisọs.

104. Ajụ m ịla ego n'iyi, n'ahia abaghị ụrụ ya n'ọlụ abaghị uru, n'aha Jisọs.

105. Ebube dị ukwu ma dikwa egwu, gbaa ndụ m ogige, n'aha Jisọs.

Nkebi 6Ụbọchị6 (27-09-2015)

NKWUPUTA: Aisaia 60:1-2: Bilie, nwue; n'ihi na ịhè gị abịawo, ebube Jehova awawo kwa n'arụ gị dịka anyanwụ. N'ihi na, lee, ọchịchịrị na-ekpuchi kwa ndị nile dị iche iche; ma n'arụ gị ka Jehova ga-awa dịka anyanwụ, ebube Ya ka a ga-ahụkwa n'arụ gị.

Abụ

Abụ Otuto na Ofufe

Ekpere Otuto na Ekele

106. Onyenweanyị, nye m akikọ otuto ihe ịriba ama nke ga-enye aha Gị otuto, n'aha Jisọs.

107. Nna, dozie ihe ọ bụla mebiri na ntọala m, n'aha Jisọs.

108. Ịke ojọ ọ bụla, nke na-enye ọdịda n'oge ngọzi m ruru ike, tọpu ike gị, n'aha Jisọs.

109. Nkwekọrịta ọ bụla, n'ebe di elu, nke na-agbaso ọganịrụ m mgba, tijie, n'aha Jisọs.

110. Okwute ọchịchịrị ọ bụla ma ọ bụ anụ ọhia ekwensu, nke na-ebibi ebube m, nwụa, n'aha Jisọs.

111. Ifufe di ike si n' ọwụwa anyanwụ nke Chineke, fee megide osimiri uhie nke di n' akara aka m ugbu a, n'aha Jisọs.

112. Onyenweanyị, bue agha megide onye mbibi nke na-alụ ọlụ megide ịba ụba na ọganịrụ m, n'aha Jisọs.

113. Ịke nke ọzara, pụta na ndụ m na-akwa akara aka m ugbu a, n'aha Jisọs.

114. Onyenweanyị, kwatue atụmatụ amusu ezi na ụlọ ọ bụla nke na-emegide ọganịrụ m, n'aha Jisọs.

115. Aga m ahu ọlụ ukwu Jehova, ebe ọ na-anapụta ebube m n'udo, n'aha Jisọs.

116. Ajọ ịnyịnya ọ bụla na onye na anya ya, nke nọ n'akara aka m, ka atụba gị n'osimiri nke nchefu ihe, n'aha Jisọs.

117. Onyenweanyị, ziputara m egbeigwe Gị ka ọ chụpụrụ m, amighị mkpụrụ na ndụ m na kwa akara aka m, n'aha Jisọs.

118. Achụpụ m ike ọ bụla nke na-achụpụ ebube m, n'aha Jisọs.

119. Agaghị m eweputa ebube nye ndị ọgba madụ, n'aha Jisọs.

120. Ike ndi ogbu madụ, ghasaa, n'aha Jisọs.

121. Ihe ike nke ebube nwụrụ anwụ kwụsị kpam kpam, n'aha Jisọs.

122. Gị kpakpando ọjọ nke na-eweta amaghị Chineke, nwụa, n'aha Jisọs.

123. Atọpụwo m na mmekpa ahụ nke amaghị Chineke, n'aha Jisọs.

124. Ekpebie m ọnwụ nke dị mụọ na nwunye mụọ nke na-egbu ebube m, n'aha Jisọs.

125. Onyenweanyị, nyere m aka ịmeri amụma ọjọ nke ụlọ ogwu, n'aha Jisọs.

126. Onyenweanyị, nye m nku nke Ugo di ukwu, ka m we gbanarị ọdịda mgbe ọganịrụ m ruru, n'aha Jisọs.

Nkebi 6 Ụbọchị 7 (28-09-2015)

NKWUPUTA: Aisaia 60:1-2: Bilie, nwue; n'ihi na ìhè gị abịawo, ebube Jehova awawo kwa n'arụ gị dịka anyanwụ. N'ihi na, lee, ọchịchịrị na-ekpuchi kwa ndị nile dị iche iche; ma n'arụ gị ka Jehova ga-awa dịka anyanwụ, ebube Ya ka a ga-ahụkwa n'arụ gị.

Abụ

Abụ Otuto na Ofufe

Ekpere Otuto na Ekele

127. Ike ọ bụla nke loworo ebube m, gbọpụta ya n'ọkụ, n'aha Jisọs.

128. Ntọla nke amighị mkpụrụ nara ikpe Chineke, n'aha Jisọs.

129. Enye m ịwu, ka mkpụrụ ọjọ dapụ n'akara aka m, n'aha Jisọs.

130. Nweda na-ala nile tụgharia ma bụrụ nwelu elu dị ukwu, n'aha Jisọs.

131. Ekwuputa m mmehie nile, m na ndị mgbe ochie mere, n'aha Jisọs.

132. Onyenweanyị, were ezi okwu nuchapu ajọ omume nime m (kwuputa mmehie ọ bụla ịma dika ekwekọritaghị, ịnyọ ọnyịnyọ, nkasasi obi, enweghi okwukwe, enyeghị ekele, na n'ihe ndi ozo).

133. Onyenweanyị, ka ọkụ Mụọ Nsọ dakwasị m ma gbapia ihe okụkụ ọchịchịrị ọ bụla nke na-egbochi ọganịrụ m, n'aha Jisọs.

134. Onyenweanyị, kpee onye ọ bụla nụrụ inyi na o gaghi adịrị m na mma ịkpe, n'aha Jisọs.

135. Mụọ Nsọ, ka akara aka m nara ike ntụte, n'aha Jisọs.

136. Onyenweanyị, nye agha ọ bụla a na- egbu ebube m nsogbu, n'aha Jisọs.

137. Ọkụ Mụọ Nsọ nwụchie ma gbapia ike nile ọ bụla nke ọdịda mgbe ọganịrụ m ruru, n'aha Jisọs.

138. Onyenweanyị, ka ụdịdị arụ m nara ike nke ọgwụgwọ nsọ nakwa nwọgharị, n'aha Jisọs.

139. Onyenweanyị, eweghara m ngwongwo m nile nke onye ịro ji egbochị ọganịrụ m, n'aha Jisọs.

140. Ọkụ Mụọ Nsọ, tọpụ akara aka m n'agbụ nke mụọ miri na mụọ amusu.

141. Ọkụ Mụọ Nsọ, mebie nri nke a gbanyere na nrọ m, nke na-alụ ọlụ megide ọganịrụ m, n'aha Jisọs.

142. Onyenweanyị achọrọ m ọganịrụ di oke ebube, n'aha Jisọs.

143. Onyenweanyị, Jisọs, dunye Mụọ Nsọ, ozi, ka o weghachiri m ihe nweta m di n'ebe nkwasa ihe nke nwoke ịke, n'aha Jisọs.

144. Mụọ Nsọ, mere m ebere n'ọnwa a, n'aha Jisọs

145. Ebube m, ka a tọpụ gị ebe e kere gi, n'aha Jisọs.

146. Oge eruwo, Onyenweanyị, rụa ọlụ n'ezi na ụlọ m, ụwa na-eche ihụ ebube Gị na ndụ m, n'aha Jisọs.

147. Eke m agbụ, ma tụbakwa n'oke osimiri nke nchefu ihe, gị mụọ nke na-egbochi akara aka m, n'aha Jisọs.

Nkebi 6 Ụbọchị 8 (29-09-2015)

NKWUPUTA: Aisaia 60:1-2: Bilie, nwue; n'ihi na ìhè gị abịawo, ebube Jehova awawo kwa n'arụ gị dịka anyanwụ. N'ihi na, lee, ọchịchịrị na-ekpuchi kwa ndị nile dị iche iche; ma n'arụ gị ka Jehova ga-awa dịka anyanwụ, ebube Ya ka a ga-ahụkwa n'arụ gị.

Abụ

Abụ Otuto na Ofufe

Ekpere Otuto na Ekele

148. Onyenweanyị, ka ọkụ gbapịa ndị nche na ndi nnyocha ọjọ, bụ ndị e zipụrụ megide ezi na ụlọ, n'aha Jisọs.

149. Onyenweanyị, bilie, ka ndị iro nile nke ezi na ụlọ m gbasaa, n'aha Jisọs.

150. Akara aka m, nke e kechiri n'ime ukwu osisi, na oke osimiri, ikuku, oke nkụme ma ọ bụ n'elu igwe nke abụọ, pụta ihe n'ọkụ, n'aha Jisọs.

151. Onyenweanyị, ka e kee ndị iro m nile agbụ, ka ha nọrọ n'oke ụra, rue mgbe m mụpụtara nkwa ọlụ ebube m, n'aha Jisọs.

152. Oje ozi mụọ ọjọ ọ bụla, nke na-ebuso ebube m agha, banye na mgbagwoju anya site n'ịke di n'ọbara Jisọs.

153. Ike nile ọ bụla, nke chọrọ ịtịnye m n'ihere, ka e bibie gị site n'obara Jisọs.

154. Ike nile ọ bụla, nke na ami mkpuru nke akara aka m, ka ọkụ Mụọ Nsọ repia gị, n'aha Jisọs.

155. Mụọ nke ọdịda ọ bụla, nke di na ndụ m, ka ala gị n'iyi, n'aha Jisọs.

156. Ajụ m, uwe ogbenye ọ bụla, nke a kwadoro m, n'aha Jisọs.

157. Oge nzute maka ọganiru m agaghị agabiga m, n'aha Jisọs.

158. Onyenweanyị Jisọs, mere m ebere, ọ bụrụ na ọ nwere ihe ekwensu were megide m, nke na egbochi ọganiru m, gbaghara m ma sacha m site n' ọbara Gị, n'aha Jisọs.

159. Tụpụ o rue oge a n' afọ na-abia abia, ndụ m ga-ejuputa n'oke akụkọ ọgbugba ama site n'aha Jisọs.

160. Akụ ụta ọ bụla nke a kwadoro megide akụkọ ọgbugba ama m agaghị eguzo, n'aha Jisọs.

161. Gị ekwensu, tọpụ aka gị n'akara aka m, n'aha Jisọs.

162. Site ugbu a gawa, ka onye ọ bụla ghara ịsogbu m n'ihi na-ebu m akara Onyenweanyị Jisọs.

163. Site ugbu a gawa, ka ike nna nna m ha ghara ịsogbu m, ka ike ụlọ nna m gharakwa ịsogbu ọganiru m, n'aha Jisọs.

164. Site ugbu a, ka ike mụọ miri ghara ịsogbu akara aka m ka nje ọ bụla gharakwa ịsogbu akara aka m, n'aha Jisọs.

165. Site n'ike ngwepia nke Mụọ Nsọ, enye m inwu ka ihe mgbochi ọganiru na ndụ m, nwụa, n'aha Jisọs.

166. Nsogbu ọ bụla na mgbochi nke ime mụọ na nke mpụta ịhe, n' akara aka m, ma ọ bụ na akụkụ ndụ m ọ bụla, pụta, n'aha Jisọs.

167. Ike ọ bụla, nke na-akwado ndọghachi azụ nke ngọzi m, pụta, n'aha Jisọs.

168. Abụ m ọnụ ọ bụla, nke na-alụ ọlụ megide ngọzi na ndụ m, tijie, n'aha Jisọs.

Nkebi 6Ụbọchị9 (30-09-2015)

NKWUPUTA: Aisaia 60:1-2: Bilie, nwue; n'ihi na ihè gị abịawo, ebube Jehova awawo kwa n'arụ gị dịka anyanwụ. N'ihi na, lee, ọchịchịrị na-ekpuchi kwa ndị nile dị iche iche; ma n'arụ gị ka Jehova ga-awa dịka anyanwụ, ebube Ya ka a ga-ahụkwa n'arụ gị.

Abụ

Abụ Otuto na Ofufe

Ekpere Otuto na Ekele

169. Aka edemede ọjọ ọ bụla, nke na-emegide ngọzi m kpọnwụa, n'aha Jisọs.

170. Abụmọnụ ọ bụla, nke onye ozi ekwensu bụrụ m, laghachi azụ, n'aha Jisọs.

171. Atọpụ m onwe m, na nsogbu m natara, n'aha Jisọs.

172. Ịta amusu ọ bụla nke ṇa-emegide ndụ m na akara aka m, nwụa, n'aha Jisọs.

173. Chineke bilie, zipu ndị mụọ ozi Gị ka ha weghachiri m ebube m site n'ebe nzobe ịhe ekwensu, n'aha Jisọs.

174. Site n'ike guzobere elu igwe na uwa, ka ọnwa a bụrụ ọnwa ọganịru m, n'aha Jisọs.

175. Gị agwọ nke na-ebu akụkọ otuto agha, nke na-eweta ngharipu mgbe ọganịru ruru, tọpụ m, n'aha Jisọs.

176. Gị bụ nsogbu, nke batara n'ime m n'ihi mmehie nke akwamịko m gara aga, fue, n'aha Jisọs.

177. Ihe ọ bụla, akwamiko nke mụ na ndị nwere mụọ kwara wetara na ndụ m, ka e wepu gị na ndụ m, n'aha Jisọs.

178. Ịhe ọ bụla asambo atara amusu wetara, ka a kagbue gị, n'aha Jisọs.

179. Ịhe ọ bụla si n' arụ m, nke dị ugbu a n'ala eze ọchichiri nke e ji na emegide ọganịru m, gbaa ọkụ, n'aha Jisọs.

180. Nkekọrịta ọ bụla nke mụ na ndi mụ na ha kwara iko na mgbe gara aga nwere, tijie, n'aha Jisọs.

181. N' afọ a, ndi nile na-eleda m anya n'ihi ọnọdụ m, ga-esoro m chia ọchi, n'aha Jisọs.

182. Anata m nnapụta pụa na mụọ nke nchekasi na enweghi udo, n'aha jisọs.

183. Site n'ịke di n'ọbara Jisọs, ọchụchọ m agaghị ala n'efu, n'aha Jisọs.

184. Eweghachi m, ezi ndụ m na akara aka m n'ike, n'aha Jisọs.
185. Eweghachi m, nke bụ ezigbo akara aka m, n'ebe ezoro ya, n'aha Jisọs.
186. Ure o bụla nke di na ndụ m na akara aka m dị ndụ, n'aha Jisọs.
187. Mkpebi ọjọ ọ bụla, ma n'ime mụọ ma n'ihè, nke metutere ọganịrụ ndụ m ka a kagbue gi ma bụrụ ihe efu, n'aha Jisọs.
188. Onyenweanyị, tụgharia akara aka m, ka ọ bụrụ nke ga-arụpụta ọganịrụ pụrụ iche, n'aha Jisọs.
189. Eweghachi m akara aka m n'ọkụ, n'aha Jisọs.

Nkebi 6Ụbọchị10 (01-10-2015)

NKWUPUTA: Aisaia 60:1-2: Bilie, nwue; n'ihi na ịhè gị abịawo, ebube Jehova awawo kwa n'arụ gị dịka anyanwụ. N'ihi na, lee, ọchịchịrị na-ekpuchi kwa ndị nile dị iche iche; ma n'arụ gị ka Jehova ga-awa dịka anyanwụ, ebube Ya ka a ga-ahụkwa n'arụ gị.

Abụ

Abụ Otuto na Ofufe

Ekpere Otuto na Ekele

190. Ike nke nchefu ịhe, nwụa, n'aha Jisọs.
191. Gị ike nke ọdịda n'ego, nwụa, n'aha Jisọs.
192. Emikpue akara aka m n'ọbara Jisọs.
193. Etijie m, abụmọnụ amusu nakwa mgbansị gbasara akara aka m, n'aha Jisọs.
194. Ike ọ bụla, nke na-ezu ọganịrụ m site n'akara aka m, eke m gị agbụ ma chụpụkwa gị, n'aha Jisọs.
195. Onyenweanyị, ka otite mmanụ nke okike Gị, weghachiri m akara aka na ebube m, n'aha Jisọs.
196. Ọnụ ụzọ nke ọganịrụ m, meghere m, n'aha Jisọs.
197. Otite mmanụ nke na-emepe ọnụ ụzọ ọganịrụ, na ihe nwete, dakwasi m, n'aha Jisọs.
198. Nwoke ike ọ bụla nke a gbakwụnyere n'ọnụ ụzọ ama nke akara aka m, daa nwụa, n'aha Jisọs.
199. Onyenweanyị, ka ọnụ ụzọ nke akara aka m meghepu n'ọkụ, n'aha Jisọs.
200. Ọkụ nke Chineke Elija, si n'ime m gabiga ma gbaa ka ọghọ ntụ, bụ ịhe nile na-emegide ọganịrụ m, n'aha Jisọs.
201. Site n'ike, nke zigara Zakaraya mụọ ozi Gebrel, ka mụọ ozi nke ịhe iriba-ama akụkụ otuto chọta m, 'aha Jisọs.

202. Onyenweanyị, zipu ọkụ Gị, na ntọala nke nsogbu m, n'aha Jisọs.

203. Ihe akụkụ ọjọ nke dị n'akara aka m, ka ala gị n'iyi site n'ike di n'ọbara Jisọs.

204. Eweghachi m site n'ọkụ n'ọbara Jisọs, ihe ọ bụla gbasara m, nke dị n'ụlọ ịkwu ajọ onye, nke ha ji na emeghari ndụ na ebube m anya, n'aha Jisọs.

205. N' aha Jisọs ekwubie m n'ọnọdụ ndụ m na akara aka m, na-alụ ọlụ nke ọma, n'aha Jisọs.

206. Ajụ m, tụgharia ma kwụgharia abụmọnụ nke ụbiam na ndụ m na ebube m, n'aha Jisọs.

207. Ekpochapu m n'ọkụ, ihe ọjọ ọ bụla nke e tinyere ma kụnyekwa na akara aka m, n'aha Jisọs.

208. Onyeneanyị, wepu ihere ọ bụla, nkọcha, mmegheri anya nakwa mgbogwoju anya n'ebe m nọ ma wụsa ha n' arụ ndi iro m nile, n'aha Jisọs.

209. Onyenweanyị, tụgharịa iru uju m, ka ọ bụrụ ọñụ, ihe mgbu m ka ọ bụrụ uru, ịkwa emo ka ọ bụrụ ihe ịnụri ọnụ oghụ, n'aha Jisọs.

210. Ewere m ọbara Jisọs, kagbue ogbụgba ndụ ọbara ọjọ ọ bụla, nke m banyere, ma ọ bụ nne m na nna m, ma ọ bụ ndị ịchie, n'aha Jisọs.

NKWUPUTA

N'aha Jisọs, e dewo aha m n'etiti ọba aka ike nke Chineke, ezukwara nke ọma pụọ n'ebe ihe ọjọ na nsogbu nile ụwa a di, n'aha Jisọs. Site ugbu a, ajụ m ibi n'ụjọ. Kama, ụjọ m na egwu m ga-adị n'ebe ndị iro m nile nọ, n'aha Jisọs. Mgbe ọ bụla ha nụrụ maka m, ha ga-akpọ isi ala nye m, n'aha Jisọs. Chineke choro ka ihe nile gara m nke ọma, n'aha Jisọs. Anata m akụ na ụba, n'aha Jisọs. Chineke enyeghi m mụọ nke agbụ, ịtụ ụjọ. Okwu Chineke na-adị ndụ ma dịkwa ike n'ọnụ m. Chineke etinyewo ike okwu Ya na ọnụ m, n'aha Jisọs. Ọdida abụghị nke m, aga m arụ ọrụ na n'isi, agaghị m anọ n'okpuru, n'aha Jisọs.

Ekwenyesiri m ike n'ime Onyenweanyị, anaghị m adebere na amamihe m, emejụọ m obi m n'okwu okwukwe, anatawo m ma kwụpụta okwu okwukwe. "Mkpa akpawo ụnụ ọdụm, agụ agụwokwa ha; ma m na-acho Jehova, ọ dighị ezi ihe ọ bụla ga-akọ m, n'aha Jisọs, Jehova bụ nkume ike m ma bụrụkwa ụlọ n'echekwa ebe obi m, n'aha Jisọs. N'aha Jisọs Kraist, enyefe m agha m nile n'aka Onyenweanyị, Jisọs Kraist, Jehova na-ebụrụ m agha ma ana m anọ jụụ. Jehova ewedatawo nti Ya ziri ezi, ka Ọ napụta m ngwa ngwa, n'aha Jisọs. Aga m eri akụ na ụba ndị mba ọzọ, ma site n'ebube ha ka m ga ányá isi m, anya nile ga-ahụ ya ma kwerekwa na abụ m mkpụrụ nke Jehova gọziworo.

NKEBI NKE NCHE ABALI

1. Ihe nzuzo ọ bụla dị mkpa ka m mata banyere ogbe m, ka e kpughee gị, n'aha Jisọs.

2. Ihe nzuzo ọ bụla dị mkpa ka m mata banyere gbụrụ ezi na ụlọ nna m, ka e kpughee gị, n'aha Jisọs.

3. Gị ifufe Chineke, bufuo ike ndị ọjọ nke na-ebili imgide obodo anyị, n'aha Jisọs.

4. Onyenweanyị, ka oke iwe nke ndị ajọ omume megide obodo a, bụrụ ihe enweghi isi, n'aha Jisọs.

5. Chineke bilie, nye m olu ndị iro m, ka m wee laa ndị kpọrọ m asị n'iyi, n'aha Jisọs.

6. Site n'ike Chineke, ndị iro m ga-ebe akwa, ma ọdighị onye ga-anapụta ha, n'aha Jisọs.

7. Anata m ike, itida ndị na-eme m ihe ike obere dịka ńtụ n'iru ifufe, n'aha Jisọs.

8. Onyenweanyị, kpughere ihe ọ bụla zoro ezo banyere ihe a, ma ọbara uru, ma ọ baghị uru, n'aha Jisọs.

9. Ndụmọdụ nke ndị eze ọjọ nye obodo anyị, tisaa, n'aha Jisọs

10. Nna, tijie ézé ndị ọjọ n'obodo a, n'aha Jisọs.

11. Unu ndị iro nke obodo anyị, daanụ site na ndumọdu unu, n'aha Jisọs.

12. Mụọ Nsọ, kpughee ihe ndị dị omimi, zoro ezo nye m banyere ......, n'aha Jisọs.

13. E kee m mụọ mmeru agbụ, Nna m, tijie eze ndị ọjọ, n'aha Jisọs.

14. Anata ike, iji anya mụọ na-aghọ nko rụọ ọrụ, nke apụghịkwa ighọgbu, n'aha Jisọs.

15. Ňaa m nti, Onyenweanyị, ma napụta m ngwa ngwa n'aha Jisọs.

16. Onyenweanyị, dọpụta m n'ùgbú onye iro ọ bụla zoro ezo, n'aha Jisọs.

17. Mgbe m dị n'aka Gị, napụta m n'aka ndị iro m na n'aka ndị na-akpagbu m, n'aha Jisọs.

18. Jehova, ka ihere mee ndị ajọ omume, ka ha derekwa duu n'ili, n'aha Jisọs.

19. Egbugbere ọnụ okwu ụgha ọ bụla nke na-ekwu okwu megide m, dere duu, n'aha Jisọs.

20. Jehova, mee ka ndụmọdụ nke ndị ọjọ bụrụ ihe efu, n'aha Jisọs, Kpalie ọnụ na nro mụọ m, n'aha Jisọs.

21. Anata ike iji anya ime mụọ na-aghọ nkọ nke a pụghị ighọgbu rụọ ọrụ, n'aha Jisọs.

Ịgụ Akwụkwọ Nsọ; Abụ Ọma:149:
NKWUPỤTA: Ilu 3:33 - Abụmọnụ Jehova dị n'ụlọ onye na-emebi iwu ma ọ bụ ndị dị ume ala n'obi ka Ọ na-agọzị

Nkebi 7 Ụbọchị 1 (02-10-2015)

Abụ

Abụ Otuto na Ofufe

Ekpere Otuto na Ekele

1. Onyenwe m, ana m ekele Gị, n'ihi ike gị nke pụrụ ịnnapụta, pụa n'agbụ na mkpagbu nke ekwensu, n'aha Jisọs.

2. Dị ka m na-aga, n'ogogo nke ịbu agha anata m mkpuchi nke dị n'ọbara Jisọs, anọgide m n'ebe ewusiri ike nke bụ aha Jisọs.

3. Anata m ikikere n'ike Chineke n'ire m n'aha Jisọs.

4. Ajụ m, mmegwara ọ bụla megide m na ezi na ụlọ m, n'aha Jisọs.

5. N'agha a, aga m alụ ma merie, aga m abụ onye mmeri ọbọghi onye a na-emeri emeri, n'aha Jisọs.

6. Eyikwasi m okpu agha nke bụ nzọpụta ihe okike nke eziokwu, ihe agha nke na-egbochi obi, bụ ezi omume, aga m eyiri akpụkpọ ụkwụ nke oziọma, welie ọta nke bụ okwukwe, dịka m na-aba n'ekpere na ibu agha nke agbata m, n'aha Jisọs.

7. Ekechi m ma bara ndị isi na ike nke na-achị (kpọọ aha obodo ahụ) n'aha Jisọs.

8. Enye m iwu ka ọkụ Chineke dakwasị arụsị nile, omenala aja nke a chụrụ n'ala a, n'aha Jisọs.

9. Etijie m, nkwekọrịta nke ekwensu na ndị bi n'obodo, n'aha Jisọs.

10. E weghachi m ma narakwa obodo a nye Chineke, n'aha Jisọs.

11. Onyenweanyị ka mpụta ịhè, ọchịchị, ikikere na ngọzi Chineke bụrụ ihe na-apụta ihe n'obodo a, n'aha Jisọs.

12. Ala m n'iyi, ma kwubie iwepu kpam kpam, ịkwụsị ọlụ, isi ike nke ụmụ ntakịrị, imebi iwu, igba ọtọ, ile ndị gba ọtọ, ihe ọjọ dị iche iche, ịkwa iko nke nwoke na nwoke na ịnụ ahịhịa na-aba n'isi, n'aha Jisọs.

13. Ebuo m amụma megide ebe ichụ aja nile nke obodo a, ka ọkụ Chineke rechapụ ya, ka ikuku nke ọwụwa anyanwụ kusasịa ha, n'aha Jisọs.

14. Ebe ịchụ aja nke ekwensu ọ bụla n'okiriki a, bụrụ ebe lara n'iyi ka ọgbụgba ndụ ọ bụla nke a gbara n'ebe ịchụ aja, ghasaa ma tijie, n'aha Jisọs.

15. Gị mma agha nke Chineke, megide ihe eze mụọ nwoke na nwanyị nke na-achụ aja n'ebe ịchụ aja, ka a ghara ịhụkwa ya ọzọ, n'aha Jisọs.

16. Emechi ọnụ olu ọ bụla nke na-ekwu okwu site n'ebe ịchụ aja ọ bụla n'obodo, n'aha Jisọs.

17. Abụmọnụ nile nke ịchụ aja na ngbakọ nke ojọ, ka a ghasaa gị, n'aha Jisọs.

18. Ka ike ojọ nile nke ekwensu nke onye isi nchụ aja nke obodo a, kpọnwụ, n'aha Jisọs.

19. Ana m enye iwu ka kpakpando, anyanwụ, ọnwa na ikuku, malite ibuso ndị mgbansị na ndị nyocha ọjọ ndị na-eji ihe ndị a, e kere eke, megide mputa ịhè Chineke n'obodo a, n'aha Jisọs.

20. Gị ikpe Chineke, dakwasị ndị ndị mgbe ochie na-emebi iwu, ndi na-achị obodo a site na mgbansị, mmeghari anya na amusu, n'aha Jisọs.

21. Etisaa m, ihe ọ bụla nke ndị iro kwadebere n'ime ndụ ndị bi n'obodo, n'aha Jisọs.

Nkebi 7 Ụbọchị 2 (03-10-2015)
NKWUPUTA: Ilu 3:33 - Abụmọnụ Jehova dị n'ụlọ onye na-emebi iwu ma ọ bụ ndị dị ume ala n'obi ka Ọ na-agọzị

Abụ

Abụ Otuto na Ofufe

Ekpere Otuto na Ekele

22. Site n'ọbara Jisọs, ka a la n'iyi, ogbugba nke e jiri ọbara wee gba n'elu ebe ịchụ aja nke wetara ihe isi ike n'ebe ndị bi n'obodo nọ, n'aha Jisọs.

23. Emebi m ihe iriba ama nile nke ndị ekwukwu, ana m emekwa ka ndị na-ajụ asè wịa ara, bụ ndị na-alu ajọ ihe n'ebe ịchụ aja megide obodo, n'aha Jisọs.

24. Emebisia m ebe ịchụ aja ọ bụla n'obodo a, site n'ọbara Jisọs ma kagbue ogbugba ndụ ha, n'aha Jisọs.

25. Ebe ịchụ aja nke dị na mmiri, nwụrụ ọkụ, n'aha Jisọs.

26. Ebe ịchụ aja nke ogbe na obodo, nwụrụ ọkụ, n'aha Jisọs.

27. Ebe ịchụ aja nke ndị na-apụ na mụọ n'obodo a nwuru ọkụ, n'aha Jisọs.

28. Gị mụọ miri, nke na-alụ ajọ olu n'agbata obi a, kpọnwụ ma kubie, n'aha Jisọs.

29. Etijie m, ihe mgbochi nke ewetara site n'ebe ịchụ aja nke ekwensu n'obodo a, n'aha Jisọs.

30. Ala ọ bụla arụsị, ma ọ bụ ajọ ọhịa n'obodo a, ka e tisasịa gị, n'aha Jisọs.

31. Site n'ike dị n'aha Jisọs, enye m iwu ka ebe e wusiri ike nke ajọ onye wezuga onwe ya n'obodo a, bido ugbu a, n'aha Jisọs.

32. Ebuo amụma, nye iwu, ma kwubie okwu, ka udo, ebube, ịhụnanya na ebere Chineke guzosie ike n'obodo a, n'aha Jisọs.

33. Chineke m, ka egwu na ezi omume, udidi Chineke, amamihe na omuma Chineke bụrụ ihe ga-eguzo, n'aha Jisọs.

34. Onyenweanyị, ka e nwe ncheghari nke mkpụrụ obi na agụrụ nke Chineke nime obodo a, n'aha Jisọs.

35. Okwu ozi ọma nke ala eze Chineke, agaghi enwe mgbochi n'ebe nchụ aja ma ọ bụ n'ebe dị elu n'obodo a, n'aha Jisọs.

36. N'aha Jisọs Kraịst, ekwubie m agba ọhụ dị iche na nzọpụta nke obodo a na-agbata obi ya nile, n'aha Jisọs.

37. Ebuwo m amụma sị na a ga-ewu ebe nchụ aja ọhụ nye Jehova Chineke n'ezi na ụlọ nile n'obodo a, n'aha Jisọs.

38. Site ugbu a gawa, ekwubie m okwu na Jisọs Kraịst bụ Onyenwe obodo a, n'aha Jisọs.

39. Onyenweanyị, ka nchebe nke ndị mụọ ozi Gị dị na gburugburu ebe obibi m n'awa iri abụọ na anọ dị n'ụbọchi nile, n'aha Jisọs.

40. Onyenweanyị, ka ebube ihẹ ọkụ nke Chineke nwụe n'ebe obibi m awa iri abua na anọ dị n'ụbọchi nile, n'aha Jisọs.

41. Onyenweanyị, ka ihe ndị dị n'ája na n'okwute, n'ebe obibi m, nara ọkụ nke Chineke ma mekpa ihe ọjọ n'ebe obibi m, n'aha Jisọs.

42. Okwu ọjọ nile nke onye nwe ụlọ kwuru ma ọ bụ ndị lụru ụlọ, ma ọ bụkwa ndị mbụ biri n'ebe m bi ugbu a, nwụọ, n'aha Jisọs.

Nkebi 7 Ụbọchị 3 (04-10-2015)
NKWUPUTA: Ilu 3:33 - Abụmọnụ Jehova dị n'ụlọ onye na-emebi iwu ma ọ bụ ndị dị ume ala n'obi ka Ọ na-agọzi

Abụ

Abụ Otuto na Ofufe

Ekpere Otuto na Ekele

43. Nkwubi okwu mụọ ọjọ nile, mkpolite, okwu ọjọ, ịgba-afa, mgbansi nile nke e liri n'ụlọ nke m bikwa n'ime ya, nwụọ, n'aha Jisọs.

44. Ọlụ mụọ ọjọ nile nke a lụru n'ime abali n'ebe obibi m, gbasaa, n'aha Jisọs.

45. Ọgbụgba ndụ otu nzuzo nile, nke na-ejiko ebe obibi m, ka a kagbuo site n'ọbiara Jisọs.

46. Ike ọ bụla nke ji aja na-achị ndụ m daa ma nwụọ, n'aha Jisọs.

47. Gị bụ ala, gbọpụta ọgbụgba-afa nile e ji megide m, n'aha Jisọs.

48. Ike ọ bụla, nke na-agwọkọta ngụgọ na aja iji megide m, daba na mma agha gị, n'aha Jisọs.

49. Chineke, dịka m na-awụpụ aja a, ka o gaa njem n'ebe ndị ọlụ ọchịchịrị nile na-ebuso ndụ m agha, sitekwa n'aja a, agbụ ikikere dị na ndụ m, tijie, n'aha Jisọs.

50. Ekee m agbụ ma bara ndị eze na ike nke ji gburugburu ebe obibi m mba, n'aha Jisọs.

51. Ọkụ Chineke, dakwasi arụsị, omenala, na ihe ịchụ aja dị na gburugburu ebe obibi m, n'aha Jisọs.

52. Etijie m, nkwekọrịta nile e mere n'etiti ekwensu na ndị bi gburugburu ebe obibi m, n'aha Jisọs.

53. Enyefe m ma kụrụ ebe obibi m nye Jehova, n'aha Jisọs.

54. Ebe ịchụ aja nke ekwensu dị gburugburu n'ebe obibi m bụrụ ala tọgbọrọ n'efu, ka ọgbụgba ndụ nile nke a na-enyekwa nri n'ebe ịchụ aja nile, tụgharia ma tijie, n'aha Jisọs.

55. Emechie m ọnụ nile na-ekwu okwu site n'ebe ịchụ aja ekwensu, na ebe di elu di na gburugburu ebe obibi m, n'aha Jisọs.

56. Abụmọnụ nile, nke igba aja na ọrụ niile nke ekwensu, ka a tụgharia gị, n'aha Jisọs.

57. Ebe ịchụ aja mụọ miri nile, dị n'ebe obibi m, gba ọkụ, n'aha Jisọs.

58. Ebe ịchụ aja nile, dị n'ebe obibi m, gbaa ọkụ, n'aha Jisọs.

59. Enye m iwu ka ebe obibi nke ndị ike ọjọ kwapu na gburugburu ebe obibi m, n'aha Jisọs.

60. N'aha Jisọs, ekwụbie m ụbọchi ọhụ nke nzụte sitere na Chineke nakwa nnapụta n'ebe obibie m, n'aha Jisọs.

61. Onyenweanyị, bilie ma kpe ikpe nye oche ịkwa ịkọ nke dị na gburugburu ebe obibi m, n'aha Jisọs.

62. Mgbansị nile na-alụ ọlụ na gburugburu ebe obibi m, egbubie m ike gị, n'aha Jisọs.

63. Onyenweanyị, ka ọgbụgba afa na mgbansị nile nke e ji emegide m, ghara ịhụ ịhè nke ụbọchi taa, n'aha Jisọs.

Nkebi 7 Ụbọchị 4 (05-10-2015)

NKWUPUTA: Ilu 3:33 - Abụmọnụ Jehova dị n'ụlọ onye na-emebi iwu ma ọ bụ ndị dị ume ala n'obi ka Ọ na-agọzị

Abụ

Abụ Otuto na Ofufe

Ekpere Otuto na Ekele

64. Nna m, bilie ma tijie mụọ nke ịjụ-asé dị na gburugburu ebe obibi m, n'aha Jisọs.

65. Onyenweanyị, ka mgbansi nke dị n'ebe obibi m, tijie, ka ngwa ọlụ ịta amusu dị otu a sepu aka ya, n'aha Jisọs.

66. Ngwa ọlụ ọ bụla ma ọ bụ anụmanụ ọ bụla nke nọ m nso nke na-enyere ndị mgbansi aka imegide m, enye m gị iwu, nara ọkụ na ịkpe ọmụma Chineke, n'aha Jisọs.

67. Onyenweanyị, jiri m kpee ọlụ ndị mgbansi ikpe n'ebe obibi m, n'aha Jisọs.

68. Achịrị m aja ugbu a, Onyenweanyị. Etinye m aja a n'aka nsọ Gị dị ukwu. Ka aja a nwee ike eletiriki na ike nchụsa iji meek a ebe m bi dị ọcha. Ka ebe obibi nke ajọ ebe nchụ aja na ọgbakọ amusu na ajọ ike mwagharị, ka e mee gị mkpọ mkpọ ebe, n'aha Jisọs.

69. Onyenweanyị, ka aja a nke wụpụrụ, mee ka ebe obibi m megide ndị na-eri anụ arụ mmadụ na ndị na-aṅụ ọbara mmadụ. Ka aja a gaa njem n'okpuru egbe elu igwe nke ịke Gị ma mebie ndị ozi ọchịchịrị na-alụ ọlụ megide akara aka m, n'aha Jisọs.

70. Site n'aja a, emebie m ịgọ mụọ nile na mkwubi okwu nke ekwensu nke e mere megide ebe obibi m, n'aha Jisọs.

71. Ebe ọbụna ndi ozi ọchịchịrị, ga-enwe mekọrita n'ala, ikuku, miri ma kurukwa ikuku, ka aja dị n'ala, ikuku na miri megide ha ma gbutuo ma mebie ha, n'aha Jisọs.

72. Mgbe ndị na-ajụn asé n'aka ekwensu na ndi na-arụkwara ha ọrụ, ga-alaghachikwa n'aja, mgbe ha ga-eri nri nke e weputara n'ala, ka ịjụ ase ha na nchocha ha laghachiri ha, n'aha Jisọs.

73. Ikuku, nụrụ okwu nke Onyenweanyị, bụru agha laghachiri ọmụma ụlọ ikwu ebe obibi ndị merụrụ ala, ebe obibi ndị mgbansi, ebe obibi mụọ, ebe obibi ndị ori, ebe obibi ndị na-eji ọbara achụ aja, ebe obibi ndị na-agba afa, ebe obibi ndị na-ajụ asé, na ebe obibi ndị n'egbufu mmadụ, n'aha Jisọs.

74. Site n'aja, ka ihe nile aka ọchịchịrị dere megide m na ezi na ụlọ m site n'ọchịchịrị, daa, n'aha Jisọs.

75. Eji m aja n'usoro Moses, eji m ya na-ejikota ebe ahụ e si weputa ya, ka mkpụrụ aja a, bụrụ nkume ọkụ gbarịsie ihe ọjọ nile ọchịchịrị kụnyere na ndụ m site na gburugburu ebe obibi m, n'aha Jisọs.

76. Onyenweanyị, ka aja bụrụ ikpe ọmụma laghachi n'ọmụma ụlọ ikwu n'ebe na-ekpuchi ihe ọjọ na gburugburu ebe obibi m, n'aha Jisọs.

77. Onyenweanyị, ka okwu nile m kwunyere n'aja a ugbu a, bụrụ akụ ụta dị nkọ, chụa ndị na-achụ m ma mee ka ndị iro m gbafuo, n'aha Jisọs.

78. Site n'usoro Moses, ka aja weta ikpe omuma nye ndi na-eme ihe ibobo n'arụ ndị madụ, ndị mgbansi na ndi na-agba afa, ndị e dinyere imegide ebe obibi m, n'aha Jisọs.

79. Ịke ọ bụla, jikọtara ịghọ mụọ na aja imegide m, daa na mma agha, n'aha Jisọs.

80. Chineke, dịka m na-awụpụ aja a, ka ọ gaa njem n'ebe ndị ozi ọchịchịrị na-alụ ọlụ imegide ndụ m, sitekwa n'aja, n'aha Jisọs.

81. Setipu anya gị lee dịka ị jidere aja n'aka gị n'okwukwe ma bido na-asi, efesasịa m aja a megide ndị ozi nke ndị ọchịchịrị, n'aha Jisọs.

82. Akpọnwụ m, ụkwụ ọjọ ọ bụla na-aga njem n'ihi m, n'aha Jisọs.

83. Enye m iwụ nye aja nakwa okwute nile, nke dị n'elu na nke dịkwa na ntọala ụlọ m bi n'ime ya, ka ọ bụrụ ọkụ na-ere ere megide mụọ ọjọ nke anaghi ahụ anya n'ime ndụ m, n'aha Jisọs.

84. Ihé nile onye wuru ụlọ kwupuru ma nyekwa iwu, ndị bie ebi ma ọbụ nke ndị nwe ala, ụlọ aruru, nke m bikwara n'ime ha mgbe gara aga, nakwa ebe m bie ugbu a, nkwubi okwu ajọ mụọ dị iche iche, mkpolite, ma ọ bụ mgbansi, tinyekwara igba-afa na nsi e liri, ma ọ bụ nke ekonyere, ma ọ bụ nke zoro ezo n'ime ụlọ a, gbazee n'ọkụ Mụọ Nsọ, n'aha Jisọs.

Nkebi 7 Ụbọchị 5 (06-10-2015)
NKWUPUTA: Ilu 3:33 - Abụmọnụ Jehova dị n'ụlọ onye na-emebi iwu ma ọ bụ ndị dị ume ala n'obi ka Ọ na-agọzị
Abụ

Abụ Otuto na Ofufe

Ekpere Otuto na Ekele

85. Abianye m, mkpuru aja nile mejuputara aja dị n' ebe obibie m, n'ime ọbara Jisọs.

86. Achupu m ma kee agbu, ihe ọjọ nile nke e ji gwakota na siment e ji wụọ ụlọ m bị n'ime ya, n'aha Jisọs.

87. Nna, ka ngọzi nke eluigwe, zo ka miri n'ebe obibi m, n'aha Jisọs.

88. Ọkụ Mọ Nsọ, kpuchie ma were ọnọdụ Gị zuru oke n'ebe obibi m, n'aha Jisọs.

89. Onyenweanyị, ka aja a nile bụrụ ọkụ na ebube Chineke, ka Chineke nke Elija bianye aja nile n'ike nke Mụọ Nsọ mgbe aja ndi a wusara n'ala n' etiti ebe obibi m, ka o weputa iru ọma, ngọzi, ihe ukwu, ihe ọhụụ di ebube, ohere, añụli, nzọpụta, ebube, amamihe, ala isa mbara ndụ m n' ebe obibi m, n'aha Jisọs.

90. Onyenweanyị, ka ha wusa ikpe omuma Gị, ọgba-aghara, agha, mbibi, mkposa, ọkụ, egbe eluigwe, nkpọnwụ, mma agha nke Chineke, nakwa mụọ ozi ndi ike, megide ndi iro nke ndụ m n' ebe obibi m, site n'aha Jisọs, na- alụ ọlụ ebube.

91. Abanye m mkpuru aja a nile, nke mejuputara aja di na ebe obibi m, n' ọbara Jisọs.

92. Ike ọ bụla na-agwọkọta igọ mụọ na aja imegide m, daa na nma agha gị, n'aha Jisọs.

93. Onyenweanyị, ka okwu ọ bụla nke m kwuru banyere aja a ugbu a, bụrụ akụ ụta di nkọ ka o chụọ ndi na-achụ m oso ma tinye ndi iro m nile n'ihe oso, oge nile, n'aha Jisọs.

94. Chineke, dịka mwupuru aja a, ka ọ ga njem n'ebe ndi ozi ochichiri nile na-alụ ọlụ megide ndụ m, sitekwa n'aja aka yoke siri ike nke di na ndụ m, tijie, n'aha Jisọs.

95. Onyenweanyị, ka aja a bụru ikpe omuma laghachi n'ebe omuma ụlọ ikwu ọjọ e kpuchiri ekpuchi na gburugburu ebe obibi m, n'aha Jisọs.

96. Site n'usoro Moses, ka aja a weta ikpe omuma nye ndi na-eme ihe ibobo n'arụ ndị madụ, ndị mgbansi, nakwa ndị na-agba-afa, ndị e dinyere imegide ebe obibi m, n'aha Jisọs.

97. Onyenweanyị, mee ka mbara ezi m sa mbara karia ka m sị chọ, n'aha Jisọs.

98. Ike ochichiri nile, nke na-emekpa ebe obibi m aha, tisaa, n'aha Jisọs.

99. Akpọnwụ m, ụkwụ ọjọ nile nke na-agaghari n'ihi m, n'aha Jisọs.

100. Ebube ọkụ Chineke, nwụe n' agbata ebe obibi m, ka ọ bụru ọkụ na-ere ere megide ike ochichiri nile nọ n'ebe obibi m, n'aha Jisọs.

101. Emebie m, ngwa ọlụ ọjọ nile n'ime ụlọ m, n'aha Jisọs.

102. Ogbugba ndụ òtò nzuzo nile, nke kekọtara ebe obibi m agbụ, gbazee, adikwala ịre ozo, n'aha Jisọs.

103. Ihe njikota ọnụ nke ndi amusu nke na-arụ ọru na gburugburu ebe obibi m, tịsaa, n'aha Jisọs.

104. Mụọ nke ala ịlị, nke kechịrị ndi bi na gburugburu ebe obibi m, ka ịke gị daa mba, n'aha Jisọs.

105. Gị bụ ike dere dụụ, wee na-akpagbụ ndi mmadụ, na arụ ọrụ na gburugburu ebe obibi m, elie m ike gi, n'aha Jisọs.

Nkebi 7Ụbọchị6 (07-10-2015)
NKWUPUTA: Ilu 3:33 - Abụmọnụ Jehova dị n'ụlọ onye na-emebi iwu ma ọ bụ ndị dị ume ala n'obi ka Ọ na-agọzị

Abụ

Abụ Otuto na Ofufe

Ekpere Otuto na Ekele

106. Mkpọrọ ogbe ọ bula nke ike na ezi na-anapụ mmadụ òkè ya, n'aha Jisọs.

107. Odimma nile nke e liri na ala, n' ebe obibi m, akpolite m gị, site n'ike na ọkụ, n'aha Jisọs.

108. Gị bụ ịke, nke ebe ana elie ozu, nwụa, n'aha Jisọs.

109. Izuzu nile di n' ogbe a ji ike na-eme ka ndị eze jiri ụkwụ na-aga ebe ụmụ odibo nọọ n'elu ịnyinya, ka a tụgharia, n'aha Jisọs.

110. Ọkụ Mụọ Nsọ, nucha ebe obibi m site n'ike di n' ọbara Jisọs.

111. Ncheputa nke ekwensu nile nke na-achikota gburugburu ebe obibi m, gbazee n'ọkụ, n'aha Jisọs.

112. Nyefe ala nile nke e nyefere n'aka ekwensu, nke ndi mgbe ochie mere nyefe ekwensu, etijie m nyefe ahụ, n'aha Jisọs.

113. Ewepụ m, mkpuchi ọchịchịrị nile, nke dị n' ala, n'aha Jisọs.

114. Gị bụ ala bụ ebe m bi, a topụ m gị n' agbụ nke mmeru sitere n'arusi, n'aha Jisọs.

115. Ebe nchụ aja ọ bula nke ewuru n'ala ahu nke wetere mkpuchi ochichiri, tisaa, n'aha Jisọs.

116. Ike ọ bụla nke lụgoro ọlụ n'ala ebe obibi m, na uwa ochichiri, achota m gị ma nnapụta gị site na ọbara Jisọs.

117. Otu ndi ajọ omume nke nọ na agbata ebe obibi m, tijie, n'aha Jisọs.

118. Olu m, agaghi etijie site n'aka mụọ bie na gburugburu ebe obibi m, n'aha Jisọs.

119. Ọbara a wusara n' ala agaghi eri m, n'aha Jisọs.

120. Ọgwụ mgbansi ọ bụla nke e liri n'ime ala ka e were memi na ndụ m, emebie m gi, n'aha Jisọs.

121. E menyụọ m iwe ọ bụla nke esi nala kpalie imegide m, n'aha Jisọs.

122. Mụọ onye nwe ụlọ nke na-emekpa ndụ m ahụ, kpọnwụọ, n'aha Jisọs

123. Ndị ọchịchị ọchịchịrị ọ bụla nke nọ n'ala ebe obibi m, gbarie, n'aha Jisọs.

124. Onyenweanyị, ka ike nke mkpochapụ nke ọbara Jisọs, banye n'ebe obibi m, n'aha Jisọs.

125. Onyenweanyị, ka ike nsachapu nke ọbara Jisọs were ọnọdụ n'ebe obibi m, n'aha Jisọs.

126. Mụọ ọjọ ọ bụla bi ebi, n'ala ebe m bi, e kee m gị agbụ ma tinye gị n'ozara, n'aha Jisọs.

Nkebi 7Ụbọchị7 (08-10-2015)

NKWUPUTA: Ilu 3:33 - Abụmọnụ Jehova dị n'ụlọ onye na-emebi iwu ma ọ bụ ndị dị ume ala n'obi ka Ọ na-agọzị

Abụ

Abụ Otuto na Ofufe

Ekpere Otuto na Ekele

127. Ọlụ nzuzo m gbansi ọ bụla nọọ na ebe obibi m, akpọnwụ m ike gị, ma mee gị ihere, n'aha Jisọs.

128. Ndị obia ọjọ n'ebe obibi m, akpọnwụọ m ike gị, n'aha Jisọs.

129. Iju ase ọjọ ọ bụla n'ebe ike ọchịchịrị na enwe ọnọdu n'ogbe m, emenyụọ m gị ka ọkụ, n'aha Jisọs.

130. Nna, ekwenyere m n'okwu Chineke, na ike ọ bụla nke na-eweta ihe mgbagwoju anya n'ogbe m, ga-emenyụ, n'aha Jisọs.

131. Ọnụ ụzọ ama nke mụọ mmiri na ike otu nzuzo n'ala a, mechie, n'aha Jisọs.

132. Ebe di elu nke mụọ mmiri n'ala a, e kee m gị agbụ ma tụọ gị n'ala, n'aha Jisọs.

133. Mụọ ogbanje ọ bụla nke na akpa ike n'ala a, a dọtụọ m ike gị, n'aha Jisọs.

134. Ike ọ bụla nke na eweputa nrịa nrịa na ogbe m, bụrụ nrịa nrịa gị ma fuo, n'aha Jisọs.

135. Ikuku ọjọ nke ekwensu ọ bụla, a kpaliri n'ogbe m, e kee m gị agbụ, n'aha Jisọs.

136. Ọnụ ụzọ ama mụọ ọ bụla n'ala a, a dọtụọ m ike gị, n'aha Jisọs.

137. Abụmọnụ ọ bụla na ụfụ anya na ala a, tijie, n'aha Jisọs.

138. Abụmọnụ ọ bụla nke ịta ahụhụ n'ala ogbe m, tijie, n'aha Jisọs.

139. Abụmọnụ nke ịbi ndụ n'efu, di n'ala ebe obibi m, tijie, n'aha Jisọs.

140. Abụmọnụ nke Babel nke bụ nkewa n'ala ebe obibi m, tijie, n'aha Jisọs.

141. Abụmọnụ nke na-eweta nsogbu n'alụm di na nwunye n'ala ebe obibi m, tijie, n'aha Jisọs.

142. Abụmọnụ nke ihe isi ike, nke di n'ala ebe obibi m, tijie, n'aha Jisọs.

143. Abụmọnụ nke àgà mụọ na àgà ahụrụ anya, n'ebe obibi m, tijie, n'aha Jisọs.

144. Abụmọnụ na ọgbụgba ndụ ọ bụla nke nrịa nrịa dị n'ala ebe obibi m, tijie, n'aha Jisọs.

145. Abụmọnụ na ọgbụgba ndụ ọ bụla nke na-eweta ihe ọjọ, tijie, n'aha Jisọs.

146. Abụmọnụ ọ bụla nke na-eweta ihe ọjọ di n'ala ebe obibi m, tijie, n'aha Jisọs.

147. Abụmọnụ ọ bụla nke na-eweta ihe mberede na ala ebe obibi m, tijie, n'aha Jisọs.

Nkebi 7Ụbọchị8 (09-10-2015)

NKWUPUTA: Ilu 3:33 - Abụmọnụ Jehova dị n'ụlọ onye na-emebi iwu ma ọ bụ ndị dị ume ala n'obi ka Ọ na-agọzị

Abụ

Abụ Otuto na Ofufe

Ekpere Otuto na Ekele

148. Abụmọnụ ọ bụla nke na-eweta ihe mgbochi n'ala ebe obibi m, tijie, n'aha Jisọs.

149. Abụmọnụ ọ bụla nke nlaghachi azụ di n'ala ebe obibi m, tijie, n'aha Jisọs.

150. Abụmọnụ ọ bụla nke na-eweta odida n'ala ebe obibi m, tijie, n'aha Jisọs.

151. Abụmọnụ ọ bụla nke na-eweta odida mgbe inata ngọzi rugoro nso, nke di n'ala ebe obibi m, tijie, n'aha Jisọs.

152. Egbụtụọ m, eke m agbụ, emebie m, ike ndi òtù nzuzo dị n'ala, n'aha Jisọs.

153. Nna, ka ọkụ Gị, megide ndị mgbansi di n'ala, n'aha Jisọs.

154. Ebe oche eze na ebe nzuzo ọchịchịrị nke ndi mgbansi ọ bụla dị n'ala, gbaa ọkụ, n'aha Jisọs.

155. Nna, eguzoro m ka nwa Gị, wee na emebie ike ndi ọjọ di n'ala, n'aha Jisọs.

156. Akwa mgbochi nke ekwensu ọ bụla, dị n'ala a, gbaa ọkụ, n'aha Jisọs.

157. Igwe oji nke mmehie ọ bụla di n'ala ebe obibi m, tijie, n'aha Jisọs.

158. Ọgbụgba ndụ nke ekwensu ọ bụla na nbanye n'ime otu ọjọ nke di n'ala a, etijie m gị ma dọtụọ gị, n'aha Jisọs.

159. Gị bụ ike nke agbụ di n'ala a, elie m gị ugbu a, n'aha Jisọs.

160. Mụọ nke iju ase na igba afa, dị n'ala a, emebie m ike gị, n'aha Jisọs.

161. Site na ike dị n'ọbara Jisọs, atụgharịa m ihe ọjọ ọ bụla na-ebute igwo ọgwụ, ihe ibobo, na mgbansi dị n'ala a, n'aha Jisọs.

162. Akpọtụọ m, ikpe nke Chineke, ka ọ dakwasị mụọ nke were ala nyefe n'aka ekwensu, n'aha Jisọs.

163. Nna, bilie, chụba ma gbụtụọ ndi ọjọ n'ala a, ma weta ha n'ikpe Chineke, n'aha Jisọs.

164. Nna, bilie, chụba ma gbufuo ndi iro nọchiri ọganịrụ n'ala a, ma weta ha n'ikpe Chineke, n'aha Jisọs.

165. Nzuko na nkwekọrịta nke ekwensu ịdị na-ekpe ikpe ezighi ezi n'ala a, tisaa, n'aha Jisọs.

166. Mụọ nke onye nwe ụlọ na-ekwu sị na ya nwe ala a, akpọnwụọ m ike gị, n'aha Jisọs.

167. Ihe nlaghachi azụ ọ bụla nke mere n'ebe obibi m, tụgharịa ma bụrụ ọganịrụ, n'aha Jisọs.

168. Ọkụ Mụọ Nsọ bilie, gafee na gburugburu ebe obibi m, ma mee ndi ọjọ ihere, n'aha Jisọs.

Nkebi 7 Ụbọchị 9 (10-10-2015)
NKWUPUTA: Ilu 3:33 - Abụmọnụ Jehova dị n'ụlọ onye na-emebi iwu ma ọ bụ ndị dị ume ala n'obi ka Ọ na-agọzị

Abụ

Abụ Otuto na Ofufe

Ekpere Otuto na Ekele

169. Nna, ka ebube nke Onyenweanyị, kpuchie ala a, n'aha Jisọs.

170. Enye m iwu site n'iwu nke eluigwe, si na udo ga-adị na gburugburu nakwa nime ebe a, n'aha Jisọs.

171. Site n'ọkụ nakwa ike, egopụtawo m ala a n'aka ndi mụọ ọjọ ọ bụla ji ya, n'aha Jisọs.

172. Abụmọnụ nile, okwu ọjọ nile na ọgbụgba ndụ ọjọ nile nke na-alụ ọlụ n'ala a, etijie m gị site n'ike nke Mụọ Nsọ, n'aha Jisọs.

173. Nna, site n'usoro nke Obed-Edom, biri n'ala a, ma nyekwa anyị ihe ịrịba ama sitere n'eluigwe, n'aha Jisọs.

174. Nna, ka aha Gị bụrụ ihe di ebube n'ala, n'aha Jisọs

175. Agaghi enwe ebe mbusa ihe, ebe nchere nke ekwensu n'ala a, n'aha Jisọs.

176. Ọkụ Mụọ Nsọ, kpuchie ala a, ma mekwa ya ka ọ dị oke ọkụ nye ndị iro ibiri n'ime ya, n'aha Jisọs.

177. Nna, ka mgbidi ọkụ Gị gbaa ala a gburugburu, n'aha Jisọs.

178. Site na ntọala ruo n'elu ụlọ a, ka e nwe mgbochi sị n'eluigwe nye adighi ike, n'aha Jisọs.

179. Nna, mee ka m ba ụba ghara ịda, n'ihè na n'ime mụọ n'akụkụ ndụ m nile n'ala a, n'aha Jisọs.

180. Ịpụ na mụọ nke ndi ọjọ nile n'ala a, Ị gaghi adi ire, n'aha Jisọs.

181. Emechie m ụzọ nke ala a nye ndi ozi ekwensu nile, ndi na-ajuta ase, ndi na-agba afa na ndi nwoke ọjọ nile, n'aha Jisọs.

182. Aju m nzube ekwensu megide m nakwa ndi nile bi n'ala a, n'aha Jisọs.

183. Nna, were ọnọdụ n'ala a site ugbu a wee gawa, n'aha Jisọs.

184. Atụgharia m ọgbụgba ndụ ọjọ ọ bụla bụ nke e mere megide ala a, n'aha Jisọs.

185. Enye m ndị mụọ ọjọ na-akwagide ọgbụgba ndụ a iwu ka ha gbapụ n'ala a, n'aha Jisọs.

186. Gị bụ ebube Chineke, kpuchie ala a, n'aha Jisọs.

187. Nna, ka ndị mụọ ozi Gị dị ike gbaa ala a gburugburu, n'aha Jisọs.

188. Anapụta m ala a, site n'ike Nna, na nke Okpara na nke Mụọ Nsọ, n'aha Jisọs.

189. Chineke, bilie ka eluigwe meghie nye ala a, n'aha Jisọs.

Nkebi 7 Ụbọchị 10 (11-10-2015)
NKWUPUTA: Ilu 3:33 - Abụmọnụ Jehova dị n'ụlọ onye na-emebi iwu ma ọ bụ ndị dị ume ala n'obi ka Ọ na-agọzị

Abụ

Abụ Otuto na Ofufe

Ekpere Otuto na Ekele

190. Enye m iwu ka ihe mgbochi nile nke ọchịchịrị dị n'ala a ka ha kpochapụ, ugbu a, n'aha Jisọs.

191. Site n'amuma, etinye ogbe a n'ogbugba ndụ ebighiebi n'ime Onyenweanyị Jisọs Kraịst, n'aha Jisọs.

192. Ihe nile nke a kuru n'ala a, imebi udo m, gbaa ọkụ, n'aha Jisọs.

193. Ebe ọgbakọ mgbansi ma ọ bụ otu ọjọ, na-enwe nzụkọ n'ala a, achụpụ m gị, n'aha Jisọs.

194. Nna, bilie n'ike Gị, doo ndi mụọ ozi agha na gburugburu n'ogbe m, n'aha Jisọs.

195. Nna, bilie n'ike egbe eluigwe Gị, ma nucha ebe obibi m, n'aha Jisọs.

196. E ji m ọbara Jisọs gbaa gburugburu ogbe m ogige, n'aha Jisọs.

197. Chineke, ka aja na mkpuru aja a dị n'ogbe m bụrụ ọkụ nke ekwensu enweghi ike ịnwe ọnọdu ma ọ bụ nyekwa nsogbu, n'aha Jisọs.

198. Chineke, bilie ka ọkụ gi kpuchie ala a, n'aha Jisọs.

199. Chineke, bilie, ma kpuchite ala a, site na ike nke di na ọbara Jisọs, n'aha Jisọs.

200. Chineke, bilie, ga njem site na ebube Gị ka iwe gọzie ala a, n'aha Jisọs,

201. Nkwenye ekwensu ọ bụla na ala ebe obibi m, aju m gị site na ike dị na ọbara Jisọs.

202. Obia di n'ala a, gbaa baa na ebe togboro n'efu, n'aha Jisọs.

203. Ngbasi ọ bụla, igba afa dị n'ala a, tijie n'iri iri, n'aha Jisọs.

204. Ọlụ mgbansi ọ bụla na otite mmanụ di n'ala a, gbazee, n'aha Jisọs.

205. Gị bụ ala ebe obibi m, bụrụ oke ọkụ nye ndi iro, n'aha Jisọs.

206. Nna, doo ndị mụọ ozi Gị pụru ichie, na gburugburu ala a, ka ike onye iro ọ bụla ghara ibata, n'aha Jisọs.

207. Nna, mee ka onye ọ bụla nke ga gbakwasi ukwu n'ala a, nwee amara na ngọzi Chineke, n'aha Jisọs.

208. Nna, ihe ọ bụla eliri na ebe obibi m, na enye nsogbu n'ala a, ka ndi mụọ ozi gị tinye ha ọkụ, n'aha Jisọs.

209. Ihe ọ bụla na emebisie ntupe uzo dị n'ala a, ekee gị agbu ma chupu gị, n'aha Jisọs.

210. Agbụ na ịgodo nke ekwensu, dị n'ala a, gbaa ọkụ, n'aha Jisọs.

NKEBI NKWUPUTE

A zọpịa m n'okpụru ukwu m, agwọ ọjọ nile, ịza ọjọ, ebubo, echiche ọjọ na nkwụtọ nile, n'aha Jisọs. N'oge nsogbu, Onyenweanyị, bụ Chineke na Nna m ga-ezo m n'ime ụlọ Ya; n'ebe zoro ezo nke ụlọ nsọ Ya, ka Ọ ga-ezotu m. N'oke ide miri, ka Onyenweanyị ga-eme ka ebe obibi onye iro m bụrụ ebe alara n'iyi, n'aha Jisọs. Onyenweanyị ezipuwo ụjọ na egwu m n'ebe ndị iro m nile, ka akukọ ọ bụla banyere m mee ka ha tụọ ụjọ, ma jijiji, ma nọ n'ihe nwute, n'aha Jisọs. E nwere m obi ike, ma kwere n'ikwesi ntụkwasi obi nke dị n'okwu Chineke, n'aha Jisọs. Site n'oge dị ugbu a, a ga-ekwu banyere m na ezi na ụlọ m, lee ihe Chineke mere, n'aha Jisọs. Ya mere, enye m iwu nye ndị iro m na-ebuso m agha ka ha tisaa, mgbe m na-akpọtu ọkụ egbe eluigwe Chineke ka ọ dakwasi ha, n'aha Jisọs. A gaghị agharipukwa m ọzọ, agaghị adakwa mgbe ihe m na-achọ m, ime nke ọma na mmeri ruru nso, n'aha Jisọs. Edewo ya; lee m na ụmụ Onyenweanyị nyere m bụ maka ihe ịrịba ama na Israel site n'Onyenweanyị nke bi n'elu, nke dị n'ugwu Zaiọn. E gụzọ m n'okwu Chineke nadighị adapụ ma kụrụ nkwa nile dị n'okwu Ya, n'aha Jisọs. Abanye m n'ọgbụgba ndụ mụ na ezi na ụlọ m na Jehova; mkpụrụ m ka m ga-enyefe ngọzị na ihe na-amasi Chineke, Onye gọziri m ma wepu ihe ikwa emo na ndụ m rue ebighiebi, n'aha Jisọs. Jehova bụ. Ihe m na Nzọpụta m, onye ka m ga-atụ ụjọ? Jehova bụ ike ndụ m, ọ bụ onye ka m ga-atụ oke egwu? Mgbe ndị na-eme ihe ọjọ biaruru m nsọ iri anụ arụ m, bụ ndị n'akpagbu m na ndị iro m, ha ga-asụ ngongọ ma dakwa n'ala, n'aha Jisọs.

NKEBI NCHE ABALỊ
(A ga-eme nke a n'abali, n'etiti elekere iri na abụọ rue n'eleker abụọ)

1. Jehova, ka ụzọ nke ndị mmegbu gbaa ọchịchịrị ma bụrụkwa ebe na-alọ alọ, ka mmụọ ozi Jehova bụrụkwa onye na-akpagbu ha, n'aha Jisọs.
2. Jehova, ka mbibi biakwasi ndị iro m mgbe ha namaghị, ka ùgbú ha zobeworo jide ha onwe ha, n'aha Jisọs.
3. Jehova, ka onyeiro daba na mbibi nke o mere, n'aha Jisọs.
4. Jehova, ekwela ka ndịiro bụ ndị okwu ụgha nụọ m ọnụ.
5. Nna, ka e mee ndị iro ihere, ka ha niile nwekwa iru ihere n'otu bụ ndị na-anụri ọnụ n'ihe ọjọọna-adakwasị m, n'aha Jisọs.
6. Jehova, ka ndịiro m yiri ihere dika uwe, n'aha Jisọs.
7. Kpalie onwe Gị, Jehova, ma buoro m agha, n'aha Jisọs.
8. Jehova, ka ha yiri ihere na ọnọdụ ihere dika uwe bụ ndị na-eme onwe ha ka dị ukwu imegide m, n'aha Jisọs.
9. Nna, ekwela ka ukwu nke mpako megide m, n'aha Jisọs.
10. Gị, onye na-eweli onwe gị dịka ugo imegide m, akụtuo m gị, n'aha Jisọs.
11. Dere duu gị onye na-anakọrọ ndị mgbe ochie ụgwọ, n'aha Jisọs.
12. Ebe mgbachi na ebe nkwasa ihe ọ bụla nke ji ngọzị akụ na ụba m, gbaa ọkụ, n'aha Jisọs.
13. Mgbidi mgbochị a hụghi anya nke na-akwụsị akara aka m otu ebe, tisasịa, n'aha Jisọs.

14. Ihe mgbachi a hughị anya, nke na-akwụsị ihe ndị m chọrọ ime otu ebe, tisasịa, n'aha Jisọs.

15. Ọnya ọ bụla na-eme ka ajọ ihe na-abiaghachị mgbe niile, jide onye kwere gi, n'aha Jisọs.

16. Igbudu nke ịnọ ebe e kwesiri oge e kwesighi tipịasịa siite n'ọkụ, n'aha Jisọs.

17. Igbudu nke ihe ifunarị n'ihi na a biaghi n'oge, tipiasịa, n'aha Jisọs.

18. Igbudu nke inweta obere n'ihi na a biaghị n'oge tipịasịa, n'aha Jisọs.

19. Ekpere niile nke Jabez iji wetara m ala sara mbara, pụta ìhè na ndụ m, n'aha Jisọs.

20. Ajọ ọrụ ngo ọ bụla ndị mgbe ochie ha nwere n'ebe dị n'elu ụgbaa ọkụ, n'aha Jisọs.

21. Ụdọ nkịta ọ bụla e zinyere iduhie m, tijie, n'aha Jisọs.